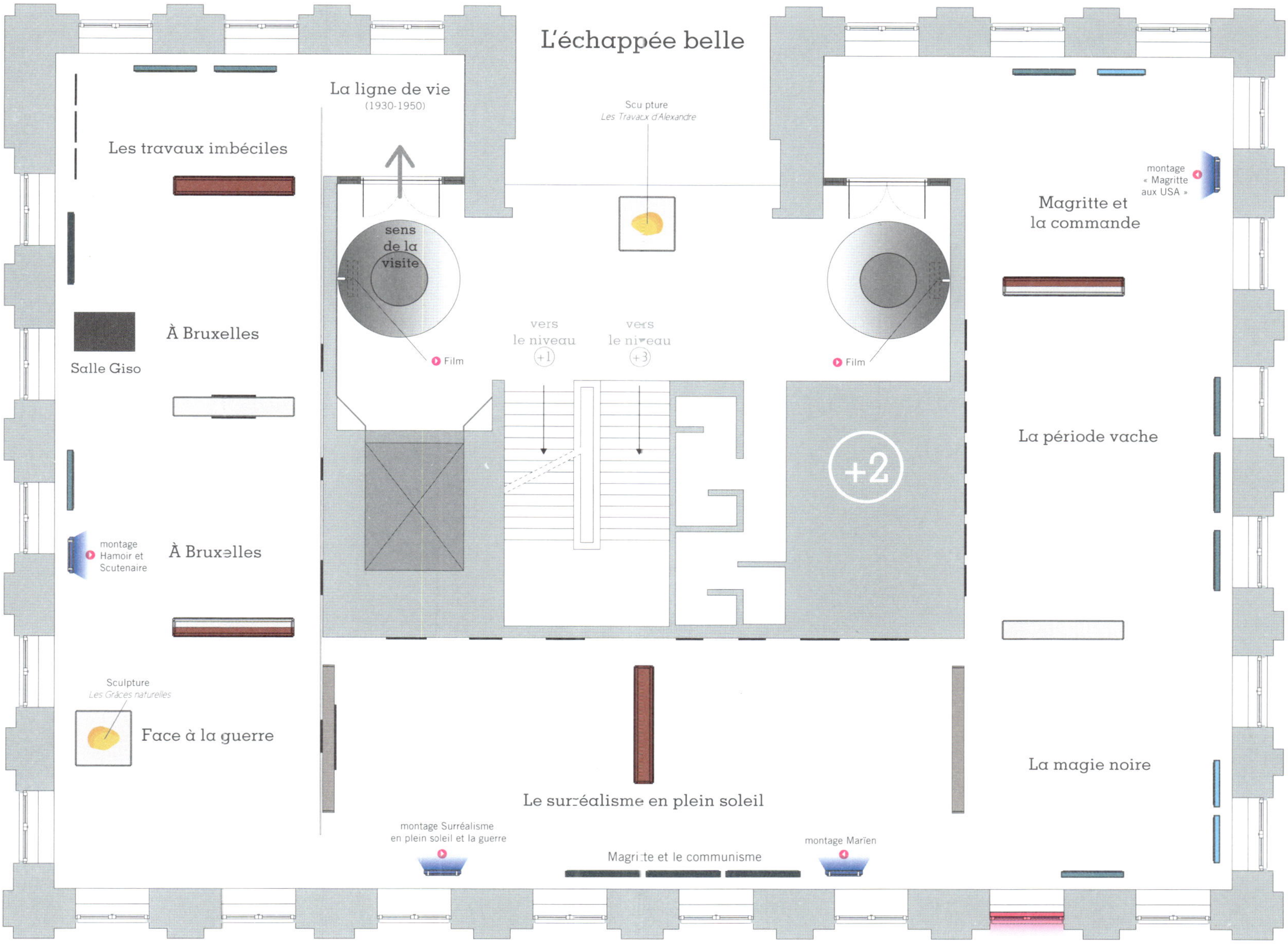
L'échappée belle
La ligne de vie
(1930-1950)
Les travaux imbéciles
Scu pture
Les Travaux d'Alexandre
sens de la visite
montage « Magritte aux USA »
Magritte et la commande
À Bruxelles
Salle Giso
Film
vers le niveau +1
vers le niveau +3
Film
La période vache
+2
montage Hamoir et Scutenaire
À Bruxelles
Sculpture
Les Grâces naturelles
Face à la guerre
La magie noire
Le surréalisme en plein soleil
montage Surréalisme en plein soleil et la guerre
Magritte et le communisme
montage Mariën

muséemagrittemuseum

guide du musée

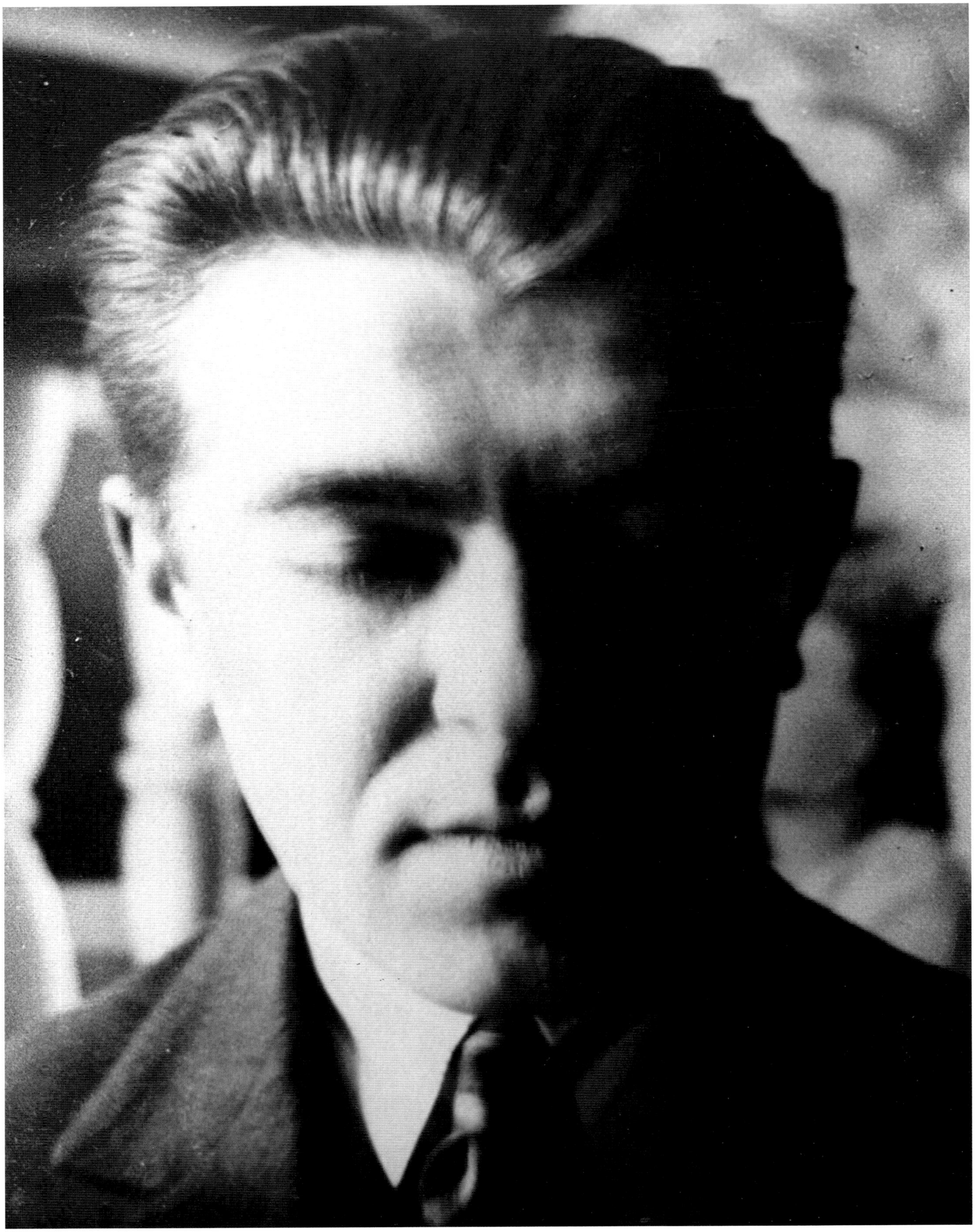

René Magritte devant Le Joueur secret, *vers 1927.*

muséemagrittemuseum

guide du musée

HAZAN

muséemagrittemuseum

Ce livre a été publié à l'occasion de l'ouverture du Musée Magritte Museum aux Musées royaux des beaux-arts de Belgique, Bruxelles, le 2 juin 2009.

muséemagrittemuseum

Direction générale Michel Draguet **Chef de projet** Virginie Devillez

RÉALISATION

Ce nouveau musée a pu voir le jour grâce aux efforts et au professionnalisme de toute l'équipe du musée, de GDF SUEZ, notre mécénat de compétences, de la Fondation Magritte, de la Régie des bâtiments et de la Politique scientifique fédérale. Vous trouverez ci-après les noms des responsables des divers services qui ont mené à bien ce projet conjointement avec leurs collaborateurs.

Études techniques, sécurité, coordination et réalisation

Pour le musée
Régis Hespel, en collaboration avec Maarten Lousbergh, Yves Vandeven et Rudy Cloetens, assistés des gardes de collections Frank Horemans, Eddy Hiernaux, Stéphane Vandemaele, Yvon Lespagne, Rafaella Palanga, du personnel technique, du personnel d'entretien, du service de sécurité et de surveillance

Pour GDF SUEZ
Didier Audebaud, Bruno Biart et Tony Van Lysebetten

Pour la Régie des bâtiments
Laurent Vrijdaghs, administrator, Dirk Van Geystelen, Marie-Caroline Pardon, Hugo Van Geert, Paul Gurdal, Freddy Tavernier, Jochem Naaktgeboren, Chakib Goulmi, Hughes Malherbe et Marc Rommens

Secrétariat
Patricia Robeets et Marleen Madou

Administration et gestion financière
Rik Snauwaert, Geert Boets, Cindy Goesels et Bernadette Vrancken

Cellule exposition
Sophie Van Vliet, responsable du service, et Valérie Haerden, régisseur

Conservation
Frederik Leen et Anne Adriaens-Pannier

Archives
Virginie Devillez et Florence Hespel

Restauration
Brita Velghe

Scénographie
Winston Spriet, en collaboration avec Martial Prévert

Signalétique
Piet Bodyn

Atelier graphique
Matyas Fuzfa, Pamela Vermeulen et Carina Govaerts

Sponsoring
Anne Goffart

Presse, communication, promotion et relations publiques

Pour le musée
Anne Goffart, Mia Prce, Caroline Haraké et Eline Verbauwhede, en collaboration avec Bruxelles International - Tourisme & Congrès, l'Office de promotion du tourisme de Wallonie et de Bruxelles et Toerisme Vlaanderen

Pour GDF SUEZ
Philippe Peyrat, Guy Dellicour, Catherine Guillon, Sylvie Apollin et Alessandra di Lieto

Nocturnes et événements
Anne Goffart et Caroline Haraké

Partenariats
Anne Goffart et Mia Prce

Encadrement éducatif et brochures
Educateam, sous la direction d'Isabelle Vanhoonacker

Site internet, charte graphique et multimedia

Pour le musée
Géraldine Barbery, Piet Bodyn, Jack Claeys, Pierre-Yves Desaive, Virginie Devillez, Diedrik Van den Driessche, Ingrid Goddeeris, Anne Goffart, Florence Hespel, Raf Knops, Karine Lasaracina, Mia Prce, Isabelle Vanhoonacker et Valerie Verhack

Pour GDF SUEZ
Sylvie Dao, David Denis, Silvère Kramp, Christophe Ansel, Anne Duval et Philippe Beck

Shop
Koenraad Reynaert, Lucile Duval, Judith Quaghebeur et Vladimir Tanghe

Accueil
Les volontaires des Amis des Musées royaux des beaux-arts de Belgique

Collaborateurs externes
Chantier : Fabricom GTI et AXIMA Contracting
Peinture : Farrow & Ball
Transport : Mobull
Assurances : Léon Eeckman Art Insurance
Lettrage : Bulle Color s.p.r.l.
Agrandissements photos : Pelegrie s.a.
Audioguides : INEO Media System et Espro (rédaction : Anne Sefrioui)
Atelier éducatif : Art basics for Children, sous la direction de Gerhard Jager
Site internet, charte graphique et multimedia : INEO Media System et Rhesusweb
Digitalisation films : Studio L'Équipe
Montage films : Anne-Françoise Tran

REMERCIEMENTS

Nous remercions en tête de nos partenaires :
La Fondation Magritte, Charly Herscovici, président : Bernard de Launoit et Alain Berenboom, vice-présidents ; Sarah Whitfield et Dominique Terlinden.
GDF Suez, Gérard Mestrallet, président directeur général, vicomte Étienne Davignon, Ministre d'État, vice président de Suez Tractebel, et Valérie Bernis, membre du Comité exécutif, en charge de la direction de la communication et de la communication financière.
La Menil Collection, Jozef Helfenstein, directeur.

Que tous les prêteurs, collectionneurs et directeurs d'institutions privées et publiques qui ont permis, par leur généreux concours, la réalisation de ce projet muséal trouvent ici l'expression de notre gratitude :

Fondation Roi Baudouin, Dominique Allard, directeur, Anne De Breuck, chargée de mission,
Fortis Banque,
Fortis Insurance Belgium, Paul-Louis Courtejoie, secrétaire général
Ministère de la Communauté française de Belgique, Administration du Patrimoine, Patrice Dartevelle, directeur, Caroline Marchant, gestionnaire de la collection du Patrimoine culturel, Odile Chopin, chargée de mission à la conservation des collections
Musée d'Ixelles, Bruxelles, M. Willy Decourty, député-bourgmestre, Yves de Jonghe d'Ardoye, député-échevin de la Culture, et le Collège des bourgmestres et échevins d'Ixelles ; Mme Claire Leblanc, conservatrice
P&V Assurances SCRL, Michel Rouleau, conseiller de direction
ULB Culture, Patricia Brodzki, responsable, et Nathalie Levy, chargée des expositions

Lucien Bilinelli, Bruxelles
Isy Brachot
Stefan Campo
Baronne Gillion Crowet
Anouck et Nathalie Leuwenkroon
Robert Leuwenkroon
Daniel Malingue
Charles-Jacques Massar
André Mourgues
Nahmad Collection, Suisse
Paolo Vedovi
Mme Georges De Vestel

ainsi que tous ceux qui ont souhaité garder l'anonymat.

Nous remercions également toutes les personnes dont le concours a été précieux pour la mise en œuvre du musée et la préparation des publications :

Sylvie Apollin, Alain Berenboom, Esther Beck, Hetty Berens, Lies Van De Capelle, Véronique Cardon, Gabrielle Claes, Roger Coisman, Jef Cornelis, Paul Destribats, Jean-Pierre Demot, N. Derycke, Philippe Dewolf, Marie-Jeanne Dypréau, Anna Drijbooms, Marcel Fleiss, Herman Gelton, André Koch, Eva Hackney, Joseph Harari, Karla Herrera, Michèle Van Kalck, Maurice Keitelman Gallery, Maureen Lemaire, Jacques Maezele, Jean-Pierre Marchant, Duane Michals, Thomas Moureaux, Gisèle Ollinger-Zinque, Brigitte de Patoul, Peter Ruyffelaere, Sylvia van Schaik, Esther Schlicht, Tristan Schwilden, Berta Serrano, Isabelle Six, Madame de Stexhe, Dominique Terlinden, Lucie Tournay, Vincent Tutino, Francisca Vandepitte, Nathalie Verbruggen

Les œuvres reproduites aux pages 22, 38, 39, 61, 114, 115, 125, 131, 134 et 152, provenant de la Collection Eclipse, Londres, ont été mises en dépôt au Musée Magritte Museum.

PUBLICATIONS

Auteurs Michel Draguet, Virginie Devillez et Ingrid Goddeeris
Traduction Charles Penwarden et John Tittensor (textes de Michel Draguet)
Rédaction finale et relecture : Anne Adriaens-Pannier, Virginie Devillez, Florence Hespel, Frederik Leen, Valerie Verhack

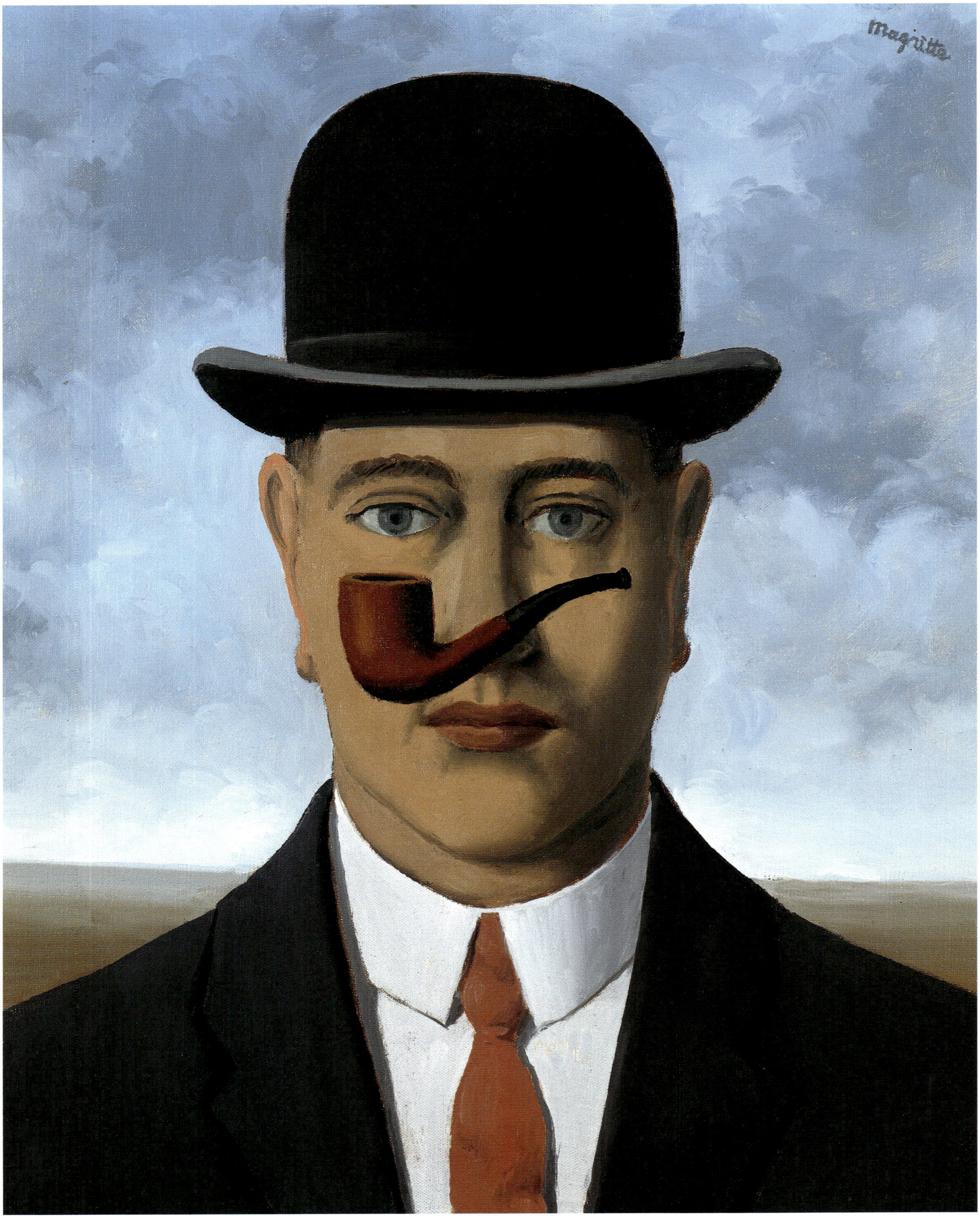

La Bonne Foi *1964-1965, huile sur toile, 41 × 33 cm, collection privée, Bruxelles.*

Magritte au musée

Les Musées royaux des beaux-arts de Belgique possèdent la plus grande collection au monde d'œuvres de Magritte. Tant du point de vue de sa continuité – toutes les périodes de l'artiste y sont largement représentées – que de sa diversité – aux peintures répondent les dessins, gouaches, affiches, travaux publicitaires, lettres, photographies, sculptures, films et autres documents. Cette collection a une histoire. Elle est le fruit d'achats éclairés et de dons généreux. Je suis heureux de rendre ici hommage à celles et ceux qui y ont contribué : Georgette Magritte d'abord, Irène Hamoir-Scutenaire ensuite, ont légué aux Musées royaux certains des chefs-d'œuvre qui donnent au Musée Magritte son éclat. Que l'ensemble des donateurs trouvent dans les pages qui suivent le témoignage de notre gratitude : Mme Germaine Hergé-Kieckens, la Province du Brabant, ainsi que Maurice Rapin et Mirabelle Dors. J'ajouterai à ces noms ceux du baron et de la baronne Gillion Crowet, qui, parallèlement à la dation de leur collection d'œuvres symbolistes et Art nouveau, ont accordé le dépôt à long terme de leurs œuvres de Magritte.

Cette collection unique méritait bien un écrin au cœur de la capitale de l'Europe. Dès 1984, Philippe Roberts-Jones, alors conservateur en chef des Musées royaux des beaux-arts de Belgique, faisait de la salle Magritte l'un des points forts du Musée d'art moderne. Depuis cette date, l'ensemble n'a cessé de se développer, jusqu'à « envahir » les autres étages du musée. En 2005, l'avenir de la collection a connu une accélération spectaculaire. Grâce à l'entremise de Charly Herscovici, président de la Fondation Magritte, un premier contact fut pris, à Paris, avec les responsables du groupe franco-belge GDF SUEZ. L'idée d'affecter, place Royale, l'hôtel Altenloh au futur Musée Magritte naquit alors. La relation qui lie SUEZ à Magritte n'est pas nouvelle. Il y a peu, pour marquer le 175e anniversaire de la Belgique, le groupe avait choisi de soutenir « Magritte et la photographie », magistrale exposition organisée par la Fondation Magritte. Plus loin dans un passé pourtant proche, c'était la grande rétrospective du 100e anniversaire de la naissance du peintre, organisée par les Musées royaux des beaux-arts de Belgique.

Sur la base d'une première esquisse, le projet s'est affiné. Il a pris corps d'un point de vue muséal tout en trouvant une forme originale : celle d'un mécénat de compétences qui restera comme une première en Belgique et prendra définitivement forme avec l'arrivée à la tête de la Politique scientifique fédérale de la ministre Sabine Laruelle. Le 29 février 2008 était signé devant la presse le contrat liant l'État fédéral – en la personne du vice-Premier ministre Didier Reynders, en charge de la Régie des bâtiments, et de la ministre Sabine Laruelle pour les Musées royaux des beaux-arts de Belgique –, GDF SUEZ, en la personne de Gérard Mestrallet, son président directeur général, et la Fondation Magritte, représentée par son président Charly Herscovici. Le 27 mai 2008, l'installation de la bâche réalisée par GDF SUEZ marquait le début du chantier. L'institution que j'ai l'honneur de diriger ne peut qu'exprimer sa gratitude aux signataires d'un accord qui, pour nous, a constitué le point de départ d'une fabuleuse aventure.

L'action de GDF SUEZ s'avère décisive. Grâce à l'intervention d'équipes qui, à l'instar de Fabricom GTI, AXIMA Contracting ou INEO Media System, comptent parmi les leaders mondiaux dans leur domaine. Qu'il me soit permis de remercier chaleureusement Gérard Mestrallet, ainsi que le vicomte Étienne Davignon, ministre d'État, administrateur de GDF SUEZ, vice-président de Suez Tractebel, pour leur indéfectible soutien. Qu'il me soit aussi permis de rendre hommage à l'ensemble des équipes de GDF SUEZ qui ont œuvré au Musée Magritte. En particulier MM. Philippe Peyrat, directeur des relations extérieures, et Guy Dellicour, directeur en charge du service communication GDF SUEZ Belgique, qui ont largement contribué à la genèse du projet, ainsi que MM. Didier Audebaud, directeur général de GDF SUEZ Consulting, et Bruno Biart, manager chez Fabricom GTI, qui ont présidé au chantier en tant que tel.

Entre GDF SUEZ et les Musées royaux, un même esprit d'équipe a soufflé avec chaleur et enthousiasme. Je me dois donc de remercier celles et ceux qui, au sein de l'institution, ont suivi le projet. Virginie Devillez qui, au titre de chef de projet, en a assuré la coordination ; Régis Hespel et ses équipes techniques ; Maarten Lousbergh, responsable de la sécurité ; Rik Snauwaert et les services financiers et administratifs ; Isabelle Vanhoonacker, qui dirige l'Educateam ; Frederik Leen, en charge de la conservation ; Anne Goffart, à la tête du service communication et relations publiques. À travers chacun des responsables, c'est aux équipes qui ont travaillé avec zèle et efficacité que je tiens à rendre hommage.

Je tiens enfin à remercier, en la personne de Laurent Vrijdaghs, son administrateur général, la Régie des bâtiments pour sa parfaite collaboration. À travers lui, c'est à l'ensemble des fonctionnaires de la régie que va ma reconnaissance. Pour le suivi du chantier et pour la qualité d'une collaboration sans faille.

Après avoir été présentées à Côme, Séoul, Pékin, Paris, Rotterdam et Milan, les œuvres ont désormais pris leurs quartiers au cœur de Bruxelles. Elles se sont intégrées à un parcours qui, de la naissance du peintre, en 1898, jusqu'à sa mort, en 1967, se décline sur cinq étages, mis en scène par Winston Spriet assisté de Martial Prévert. L'ensemble forme un parcours que nous avons voulu le plus complet possible.

Pourtant, même si notre collection constitue le premier ensemble muséal au monde consacré à Magritte, il nous est apparu nécessaire d'enrichir la sélection. Grâce au concours amical de Charly Herscovici, de nombreux musées belges et étrangers ainsi que des collectionneurs ont manifesté leur soutien à l'entreprise avec des dépôts ou des échanges qui permettront au visiteur de découvrir nombre de joyaux peu vus. Que ces partenaires voient dans ces quelques lignes l'expression de ma profonde gratitude.

Parmi nos partenariats, il en est un particulièrement porteur d'avenir. Je veux parler du lien qui unit désormais les Musées royaux des beaux-arts à la Menil Foundation de Houston, dirigée par Josef Helfenstein. Cette importante institution américaine, dans son écrin conçu par Renzo Piano, a été à l'origine du premier travail scientifique d'ampleur consacré à Magritte : les cinq volumes du *Catalogue raisonné* dirigés par le regretté David Sylvester et publiés entre 1992 et 1997 constituent une source d'information unique en même temps qu'un fonds documentaire que les Musées royaux compléteront et valoriseront dans le cadre d'une collaboration étroite avec la Menil Foundation. Je m'en réjouis et j'espère que cette première étape en connaîtra d'autres. Nombreuses.

Pour connaître le bonheur d'être feuilleté, un livre a besoin d'un éditeur. Je tiens à remercier ici Jean-François Barrielle, qui a d'emblée cru en ce projet et l'a accompagné de son exceptionnelle compétence. Le partenariat qui unit la maison Hazan aux Musées royaux est placé sous le signe de l'excellence. Je tiens à rendre ici un hommage appuyé au remarquable travail réalisé par les équipes de Hazan, et en particulier à Anne-Isabelle Vannier, qui a assuré l'édition des trois publications lancées sous l'égide du « Musée Magritte Museum ».

Pour les Musées royaux, le partenariat avec GDF SUEZ et avec la Fondation Magritte constitue un élément déterminant. Gage de professionnalisme et d'excellence, il offre à Bruxelles, ville et région, ainsi qu'à l'ensemble de l'État fédéral un levier de développement culturel et économique, un acteur de la vie intellectuelle et une référence en matière touristique. Sur la place Royale, en plein cœur de la cité et de l'Europe. Dans un lieu chargé d'histoire et de mémoire, Magritte peut recevoir l'hommage d'une culture qu'il a largement marquée de sa pensée à la fois généreuse et subversive, poétique et critique.

Michel Draguet
DIRECTEUR GÉNÉRAL
MUSÉES ROYAUX DES BEAUX-ARTS DE BELGIQUE

Pour le rayonnement de Magritte

Présider la Fondation Magritte est pour moi un honneur que chaque journée renouvelle depuis onze ans et qui prolonge un sacerdoce commencé voilà plus de vingt ans, lorsqu'il m'a été confié de veiller à la mémoire de René Magritte. Travailler avec les collectionneurs et avec les plus grands musées du monde à la reconnaissance du maître du surréalisme est pour moi une mission des plus importantes. Non seulement parce que Magritte compte sans conteste parmi les fleurons d'un patrimoine belge qui mériterait une plus ample reconnaissance internationale, mais aussi parce que son œuvre constitue l'un des piliers de la pensée contemporaine. Tôt gagné par un scepticisme fondé à l'endroit de la modernité, Magritte a sans conteste été l'un des fondateurs d'une pensée postmoderne qui a influé de manière décisive sur notre manière de voir le monde.
Travailler à la reconnaissance de l'œuvre et de la pensée de Magritte constitue une mission dont d'autres, avant moi, se sont sentis investis. Je pense à Pierre-E. Crowet et à la première association composée d'amis de longue date. Aujourd'hui, la mémoire de ces pionniers reste vive au sein de la Fondation, qui, partout, travaille à défendre l'œuvre de Magritte. Nous sommes tous convaincus de son importance et cette conviction fait de nous une famille mue par un unique projet : le rayonnement international de l'œuvre et sa protection. C'est dans cet esprit que la Fondation a contribué à l'organisation de toutes les grandes expositions consacrées à Magritte qui se sont tenues ces vingt-cinq dernières années. C'est à cette fin aussi que, fidèle à l'attente de David Sylvester, nous avons créé un Comité Magritte chargé d'authentifier les nouvelles œuvres découvertes. C'est en cohérence avec cet objectif que, dès l'arrivée de Michel Draguet à la tête des Musées royaux des beaux-arts de Belgique, j'ai soutenu le projet de création d'un Musée Magritte, dont je désespérais depuis le succès de la rétrospective du centenaire de 1998. Je suis heureux d'avoir mis en contact les différents acteurs de cet ambitieux projet.
Je suis reconnaissant à GDF SUEZ, en la personne de son président, M. Gérard Mestrallet, de son mécénat fondateur. L'efficacité des équipes mises au service du Musée Magritte assure à celui-ci excellence et réussite. La Fondation est heureuse d'avoir apporté sa contribution à l'édifice. D'une part en assurant au groupe industriel de légitimes contreparties. D'autre part en finançant la création du logo « Musée Magritte Museum ». Enfin, en favorisant les dépôts d'amis collectionneurs qui ont d'emblée répondu présent lorsque s'est fait jour l'idée d'inclure des dépôts privés dans le parcours muséal. Il me faut avouer que l'accueil chaleureux des prestigieux collectionneurs qui ont été sollicités a constitué pour moi un témoignage de reconnaissance pour le travail mené depuis 1987. Comment ne pas penser aussi à Georgette Magritte et à la confiance qu'elle nous a témoignée ? Ce musée consacré à l'œuvre et à la vie du peintre est aussi l'écrin qui, désormais, abrite sa muse, celle qui fut l'amour de sa vie et le témoin d'une pensée en perpétuelle création. Ce musée est le leur et je suis heureux d'avoir contribué à le réaliser.

Charly Herscovici
PRÉSIDENT DE LA FONDATION MAGRITTE

La passion de construire

Mettre en valeur une collection exceptionnelle et une part majeure du patrimoine belge, contribuer à sa conservation, favoriser l'accès de tous à la culture, mobiliser expertise, savoir-faire, technologie, innovation, équipes autour d'un grand projet fédérateur avec une exigence de développement durable : tels sont les objectifs qui ont guidé notre groupe – GDF SUEZ – dans la réalisation du Musée Magritte, et de son mécénat.
Ce projet n'aurait jamais pu naître sans le partenariat fort qui réunit l'État belge à travers les ministères des Finances et de la Politique scientifique, la Régie des bâtiments, les Musées royaux des beaux-arts de Belgique, la Fondation Magritte et notre groupe. Cette idée de partenariat est essentielle dans ce projet et je tiens à en remercier les acteurs.
Le Musée Magritte Museum illustre notre enracinement en Belgique. La Belgique est au cœur du projet industriel de GDF SUEZ. Vingt-cinq mille deux cents collaborateurs du groupe s'investissent chaque jour pour apporter des services essentiels à l'économie belge.
C'est aussi un projet emblématique de notre politique de mécénat, très active en Belgique, qui illustre la responsabilité sociale de l'entreprise.
En choisissant le mécénat de compétences, le premier de cette dimension en Belgique, nous avons fait le choix d'un partenariat innovant et ambitieux. Nous avons mis à la disposition de ce projet les meilleurs savoir-faire et expertises du groupe pour rénover l'hôtel Altenloh, qui accueille place Royale la plus grande collection d'œuvres de Magritte. Efficacité énergétique pour la rénovation du bâtiment menée par notre filiale Fabricom GTI, systèmes d'information avec INEO, énergie verte fournie par Electrabel, développement durable sont au cœur du projet.
Nos équipes sont fières d'avoir apporté leur savoir-faire au service d'un projet culturel innovant qui participe au rayonnement international de Bruxelles et de la Belgique.

Gérard Mestrallet
PRÉSIDENT DIRECTEUR GÉNÉRAL DE GDF SUEZ
MÉCÈNE FONDATEUR DU MUSÉE MAGRITTE MUSEUM

« Voir est un acte. »

La conquête du surréalisme

1898 > 1929

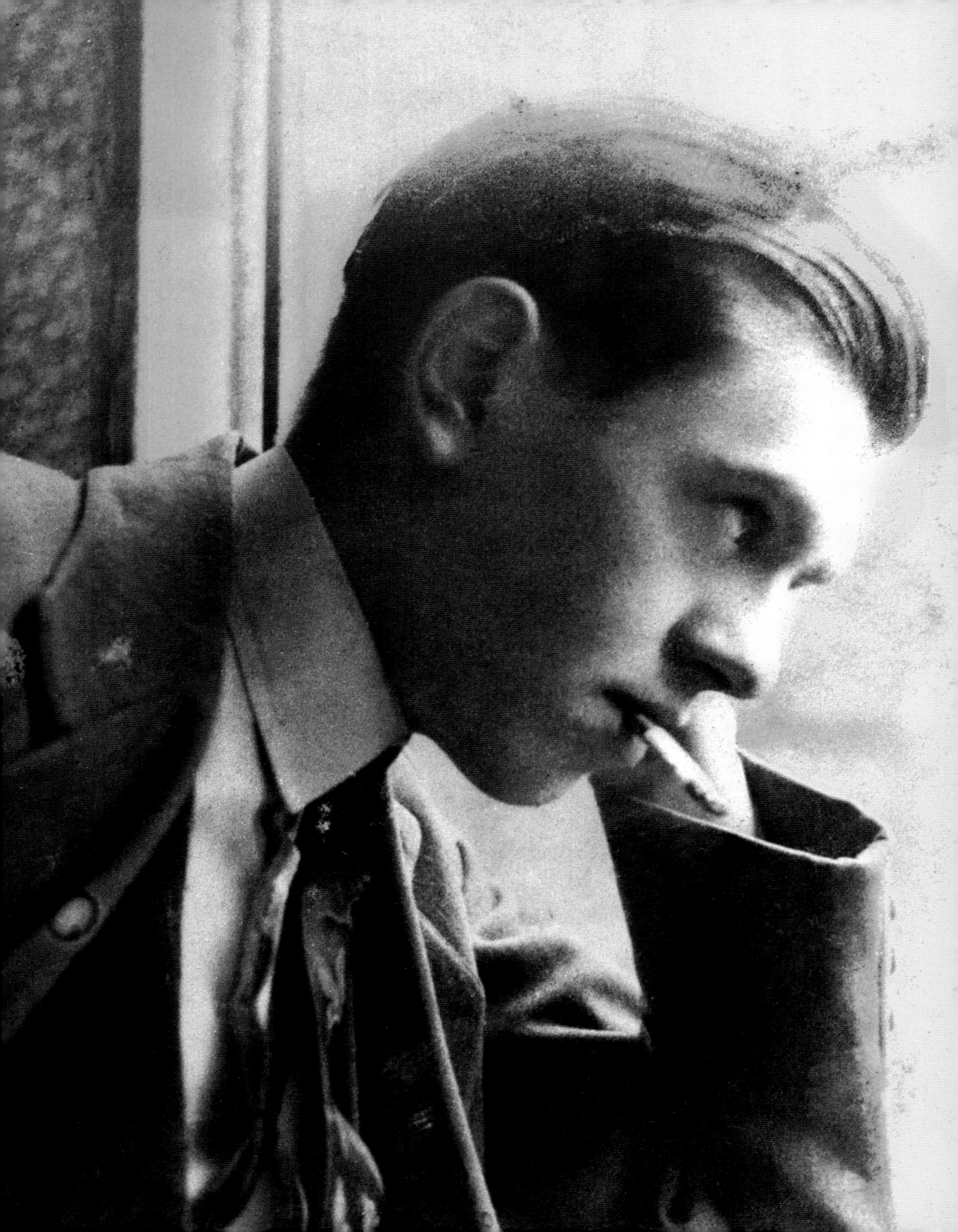

LA LIGNE DE VIE

« Je ne pense pas connaître de circonstances qui auraient déterminé mon caractère, ni mon art. Je ne crois pas au “déterminisme”. »

C'est à Lessines, dans le Hainaut, que vient au monde René François Ghislain Magritte, le 21 novembre 1898, l'année même du mariage de ses parents. Sa mère, Régina Bertinchamps, a abandonné son métier de modiste en épousant Léopold Magritte, marchand tailleur et homme d'affaires, et se consacre désormais à son foyer. Prélude à d'incessants déménagements, la famille s'installe en 1900 à Gilly – où naissent les deux frères de René, Raymond et Paul –, puis à Châtelet en 1904.
De sa petite enfance, Magritte a très peu parlé. Il semble qu'elle n'ait guère été heureuse, dans une atmosphère familiale pesante, où tout geste de tendresse semblait banni. Profondément neurasthénique, sa mère fait plusieurs tentatives de suicide, puis une nuit de 1912 survient le drame : elle se donne la mort en se noyant dans la Sambre. Son corps est retrouvé dix-sept jours plus tard, le visage recouvert par sa chemise. Certains critiques ont vu une réminiscence de cet événement tragique dans les visages voilés que René Magritte peindra plus tard.
Pour l'heure, ce n'est encore qu'un adolescent de quatorze ans, qui se voit désormais confié, ainsi que ses frères, aux mains de gouvernantes. Le père, souvent absent pour ses affaires, laisse les enfants livrés à eux-mêmes. Quoiqu'il soit bon élève, René ne paraît guère prendre d'intérêt à ses études à l'école moyenne, où il se montre volontiers indiscipliné. En revanche, il se passionne depuis deux ans pour le dessin et la peinture, et il collectionne les chromos. Encouragé par son père, il a suivi une fois par semaine les cours donnés par un maître d'école qui lui a inculqué quelques rudiments et l'a engagé à copier des cartes postales. Les rares « œuvres » qui nous soient parvenues de cette époque, bien sûr encore maladroites, témoignent déjà par leur rendu précis du goût de Magritte pour le détail réaliste.
La volonté de dessiner est bien ancrée chez l'adolescent, et en 1913, quand la famille Magritte quitte Châtelet pour Charleroi, René poursuit sa formation à l'Athénée royal. Cette année-là est également marquée par un événement particulier : il fait la connaissance, à la foire, de celle qui deviendra sa femme, Georgette Berger. Ce n'est encore qu'une fillette de douze ans, il n'en a que quinze, mais déjà elle l'impressionne et son image se grave dans sa mémoire.
L'invasion allemande, en août 1914, contraint la famille Magritte à retourner à Châtelet. Cette fois, René décide de prendre son envol : en 1915, il s'installe seul à Bruxelles, rue du Midi, dans une pension pour étudiants, jusqu'à ce que la famille le rejoigne à la fin de l'année 1916. Inscrit pendant cinq ans à l'Académie royale des beaux-arts comme élève libre, ce qui ne l'oblige pas à participer aux concours, il étudie par intermittence dans l'atelier d'Émile Vandamme-Sylva, de Gisbert Combaz, et suit l'enseignement de « peinture décorative » dispensé par le peintre symboliste Constantin Montald. Il assiste également aux cours de littérature du romancier Georges Eekhoud, personnage haut en couleur dont il fera plus tard quatre portraits. C'est aussi à l'Académie qu'il croise pour la première fois Victor Servranckx (1897-1965), premier peintre en Belgique à aborder l'abstraction, et qu'il se lie avec son condisciple Pierre-Louis Flouquet (1900-1967), dont il partagera quelque temps l'atelier.
Ce jeune homme volontiers provocateur, qui n'a que mépris pour l'enseignement académique et a choisi la vie de bohème, manifeste paradoxalement son originalité en prenant un grand soin de sa mise – particularité qu'il conservera toute sa vie. Certaines photos de cette époque le montrent peignant devant son chevalet, vêtu avec élégance, portant costume et cravate. Elles ont aussi pour point commun l'expression sérieuse, presque taciturne de son regard. Mais cette solitude qui l'habite prendra fin en janvier 1920, quand, par le plus grand des hasards, il rencontre Georgette Berger au jardin botanique : ces retrouvailles sonnent le début d'une histoire d'amour qui durera toute leur vie. L'année suivante, René effectue durant neuf mois son service militaire, et il épouse Georgette en 1922.

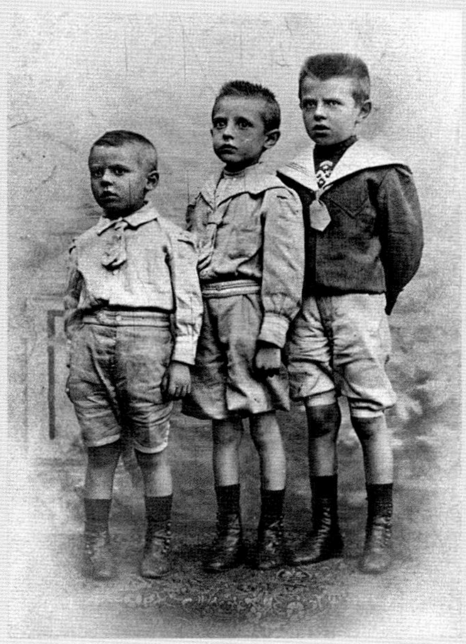

< ***René Magritte à 16 ans, 1914.***

Paul, Raymond et René Magritte, vers 1905.
Les frères Magritte posent par ordre croissant devant l'objectif. Paul (1902-1975), le benjamin, s'orientera vers la musique et restera toute sa vie très proche de René. Au milieu, Raymond (1900-1970), futur homme d'affaires ; les relations avec son aîné, toujours orageuses, finiront par une brouille.

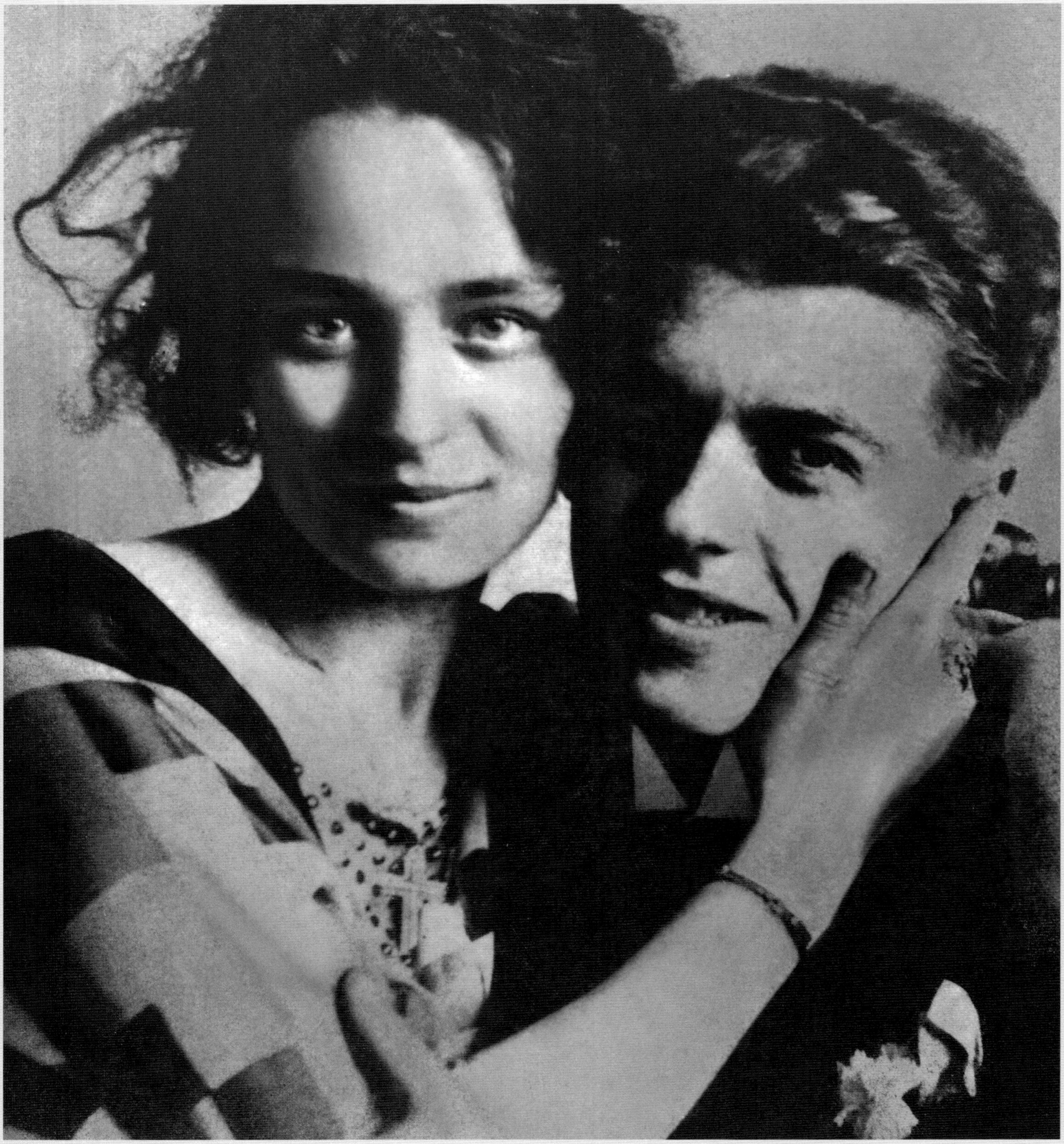

Georgette et René, le 28 juin 1922, jour de leur mariage. Courtesy Isy Brachot.

Tendrement enlacés, le visage rayonnant, c'est ainsi qu'apparaissent René et Georgette le jour de leur mariage, le 28 juin 1922. Le mariage civil est célébré à la maison communale de Saint-Josse et la cérémonie religieuse se déroule en l'église Sainte-Marie de Schaerbeek. En août, le jeune couple s'installe dans un appartement de location dans le quartier de Laeken, au 7, rue Ledeganck, où le mobilier a été fabriqué d'après des dessins de Magritte.

Portrait de Georgette, ***vers 1921, fusain sur papier, 34,1 × 24,3 cm.*** >

Exécuté dans un esprit très académique, ce portrait de Georgette est antérieur d'un an à son mariage avec René Magritte. Il prélude à un nombre considérable de tableaux pour lesquels elle a servi de modèle, tout au long de la carrière du peintre. Georgette Marie Florence Berger est née en 1901 à Marcinelle, où son père était boucher. Un métier familier pour René dont le grand-père maternel exerçait la même activité. Lorsque Georgette et René se retrouvent, sept ans après leur première rencontre, il a vingt-deux ans, elle en a dix-neuf, et travaille comme vendeuse à la Coopérative artistique, un magasin de fournitures pour peintres. Très épris l'un de l'autre, les jeunes gens développent leur relation à l'insu de Léopold Magritte, auquel Georgette ne sera présentée qu'en 1922, l'année de leur mariage.

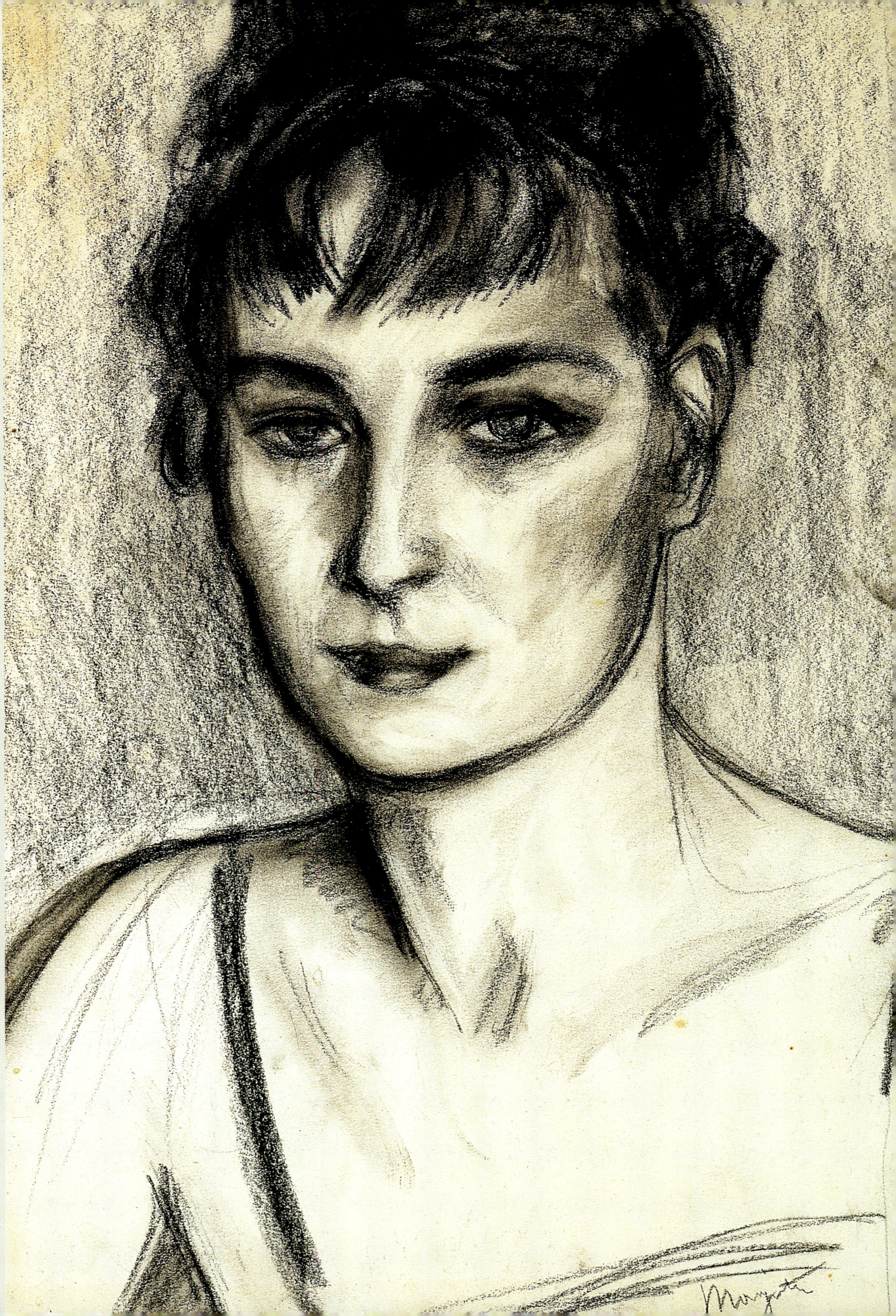

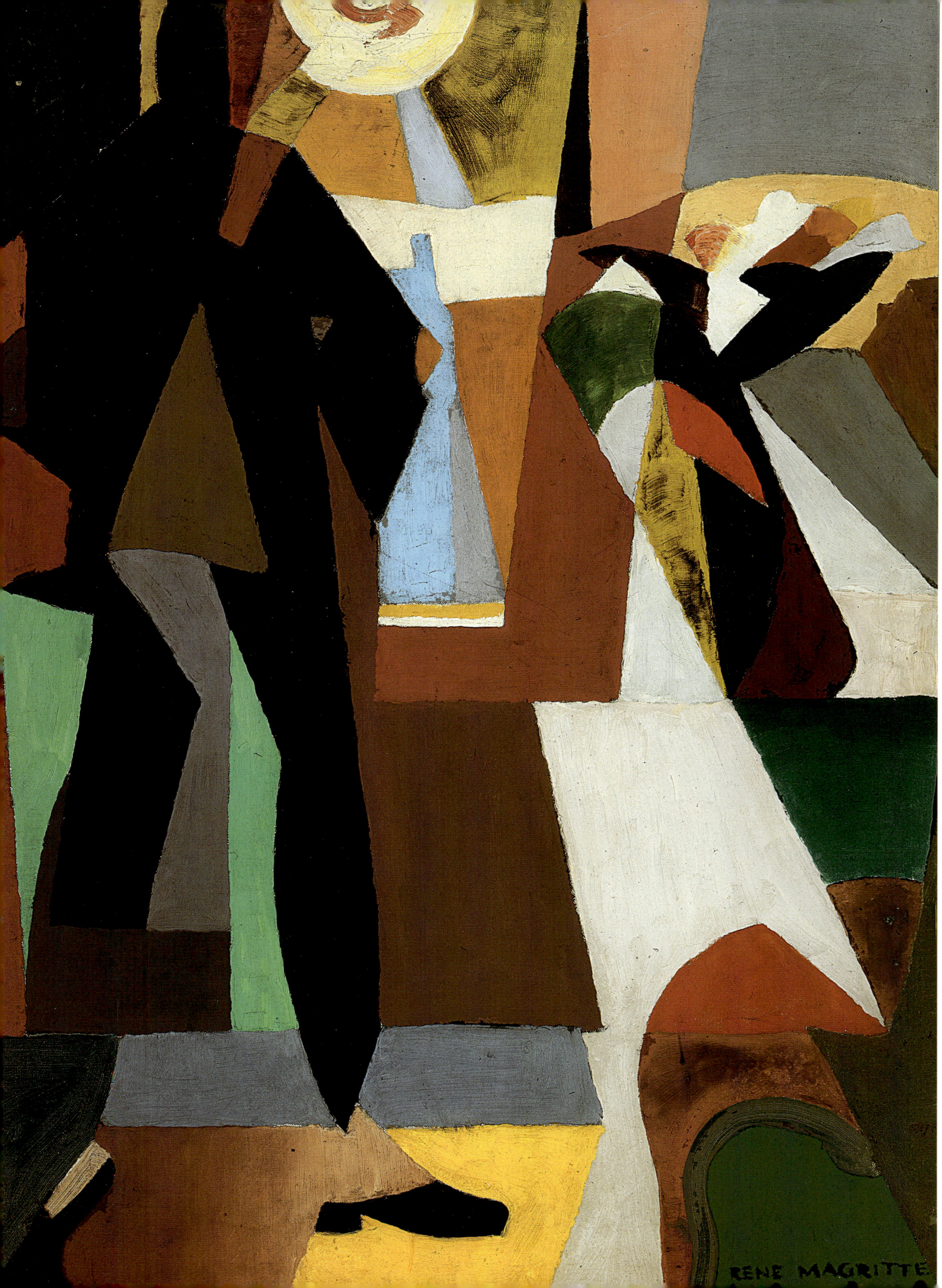
RENE MAGRITTE

MAGRITTE AVANT MAGRITTE

« Le progrès est une idée saugrenue. »

Les années d'études à l'Académie sont celles où René Magritte peint ses premières toiles, de facture encore impressionniste, mais il est conscient que sa voie personnelle reste à définir. Indéniablement, les amitiés et les échanges ont joué un rôle capital dans cette quête pour la découverte de soi. En 1919, il fait la connaissance des frères Bourgeois : Victor, jeune architecte avant-gardiste, et Pierre, poète très actif dans la vie intellectuelle et artistique bruxelloise. Avec eux, il participe cette année-là à la création d'une revue intitulée *Au volant*. Quatre numéros paraissent, auxquels Magritte contribue par des dessins. Pour les frères Bourgeois encore, il réalise en 1920 les projets de couverture d'un futur mensuel, *Voilà*, qui ne verra jamais le jour. Enfin, toujours avec eux, auxquels se sont adjoints nombre d'artistes, écrivains, poètes, architectes et esthètes, il participera à la revue *7 Arts* (voir p. 18).
C'est aussi grâce à l'amitié de Pierre Bourgeois, qui lui a prêté un catalogue, que Magritte fait la découverte des travaux des futuristes. Il a parlé beaucoup plus tard du choc ressenti à cette époque et de l'influence du futurisme sur son propre travail : « J'avais devant les yeux un défi lancé au bon sens qui m'ennuyait si fort. Ce fut pour moi cette même lumière que je retrouvais jadis en remontant des caveaux du vieux cimetière où, enfant, je passais mes vacances. Je peignis dans une véritable ivresse toute une série de tableaux futuristes. »
Son condisciple de l'Académie, Pierre-Louis Flouquet, dont Magritte partage l'atelier en 1920, est un complice dans ces avancées modernistes. C'est avec lui qu'il s'associe pour exposer des peintures et des projets d'affiches au Centre d'art, récemment ouvert à Bruxelles par Victor Bourgeois. L'esthétique de ces deux jeunes artistes, parallèle au point qu'on ne sait à qui attribuer certaines œuvres, pourrait se définir comme une sorte de stylisation du cubisme, adoucie chez Magritte par des arabesques futuristes. En 1920 également a lieu sa rencontre avec Édouard Léopold Théodore Mesens (1903-1971), jeune musicien, professeur de piano de son frère Paul et fin intellectuel. Bientôt, ils établissent une correspondance avec les futuristes italiens et s'intéressent à l'activité du mouvement Dada, notamment à Erik Satie et Tristan Tzara – que Mesens rencontre en 1921.
À son retour du service militaire, en 1922, Magritte se remet à peindre et réalise quelque temps des compositions cubo-abstraites, qui rappellent Delaunay et Léger. À cette époque, il a pour compagnon de route le peintre Victor Servranckx – qui, lui, n'abandonnera jamais l'abstraction –, avec lequel il rédige en 1922 un manifeste sur l'architecture et la sculpture, *L'Art pur : défense de l'esthétique*. En exergue apparaissait une phrase de Pierre Bourgeois : « Chaque chose doit être dite selon son rythme. » Influencé par le purisme de Le Corbusier et Ozenfant, ce texte illustré est resté finalement à l'état de manuscrit.
Parallèlement à ces expériences artistiques multiples, et bien qu'il soit hébergé jusqu'à son mariage dans l'appartement familial, Magritte cherche à gagner sa vie. Il fait une première expérience réussie dans la publicité en 1918, où il a la satisfaction de voir accepter un de ses projets d'affiche pour le pot-au-feu Derbaix. Trois ans plus tard, il est engagé comme dessinateur à l'usine de papier peint Peters-Lacroix à Haren, grâce à l'introduction de son ami Victor Servranckx, qui y travaille déjà.

< **À la fenêtre**, ***1920, huile sur toile, 92 × 65 cm. Communauté française de Belgique.***
De 1920 à 1924, la production de Magritte – interrompue par son service militaire – oscille entre cubisme et futurisme, mais jamais la figuration n'en est totalement absente. De cette époque expérimentale, Magritte dira plus tard : « Je ne crois pas avoir été un futuriste bien orthodoxe car le lyrisme que je voulais conquérir avait un centre invariable, sans rapport avec le futurisme esthétique. »

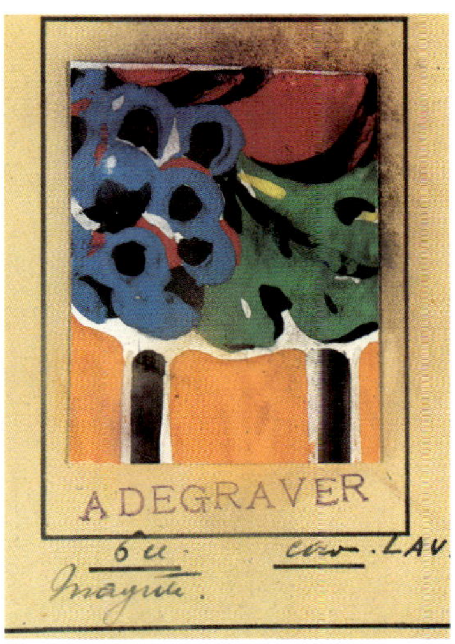

Projet de papier peint pour la firme UPL, extrait de l'Album D8, René Magritte, Victor Servranckx et autres, 1920-1925, gouache sur papier, 42 × 34,5 cm (album).
Même si Magritte n'est resté que deux ans dans cette usine, il en a tiré d'intéressantes réflexions sur les relations entre les arts appliqués et « l'art pur ». Les contraintes de ce métier l'ont aussi conduit à réfléchir sur l'emploi de la planéité dans la technique picturale.

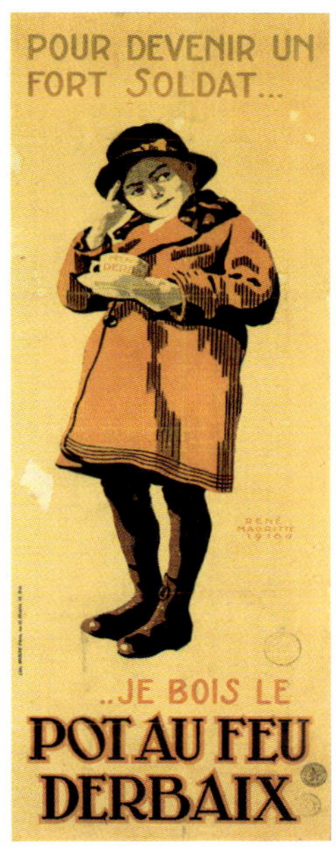

« Pour devenir un fort soldat … Je bois le Pot au feu Derbaix », ***1918, lithogravure sur papier, collé sur Unalit, 101 × 36,5 cm.***
Lorsqu'il était étudiant à l'Académie des beaux-arts, Magritte avait déjà effectué avec d'autres élèves plusieurs travaux publicitaires : sans doute en a-t-il gardé quelques principes. En 1918, le jeune peintre obtient la commande de cette affiche, la première éditée, sans doute grâce à son père, petit industriel qui fabriquait à cette époque des bouillons en cubes.

Portrait de Pierre Bourgeois, ***1920, huile sur panneau, 85 × 55 cm. Communauté française de Belgique.*** >

Né la même année que Magritte, à Charleroi, Pierre Bourgeois part habiter Bruxelles en 1916. Tout en publiant ses premiers recueils, il occupe rapidement avec son frère Victor une place de premier plan dans le monde des idées et des arts. C'est à lui que revient l'initiative de l'hebdomadaire *7 Arts*, dont il a assumé la réalisation matérielle tout en écrivant de nombreux articles littéraires et idéologiques. Son amitié avec Magritte – au côté duquel il fit son service militaire, l'année qui a suivi ce portrait – a perduré toute leur vie, malgré leurs dissensions théoriques.

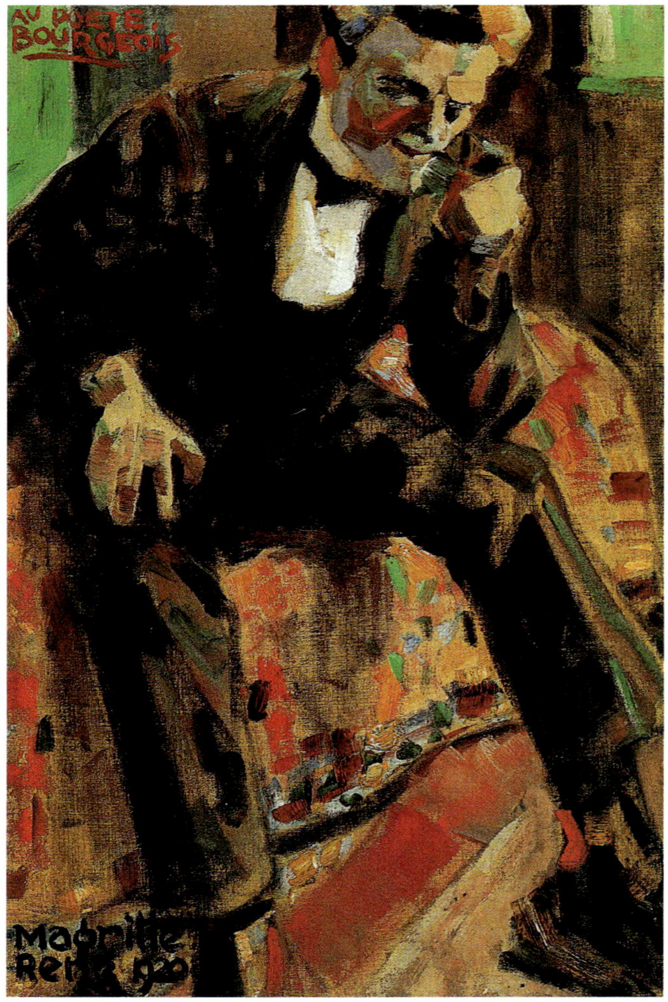

Portrait de Pierre Broodcoorens, ***1920, huile sur toile marouflée sur Unalit, 55 × 38 cm.*** V

Pierre Broodcoorens, né en 1885, a été, comme Magritte, un disciple de Georges Eekhoud, romancier naturaliste, pourfendeur de la bourgeoisie et homosexuel. Au mariage de René et Georgette, en juin 1922, Broodcoorens était l'un des témoins. Il décéda deux ans plus tard.

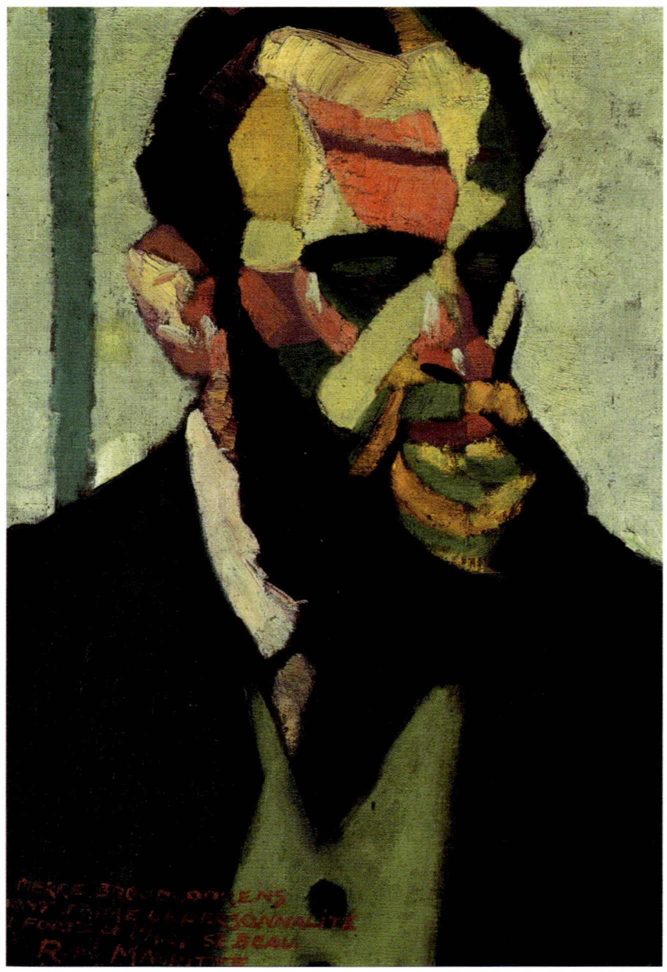

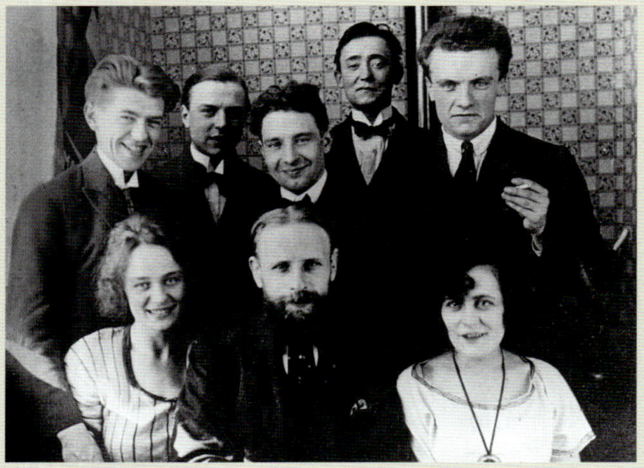

***Photo de groupe dans la cuisine de Georgette et René Magritte à l'occasion de leur mariage le 28 juin 1922, avec tout le groupe 7* Arts.**

De gauche à droite et de haut en bas : René Magritte, ELT Mesens, Victor Servranckx, Pierre-Louis Flouquet, Pierre Bourgeois, Georgette Magritte, Pierre Broodcoorens et Henriette Flouquet.

7 ARTS, UNE REVUE ET UN GROUPE

Revue hebdomadaire « d'information et de critique », *7 Arts* est née en 1922 de la volonté conjointe de cinq personnes qui en ont formé le noyau et assuré la réalisation : Victor et Pierre Bourgeois, Pierre-Louis Flouquet, Karel Maes et Georges Monier. L'une de ses premières particularités était son prix modique – 8 sous –, une autre sa périodicité, établie de façon à saisir sur le vif l'actualité artistique. Quant aux fondements théoriques, ils étaient clairement énoncés en deux formules : « L'art est expression active de la civilisation », et « L'art est une invention organisée ». Deux principes que l'on pourrait décomposer ainsi : il faut créer un art du temps présent, toute référence au passé n'étant qu'un aveu d'impuissance ; par ailleurs, la révolution artistique exige de l'ordre, sa pensée impose une construction.
Le ton vif, parfois polémique des critiques, la fermeté des intentions théoriques, la non-hiérarchisation des arts qu'on y pratiquait ont séduit nombre d'écrivains et d'artistes, et suscité des échanges entre diverses disciplines. Ainsi est né un esprit de groupe, fondé sur l'adhésion à des principes communs. Mais, bientôt, ces « puristes » de l'art se trouvent un ennemi, le surréalisme, dont Magritte se rapproche. Ainsi, complice de *7 Arts* durant quelque temps, celui-ci s'en éloigne peu à peu et essuiera ses critiques.

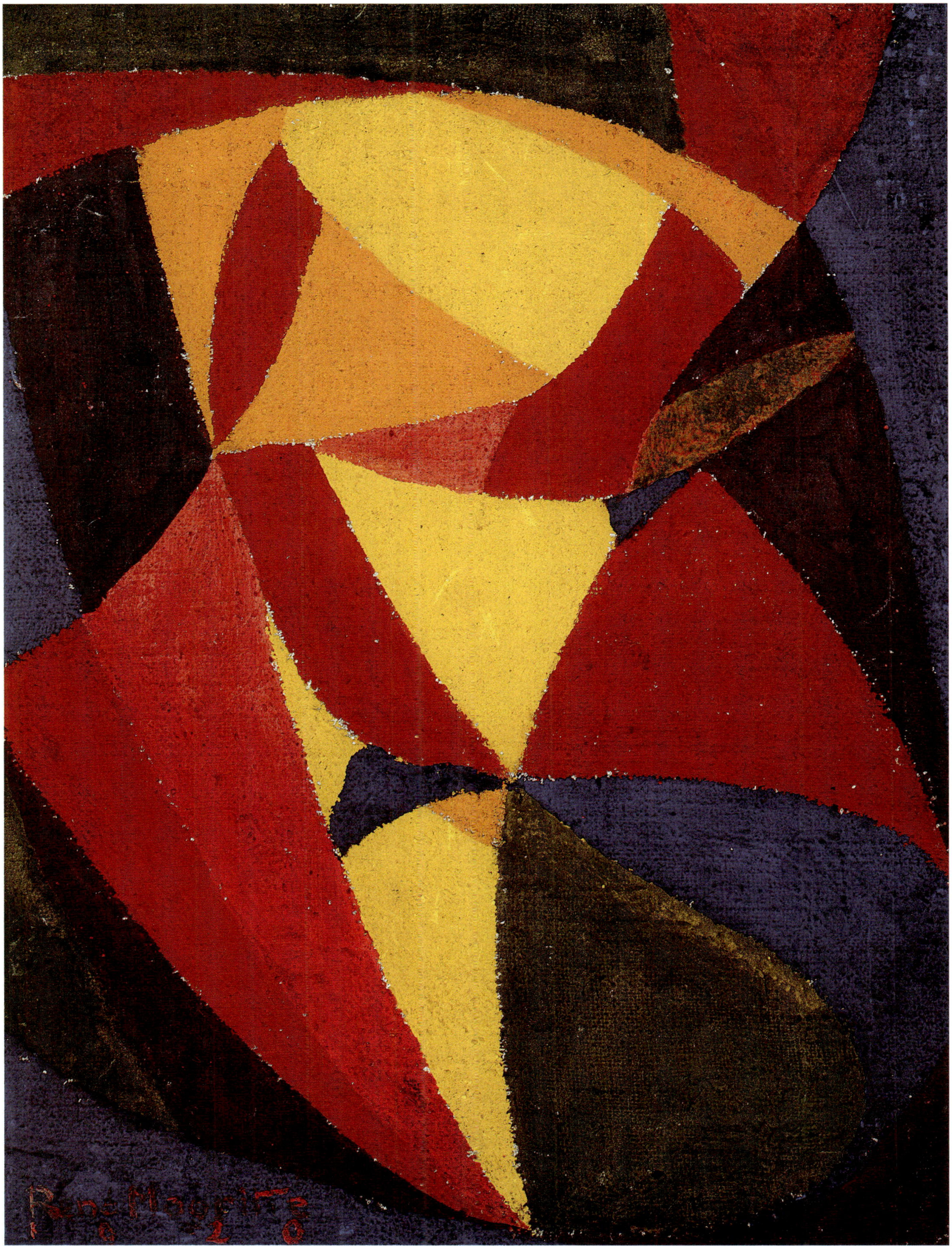

Portrait de Pierre Bourgeois, *1920, tempera sur toile, 48 × 36 cm.*
Communauté française de Belgique

Interrogé dans les années 1970 sur les circonstances dans lesquelles fut peint ce portrait, Pierre Bourgeois avoua ne plus s'en souvenir, et douta même qu'il fût de la main de Magritte. N'était-il pas plutôt de Pierre Flouquet ? Il est vrai que la production des deux jeunes peintres, fascinés par l'avant-garde et qui travaillaient dans le même atelier, présente à cette époque de troublantes similitudes.

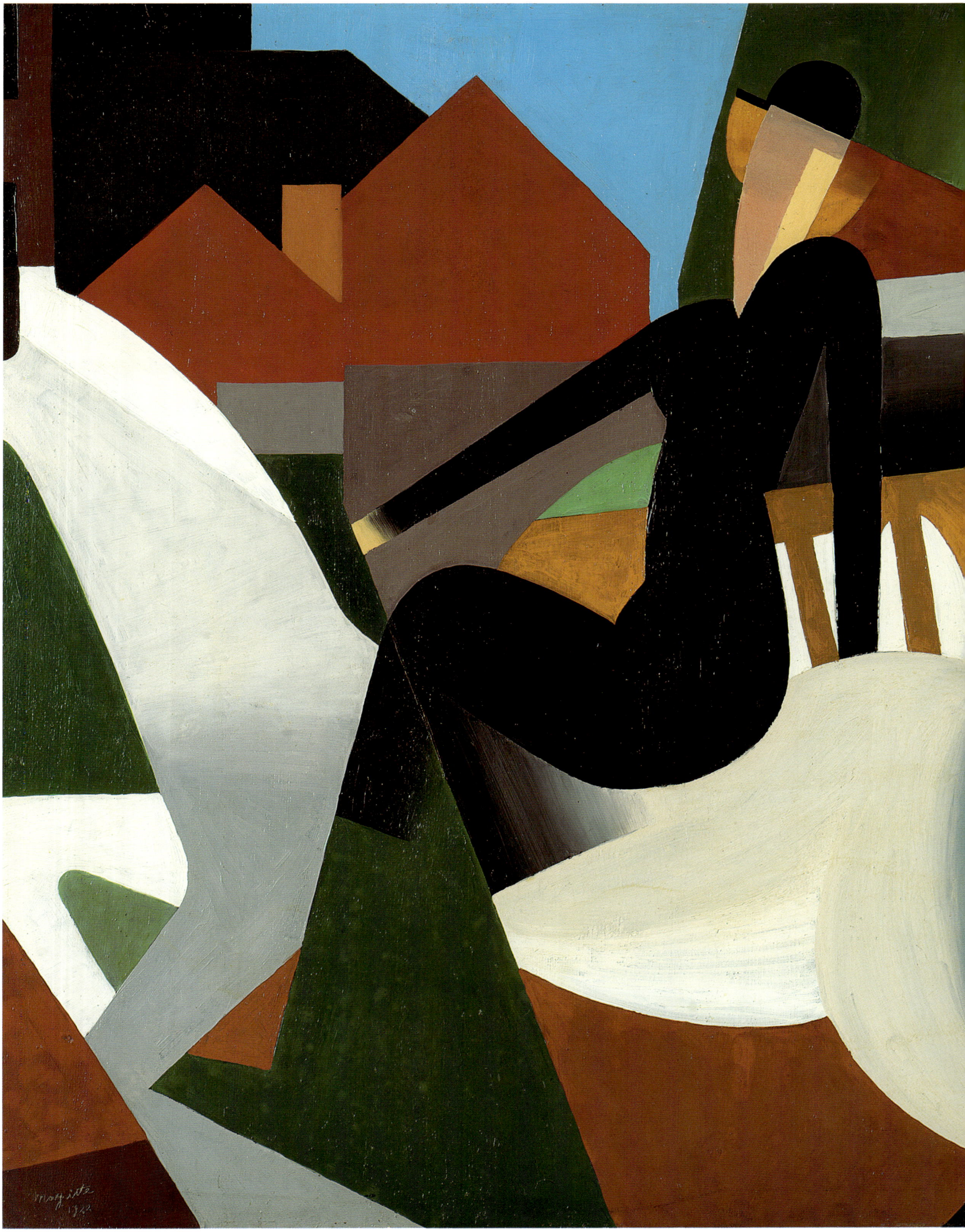

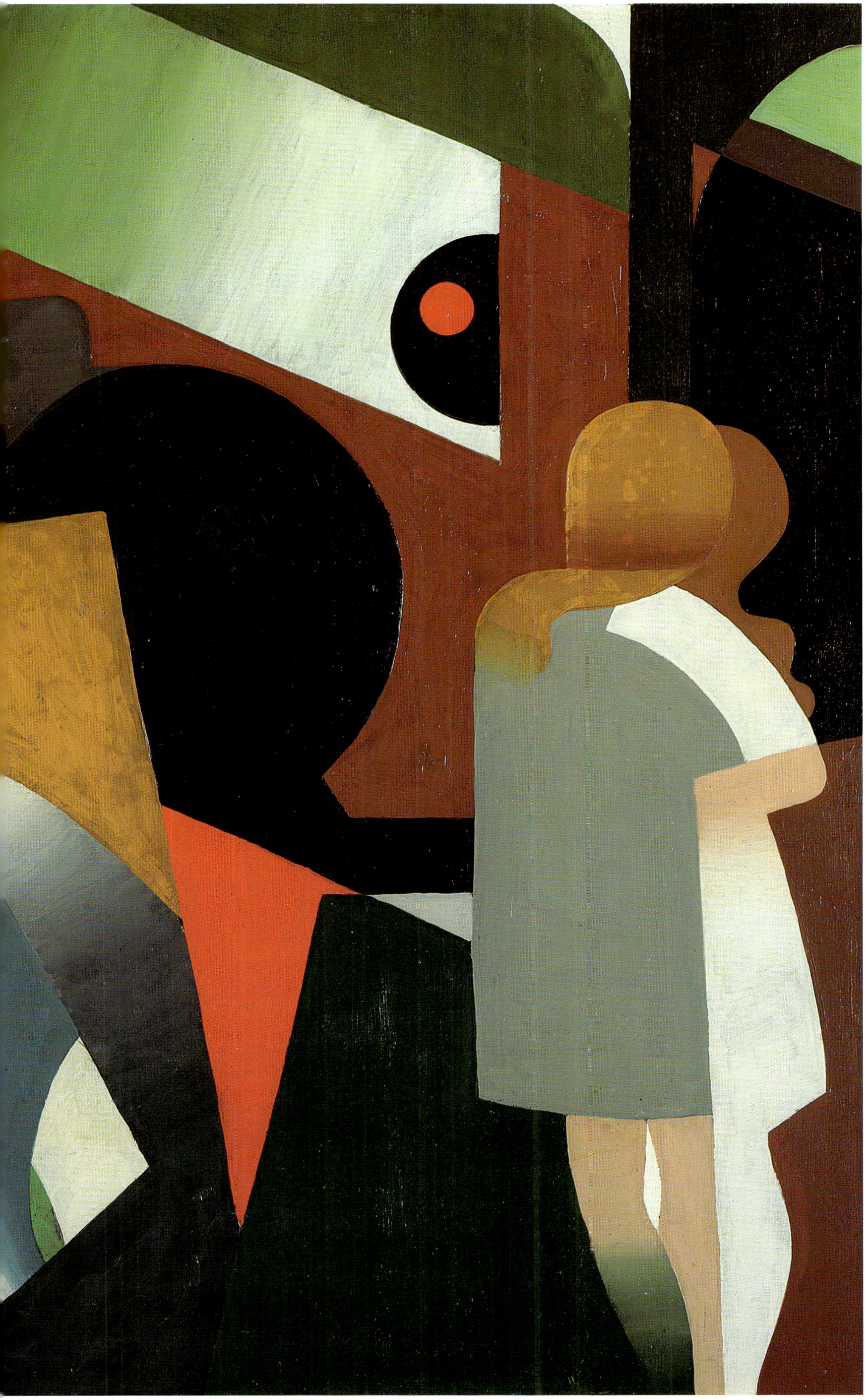

L'Écuyère, ***1922, huile sur carton monté sur bois, 63 × 90 cm.***
Cette toile relève des expériences constructivistes de Magritte, avant sa découverte du surréalisme et l'invention de son propre univers. Plus tard, il qualifiera les œuvres de cette période « d'images très évocatrices mais abstraites, immobiles et n'intéressant tout compte fait que l'intelligence des yeux ».

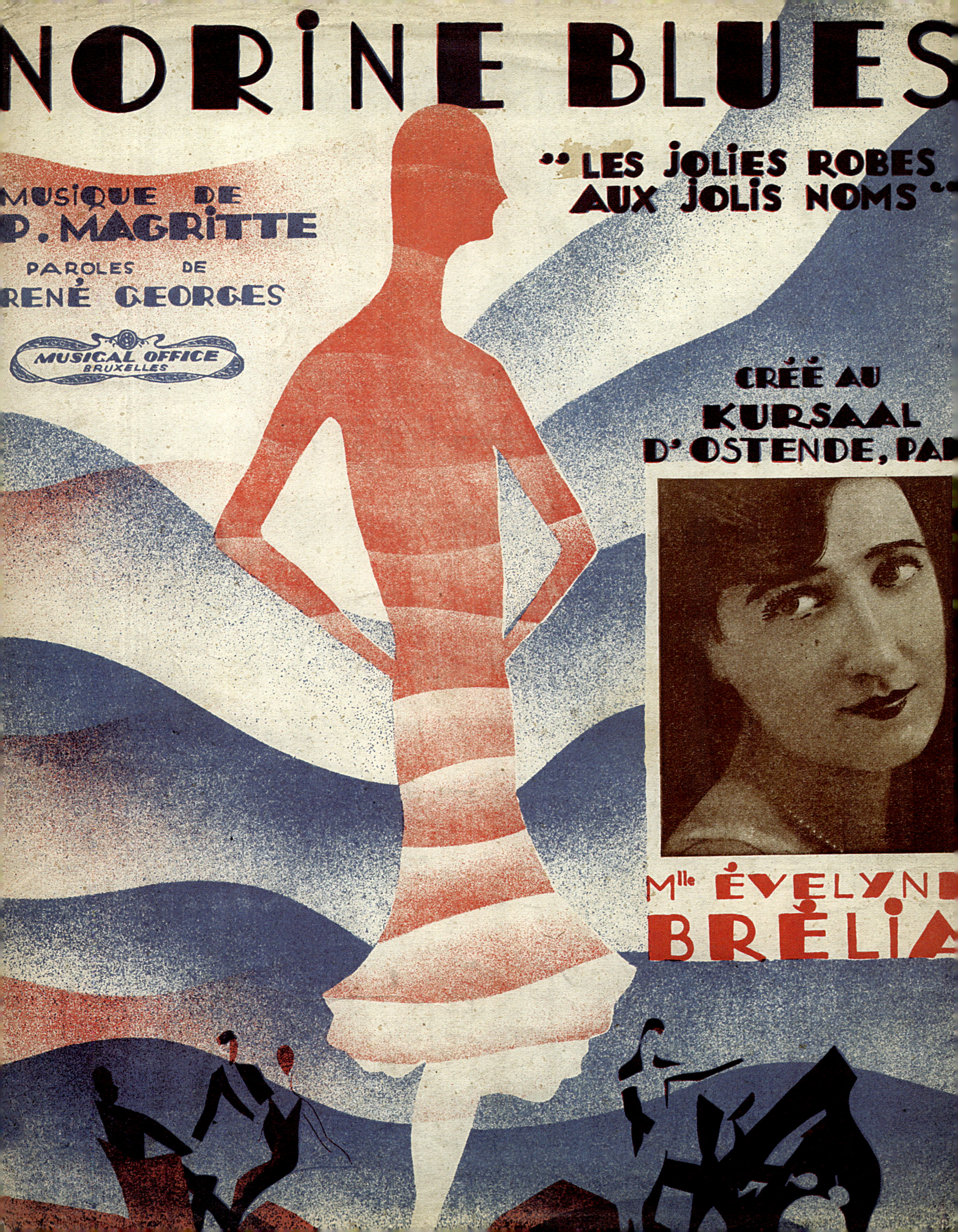

NORINE BLUES
MUSIQUE DE
P. MAGRITTE
PAROLES DE
RENÉ GEORGES
MUSICAL OFFICE
BRUXELLES
« LES JOLIES ROBES
AUX JOLIS NOMS »
CRÉÉ AU
KURSAAL
D'OSTENDE, PA
Mlle ÉVELYN
BRÉLIA

MAGRITTE'S BLUES

« Passé, avenir, je les ignore.
Je travaille uniquement pour le présent. »

« René Magritte supporte aussi mal l'usine que la caserne. Au bout d'une année d'emploi, il abandonne et cherche sa subsistance en faisant des travaux imbéciles : affiches et dessins publicitaires. » Dans son autobiographie – où il parle de lui-même à la troisième personne –, Magritte fait en ces termes le récit de son départ de l'usine de papier peint Peters-Lacroix et de la nécessité de trouver de nouvelles activités alimentaires. Parmi ces « travaux imbéciles » – que Magritte a tenté pour la plupart d'occulter – figurent aussi des réalisations assez peu connues : les illustrations pour couvertures de partitions musicales. À partir de 1924, et jusqu'en 1938, ce sont en effet près de soixante-cinq partitions qu'il aurait illustrées.

Longtemps, on a pensé que ces commandes lui étaient venues uniquement par l'intermédiaire de son frère Paul, compositeur prolifique de musique de variétés sous le pseudonyme de Bill Buddie. Il était aussi éditeur de musique et fondateur d'une firme, Universal Star Edition : certaines des couvertures qu'il y a publiées, quoique non signées, sont en effet très probablement de la main de son frère René. Mais les recherches ont cependant démontré que la plupart des contributions de Magritte dans ce domaine ont été destinées à d'autres éditeurs.

La chronologie précise de ces réalisations, en revanche, reste incertaine, si ce n'est que la première date incontestablement de 1924. Mais de laquelle s'agit-il ? Selon certaines sources, Magritte se serait rendu cette année-là chez l'éditeur de musique Schott Frères – maison qui existe toujours à Bruxelles – et aurait proposé ses services. Ils furent acceptés, et c'est ainsi qu'il fournit sa première illustration pour *Prière à mon ange*. Pour d'autres, la toute première aurait été destinée à la partition *Cinq mélodies orientales*, du compositeur Fernand Quinet, publiée par les éditions musicales L'Art belge. Hypothèse fondée si l'on sait que Quinet a compté parmi les premiers admirateurs du peintre, ainsi que son épouse, la chanteuse Évelyne Brélia. Magritte venait d'ailleurs de peindre un portrait de la jeune femme, qui fut son premier tableau vendu. Le propriétaire de L'Art belge, Léon Frings, était également amateur d'art, ce qui expliquerait cette première commande à Magritte, suivie de nombreuses autres contributions de l'artiste.

Quoi qu'il en soit de ce point précis, l'établissement en 1995 d'un catalogue raisonné des partitions illustrées a permis de distinguer plusieurs périodes dans la production de Magritte, notamment grâce à ses diverses signatures – voire, parfois, à leur absence. Trois, en 1924, sont signées « MAGRIT », pseudonyme que le jeune peintre a également utilisé pour des affiches exécutées cette même année ; parallèlement, à partir de 1924 et jusqu'en 1927, il signe les partitions de son nom véritable, « MAGRITTE ». En majorité destinées aux éditions L'Art belge, celles-ci sont les plus nombreuses – environ vingt-cinq – et présentent une unité stylistique remarquable.

La troisième phase de production se situe en France, où Magritte et Georgette ont vécu de 1927 à 1930 : peu nombreuses, non signées, ces partitions ont été publiées par l'éditeur Marcel Labbé. Puis, revenu à Bruxelles, Magritte adopte le pseudonyme de « DONGO » – allusion au Fabrice del Dongo de *La Chartreuse de Parme* –, qui est aussi le nom du bureau publicitaire qu'il fonde avec son frère Paul pour tenter de gagner sa vie.

Enfin, et ce sera la dernière période de production dans ce domaine, seize illustrations de partitions sont réalisées entre 1933 et 1938 pour les Éditions modernes de Georges Vriamont, signées par Magritte sous le pseudonyme de « Emair » – transposition phonétique de ses initiales inversées, M. R.

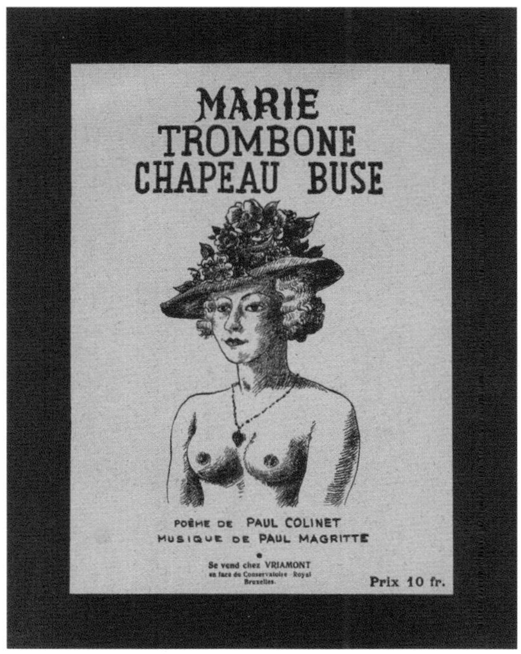

Couverture pour Marie Trombone Chapeau Buse, *1936, zincographie tirée brun sur papier bleu, 35 × 27,2 cm.*

Cette partition se révèle une véritable affaire de famille, puisque le texte de la chanson est dû à Paul Colinet, ami intime de Georgette et René, que la musique a été composée par Paul Magritte et la couverture dessinée par son frère.

< **Norine Blues** *(copyright daté de 1925), zincographie tirée en rouge et bleu, cliché photographique tiré en brun, 34,8 × 26,9 cm.*

Après avoir quitté l'usine de papier peint Peters-Lacroix, en 1924, Magritte tente de gagner sa vie avec des dessins publicitaires. Les premiers qu'il exécute sont destinés à Norine, l'une des maisons de couture les plus importantes de Bruxelles (voir p. 31 et 33). L'année suivante, il conçoit la couverture de cette partition musicale, *Norine Blues*, dont la musique est composée par Paul Magritte, tandis que les paroles sont de René et Georgette Magritte, qui signent sous le pseudonyme de « René Georges ». La chanson fut interprétée par Évelyne Brélia en 1925 lors d'un défilé de mode présenté par Norine au Kursaal d'Ostende.

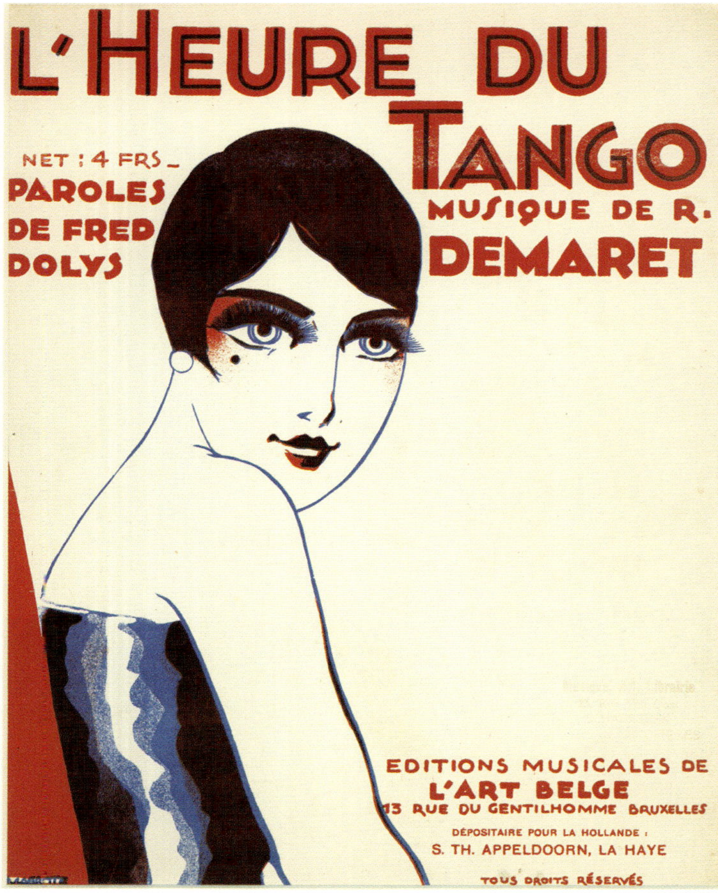

L'Heure du tango, *1925, zincographie tirée en rouge et bleu, 35 × 27 cm.*

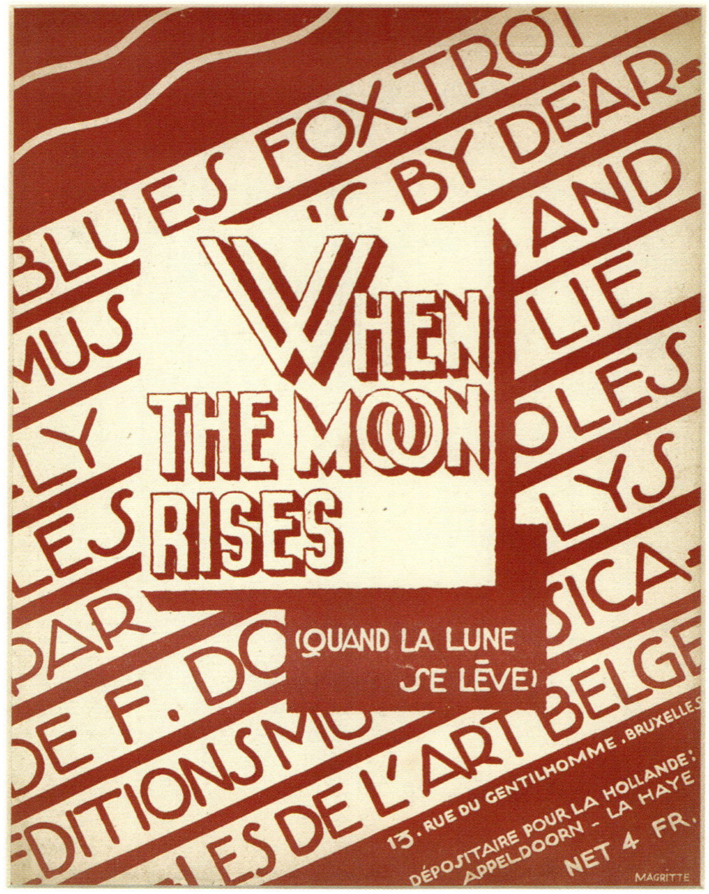

When the moon rises, *1925, zincographie tirée en rose, 35 × 26,8 cm.*

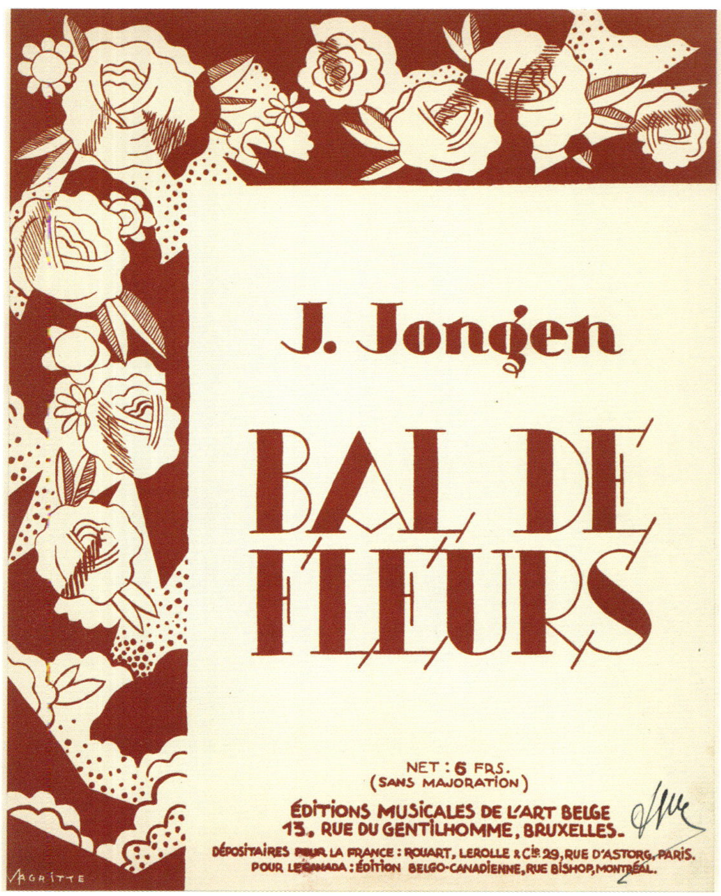

Bal de fleurs, *1925, zincographie tirée en fuchsia, 34,8 × 27 cm.*

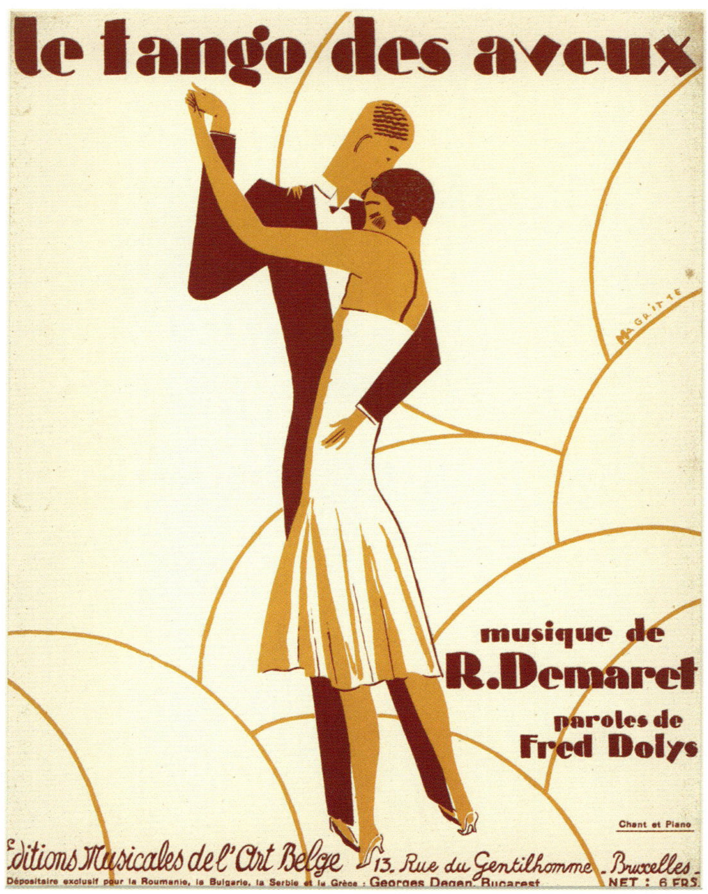

Le Tango des aveux, *1926, zincographie tirée en rouge et jaune, 35,1 × 26,8 cm.*

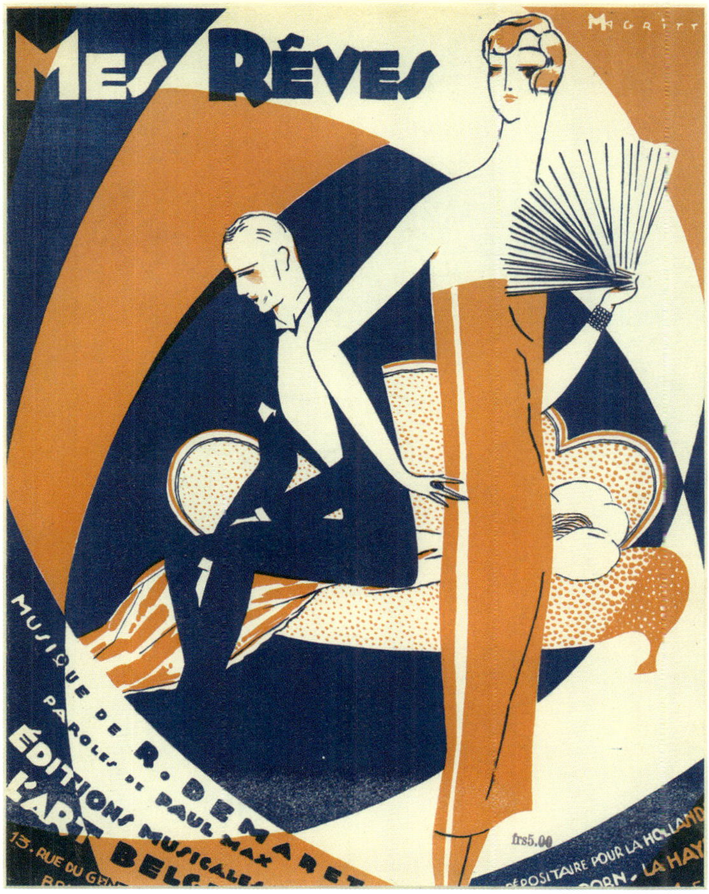

Mes rêves, *1926, zincographie tirée en orange et bleu, 35,1 × 27,2 cm.*

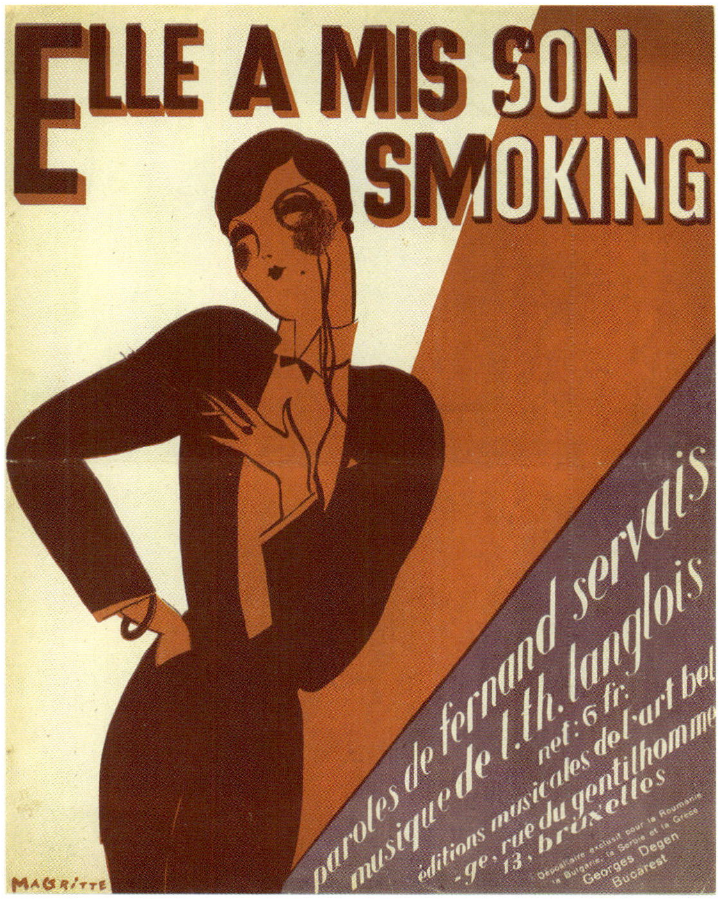

Elle a mis son smoking, *1926, zincographie tirée en orange et mauve, 35,1 × 27 cm.*

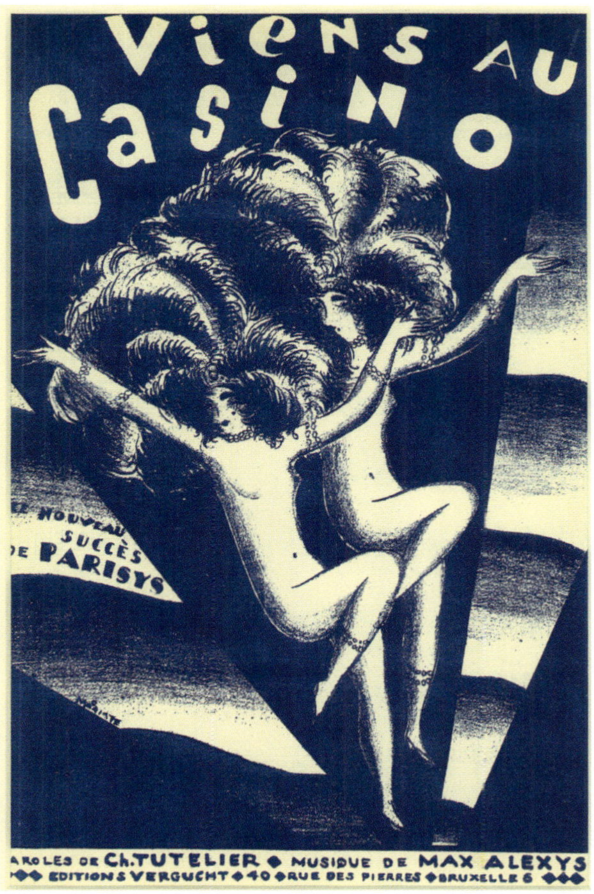

Viens au casino, *1924, zincographie tirée en bleu, 27 × 17,4 cm.*

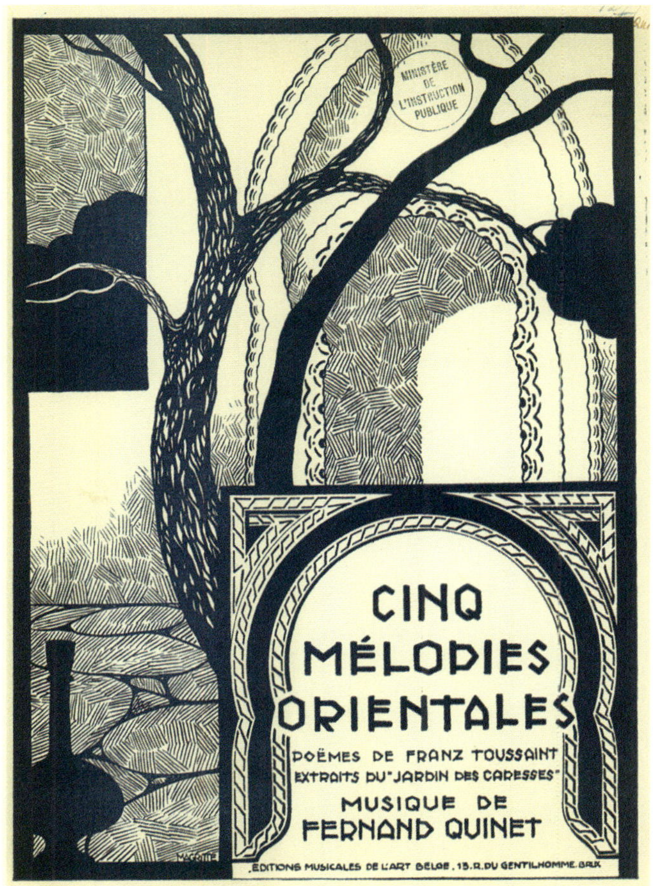

Cinq mélodies orientales, *1924, zincographie tirée en bleu, 30,8 × 21,6 cm.*

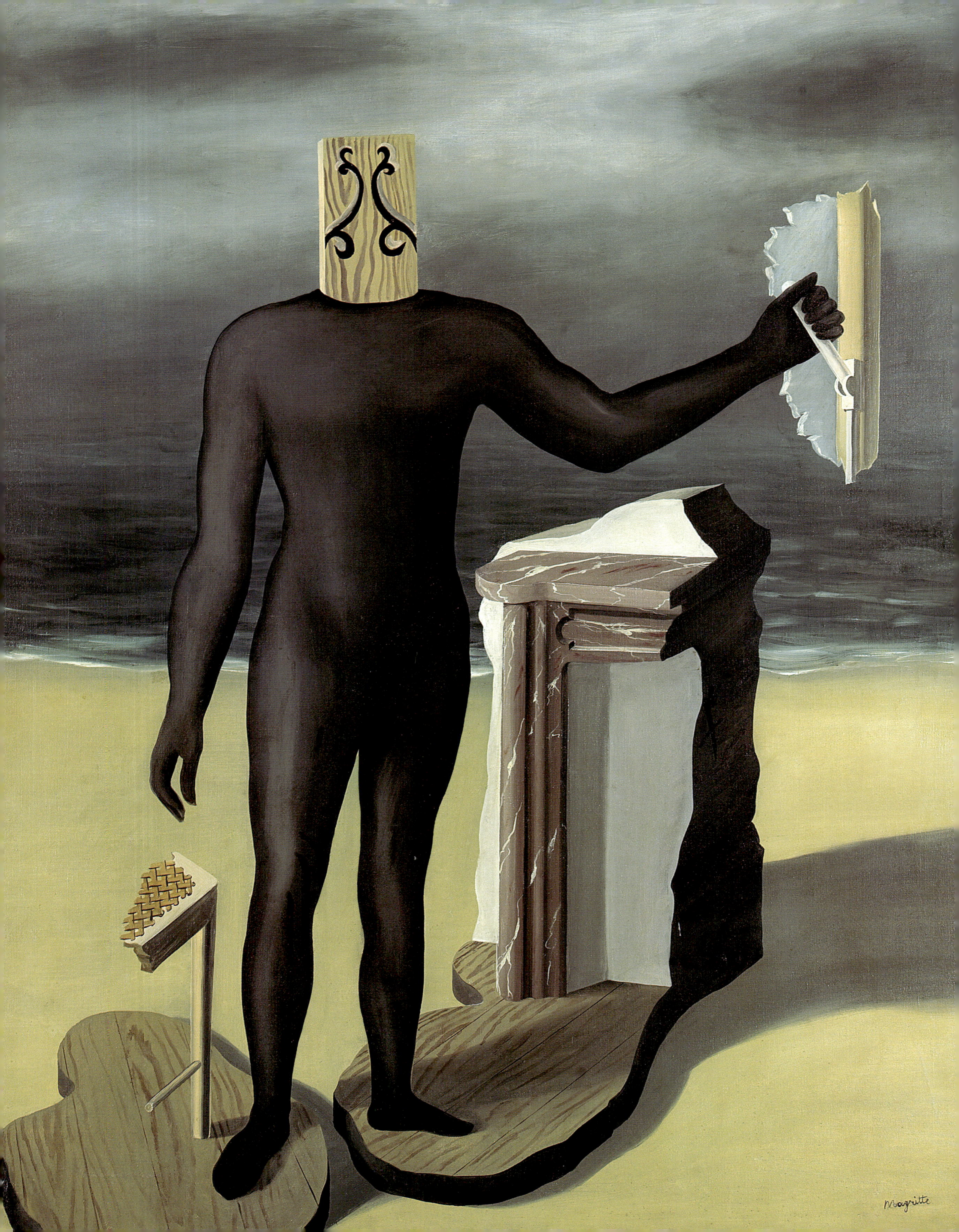
Magritte

SOUS LE SIGNE DE CHIRICO

« [Chirico] est le premier peintre qui ait pensé à faire parler la peinture d'autre chose que de peinture. »

Les nouvelles théories qui ont quelque temps enthousiasmé Magritte – futurisme, cubisme, purisme, abstraction – et qu'il a mises en application dans ses œuvres ne correspondent pas véritablement à ce qu'il recherche, comme il l'a raconté plus tard : « Toutes ces expériences à la longue ne me donnaient pas satisfaction, sans doute parce que le plaisir de peindre n'importe comment et n'importe quoi devait me paraître sans intérêt. Je ne suis pas, je crois, un peintre dans toute l'acception du terme »

Il en est à ce point de ses interrogations quand un jour de 1923, grâce à son ami le poète Marcel Lecomte, il découvre dans la revue *Les Feuilles libres* une œuvre de Giorgio De Chirico, *Le Chant d'amour*. C'est une révélation. Le maître de l'art métaphysique le conduit à comprendre que, désormais, il ne s'agit plus de savoir *comment* peindre, mais de « savoir ce qu'il faut peindre, le savoir pour que le mystère soit en question ». Il prend conscience que l'esthétique n'est finalement dans l'œuvre qu'un accessoire : seule compte l'idée. L'art est avant tout un moyen de connaissance de l'homme et du monde, et le peintre a un rôle à jouer dans la révélation de ce qu'est ce monde, ou plutôt du mystère qu'il contient. D'autres artistes, a précisé plus tard Magritte, l'ont poussé dans cette nouvelle direction : « Max Ernst, certains travaux de Derain (…) ; les recherches de Picasso, l'activité anti-artistique de Duchamp qui proposait tout naturellement de se servir d'un Rembrandt comme de planche à repasser, sont le début de ce qu'on appelle maintenant "la peinture surréaliste". »

Les réflexions que Magritte élabore et qui vont transformer sa manière de peindre ne sont pas étrangères aux multiples débats de l'époque et aux amis qu'il fréquente, essentiellement des écrivains et des poètes. Après Marcel Lecomte, rencontré en 1922, il a fait la connaissance l'année suivante de Camille Goemans, puis en 1925 de Paul Nougé. Deux ans plus tard, il se lie d'une longue amitié avec Louis Scutenaire.

Ces liens nouveaux n'ont pas rompu sa complicité avec ELT Mesens, rencontré en 1920, et qui l'a initié au mouvement Dada. Par son intermédiaire, Magritte est associé en 1924 au dernier numéro de *391*, la revue de Francis Picabia, qui refuse avec d'autres dadaïstes de suivre André Breton, lequel amorce à cette époque l'exploration des phénomènes merveilleux et de l'écriture automatique. Mesens tente donc de lancer une revue dadaïste intitulée *Période*, à laquelle doivent participer notamment Magritte, Lecomte et Goemans. Mais, sous la pression de Nougé, ces deux derniers se désistent, et, s'associant avec lui, ils créent en novembre 1924 le groupe Correspondance. Une rupture qui n'a pas été définitive, puisque ses membres ont rejoint quelque temps plus tard Magritte au sein du groupe surréaliste belge. Paul Nougé a par ailleurs joué un rôle considérable pour la reconnaissance du peintre, lui consacrant notamment un ouvrage intitulé *Les Images défendues*.

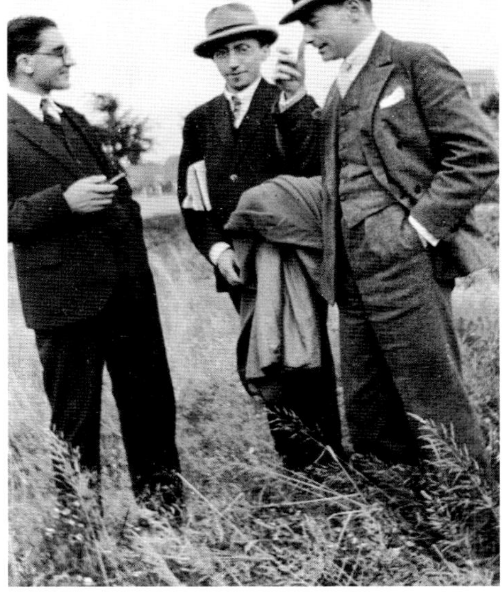

Paul Nougé, Marcel Lecomte et Camille Goemans, au début de Correspondance, 1924.

De gauche à droite, Paul Nougé (1895-1967), Marcel Lecomte (1900-1966) et Camille Goemans (1900-1960), les trois fondateurs du groupe Correspondance, qui a duré de novembre 1924 au printemps 1925. Leurs publications se présentaient sous forme de tracts, adressés à des écrivains en vue. Il s'agissait, a raconté plus tard Lecomte, « de montrer aux auteurs eux-mêmes (…) peut-être ce qu'ils avaient manqué dans leurs romans, dans leurs poèmes, dans leurs récits ». Nougé a ainsi noué des liens avec les intellectuels français, et notamment avec les surréalistes.

< **L'Homme du large**, ***1927, huile sur toile, 139 × 105 cm.***

« L'art doit évoquer le mystère sans lequel le monde n'existerait pas », proclame Magritte. Rien de plus mystérieux que cet homme noir, monumental, qui fait songer, avec sa jambe en avant, à un dieu égyptien. C'est pourtant une tout autre source d'inspiration qui a présidé à cette composition : le souvenir des aventures de Fantômas, portées à l'écran par Louis Feuillade. Ce tableau de 1927 est l'une des œuvres clés de ce qu'on a appelé la « période noire » de Magritte, pendant laquelle il élabore son univers énigmatique. Quant au titre, trouvé par Marcel Lecomte, l'ami et complice de Magritte, c'est aussi celui d'un film de Marcel L'Herbier de 1920. Le cinéma et les romans populaires enchantent le peintre et l'inspirent, pour longtemps.

« La puissance de la pensée se manifeste
le mystère des êtres qui nous semblent

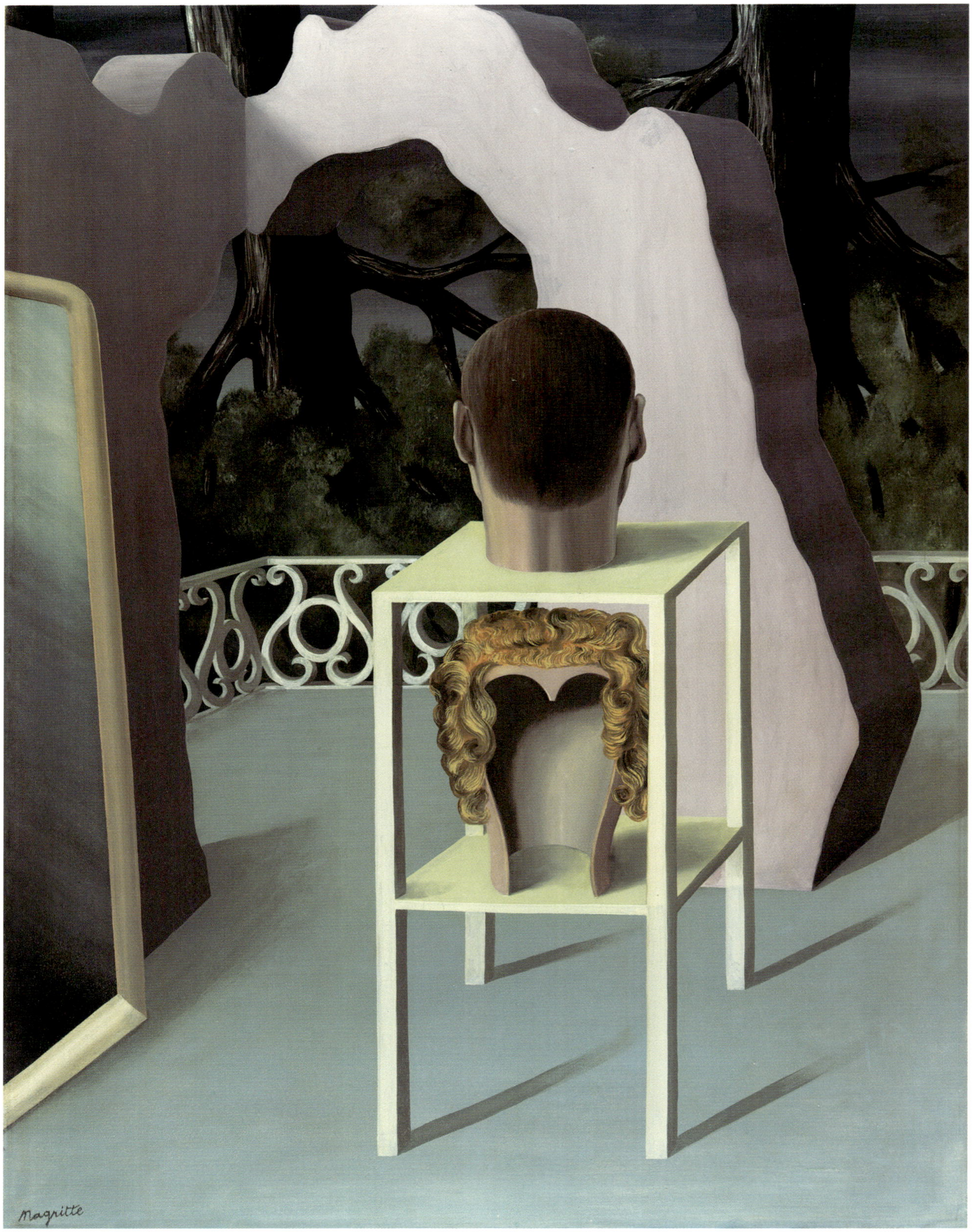

Le Mariage de minuit, *1926, huile sur toile, 139,5 × 105,5 cm.*

À la fin de l'année 1925, après une interruption de près de deux ans, Magritte se remet à peindre et exécute ses premières œuvres surréalistes. L'influence de Giorgio De Chirico est flagrante dans l'atmosphère de ce tableau, à la fois théâtrale et onirique. La peinture est sans aspérités, le rendu réaliste, seules comptent l'image et sa mise en scène étrange. C'est précisément la perplexité que le peintre souhaite susciter chez le spectateur, qu'il veut baigner dans la poésie et le mystère.

en dévoilant, en évoquant
familiers (par erreur, par habitude). »

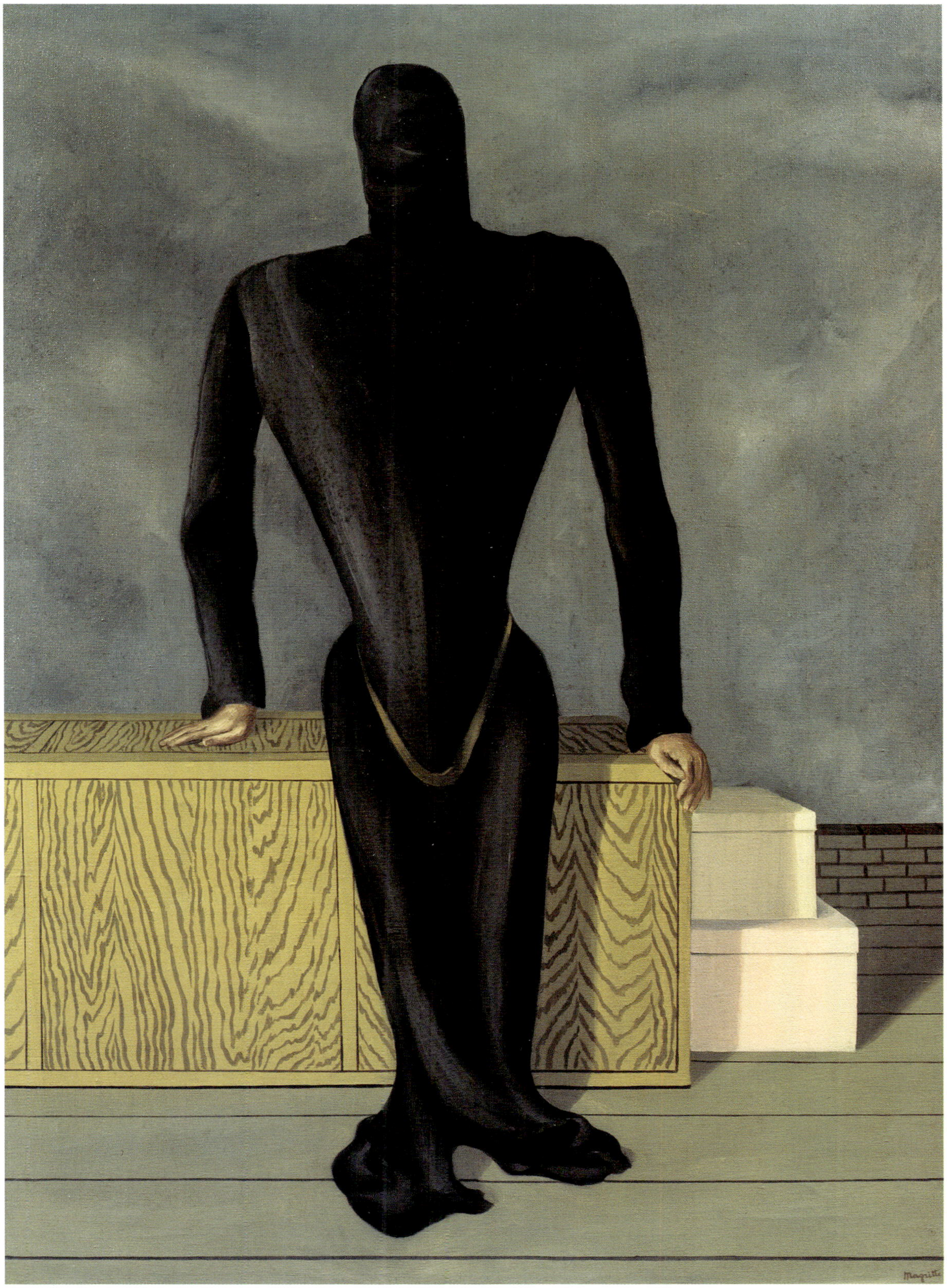

La Voleuse, *1927, huile sur toile, 101 × 72,6 cm.*
Cette toile relève de la même inspiration que *L'Homme du large* *(voir p. 26)* l'univers de Fantômas ou de celui des Vampires, du même Louis Feuillade, qui a pour héroïne l'étrange Irma Vep.

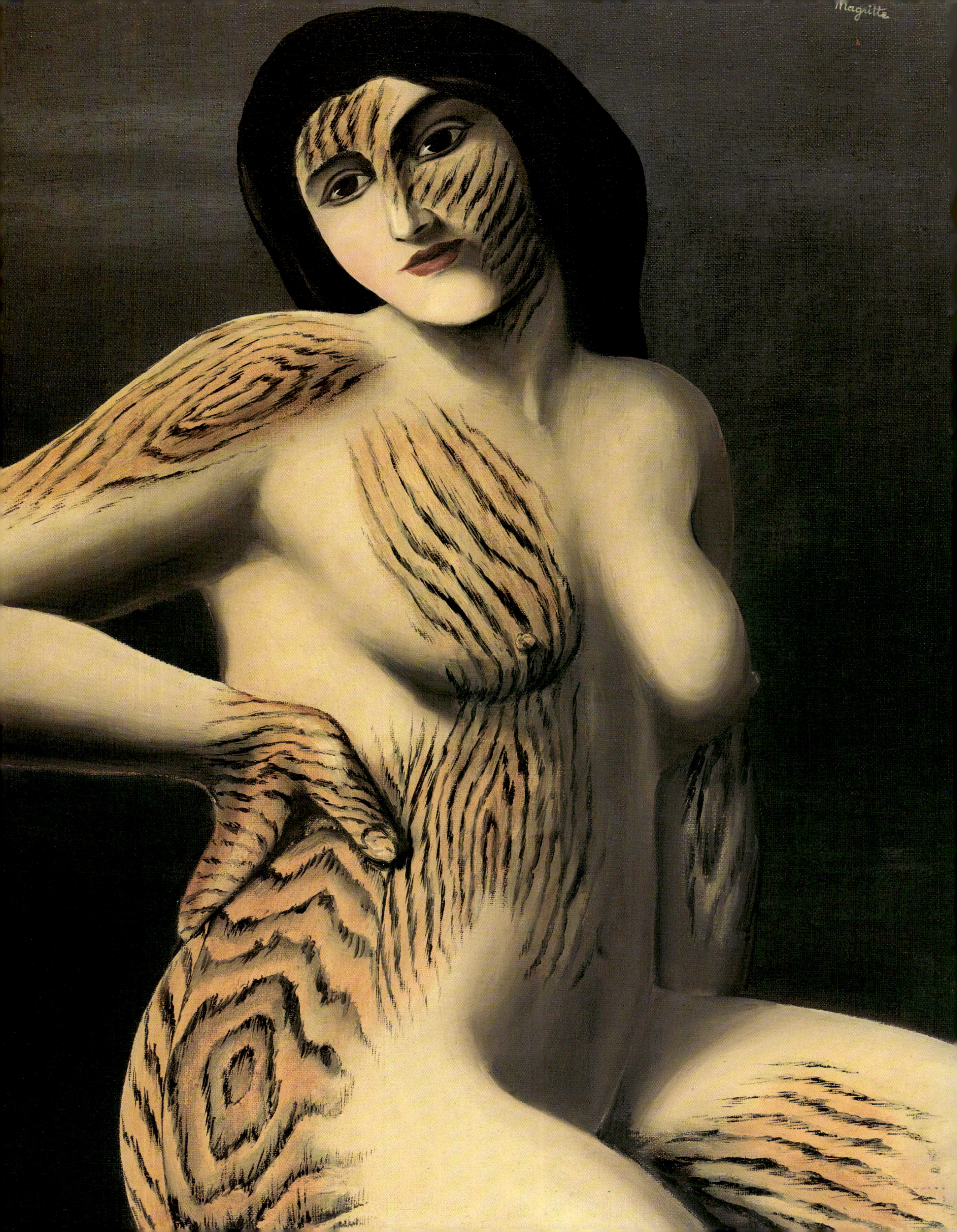
Magritte

NAISSANCE DU GROUPE SURRÉALISTE BRUXELLOIS

« Le Surréalisme, c'est la connaissance immédiate du réel : le réel est absolu, il est étranger aux différentes manières de "l'interpréter". »

Après sa contribution au numéro de *391*, placée sous l'égide de Francis Picabia, Magritte se trouve à nouveau enrôlé par Mesens pour lancer une revue intitulée *Période*. Lâchés par Lecomte et Goemans, Mesens et Magritte poursuivent néanmoins leur projet, qui débouche sur la publication, en mars 1925, de la revue *Œsophage*. D'esprit dadaïste, celle-ci prône « l'autodestruction à tour de bras et la confiance dans les vertus humaines ». Les collaborateurs sollicités sont Arp, Tristan Tzara, Max Ernst, Kurt Schwitters, Georges Ribemont-Dessaignes, et tous ceux qui manifestent une certaine hostilité envers le surréalisme d'André Breton. De Magritte paraît dans la revue un texte assez ambigu, où déjà il esquisse une sorte de programme pictural : « Lorsque la volonté n'est plus l'esclave des choses, tout semble perdu et il devient possible de réaliser des images d'un univers merveilleux – création – pour les délaisser aussitôt – critique. Car l'on est si sérieux que plus rien n'est pris au sérieux, sauf la négation. Et ainsi l'évolution ne s'arrête pas, elle commence. On frisera souvent l'idiotie, peu importe, il est agréable de penser jusqu'où cela peut mener. » Il ne paraîtra qu'un seul numéro d'*Œsophage*. Malgré son apparente violence contre le surréalisme, les positions personnelles des auteurs sont moins tranchées, et les ennemis d'hier deviendront bientôt des alliés.

Infatigable, Mesens entraîne de nouveau Magritte l'année suivante dans la publication d'une nouvelle revue, *Marie*, qui porte pour sous-titre ironique : « Journal bimensuel pour la belle jeunesse ». Éphémère elle aussi, elle connaît quatre livraisons : trois en 1926, la dernière au début de 1927, qui fut intitulée « L'Adieu à Marie ». Magritte, qui collabore à la revue, donne en particulier pour le deuxième numéro un dessin représentant Fantômas, personnage que l'on retrouve dans ses tableaux de l'époque.

Traversé de courants assez divers, imprégné de l'esprit de provocation du dadaïsme, *Marie* est aujourd'hui considéré comme une étape importante dans la constitution du groupe surréaliste bruxellois. Le premier numéro est à cet égard éclairant car il prend à partie la « plastique pure » défendue par *7 Arts*, position qui annonce la rupture que les surréalistes tenteront d'imposer aux autres courants modernistes ; quant à la dernière livraison, elle témoigne de la distance progressive prise avec l'esprit dada, et, dans un processus comparable à celui qui s'est déroulé à Paris, de l'orientation vers le surréalisme. Rejoignant Mesens et Magritte, Nougé et Goemans ont emprunté la même direction, accompagnés du musicien André Souris : ils formeront à cinq le noyau du groupe surréaliste belge. À l'automne 1926 a lieu la naissance « officielle » du groupe, annoncée par trois textes collectifs. Son existence a été brève, le nombre de ses membres limité, mais il a indéniablement marqué son époque en proposant des approches nouvelles et en modifiant les sensibilités.

Si cette année-là marque un tournant intellectuel dans la vie de Magritte, matériellement aussi sa situation s'améliore : avec la galerie bruxelloise Le Centaure, fondée par Walter Schwarzenberg – où il exposera l'année suivante –, il signe un contrat de quatre ans, « fort modeste », dira-t-il, mais qui devrait lui permettre de vivre. Néanmoins, Magritte n'abandonne pas ses travaux publicitaires : aux partitions musicales s'ajoutent les illustrations pour la maison de couture Norine, des annonces pour le premier numéro de la revue *Le Centaure* et la conception du catalogue d'un fourreur, Samuel & Cie, surprenant témoignage de l'atmosphère surréaliste dans laquelle évolue désormais le peintre.

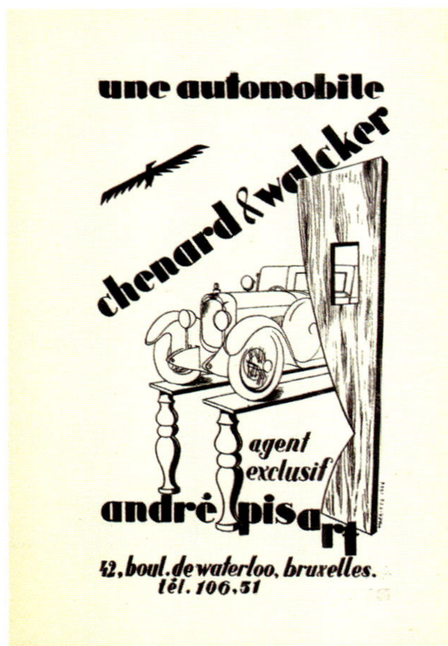

Publicité parue dans
Le Centaure*, n° 4, janvier 1927.*

La revue *Le Centaure* était éditée par l'un des bailleurs de fonds de la galerie du même nom, à laquelle Magritte était lié par un contrat, « fort modeste », selon ses dires, qui dura de 1926 à 1930. Pour le premier numéro de cette revue, l'artiste a signé neuf annonces, dont certaines réapparaîtront dans les numéros suivants. Ce dessin publicitaire, en particulier, révèle le passage de Magritte au surréalisme à travers la présence du rideau et des quilles, sur lesquelles est curieusement posée l'automobile.

< **Découverte**, *1927, huile sur toile, 65,2 × 50,3 cm.*

C'est en novembre 1927 que cette toile a été peinte, ce que l'on sait grâce à une lettre de Magritte adressée à Nougé où il commente cette image et la présente comme un exemple de « métamorphose ». « Les choses sont tangibles et pourtant quelques planches de bon bois deviennent insensiblement transparentes à certains endroits ; ou bien une femme nue a des parties qui deviennent insensiblement transparentes aussi d'une manière différente. » Avec ce tableau, Magritte considérait lui-même avoir franchi une étape décisive, conviction qui explique le titre finalement choisi. Il fait écho à ce que le peintre écrit à Nougé au moment où il entreprend le tableau : « Je crois que j'ai fait une découverte... »

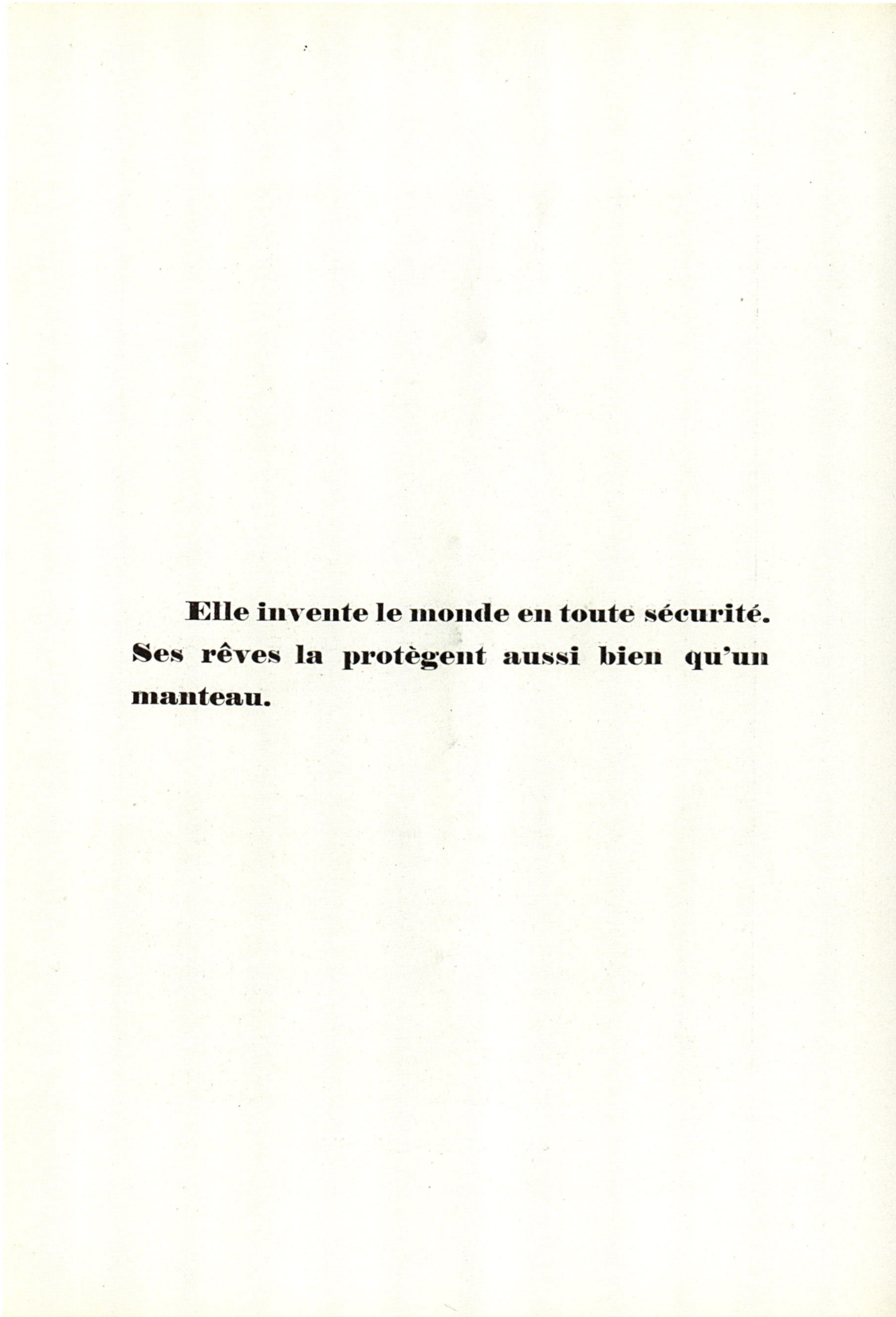

Elle invente le monde en toute sécurité. Ses rêves la protègent aussi bien qu'un manteau.

Planche en couleurs extraite du catalogue du fourreur Samuel, 1927. Courtesy Isy Brachot.

Magritte travaille pendant l'été 1926 sur les illustrations du catalogue d'automne de la maison de fourrures Samuel & Cie à Bruxelles. La brochure présente quinze modèles de manteaux dessinés et rehaussés à l'aquarelle, accompagnés de textes de Camille Goemans. La commande est renouvelée l'année suivante, avec des textes de Paul Nougé, cette fois. Dans ce second catalogue, d'où est extraite cette illustration, les images, beaucoup plus élaborées, sont constituées de dessins aquarellés et de collages photographiques, technique que Magritte avait expérimentée l'année précédente sous l'influence de Max Ernst. À la légende assez surréaliste de Nougé répond l'univers magrittien, habité par ses habituels grelots.

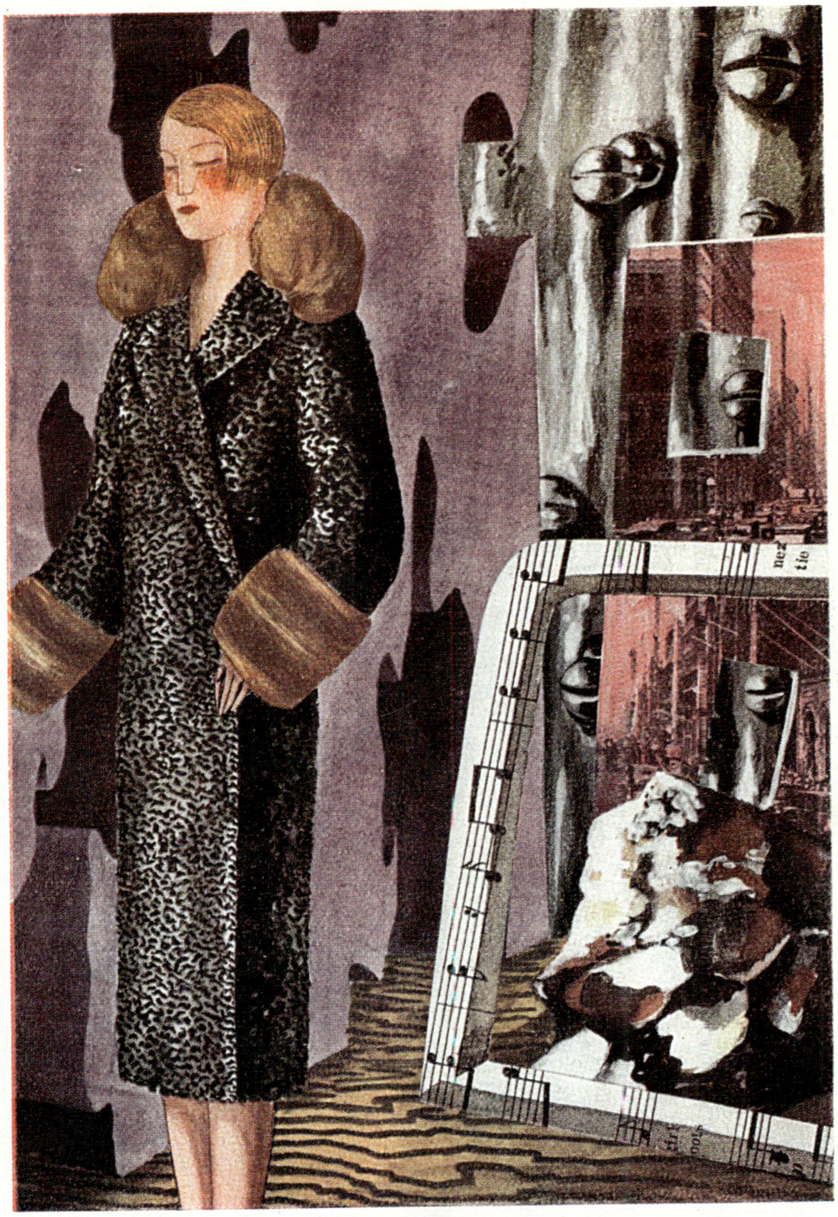

STAR (astrakan garni vison)

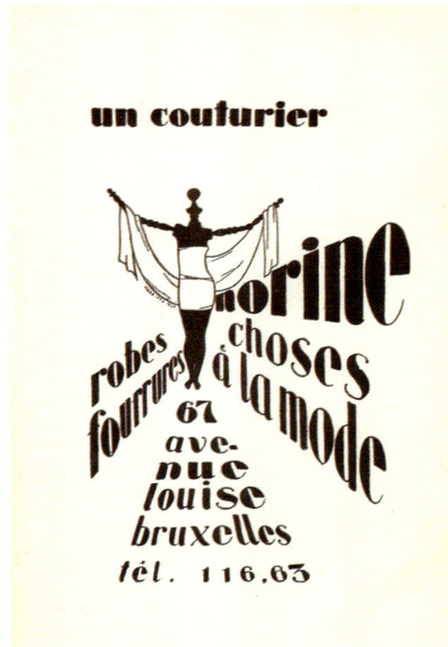

Publicité pour la maison de couture Norine, parue dans* Le Centaure*, n° 4, janvier 1927.

Parmi les « travaux imbéciles » auxquels s'est livré Magritte entre 1923 et 1926 figurent des gouaches présentant différents modèles de la collection de la maison de couture Norine, la plus célèbre alors en Belgique, et des annonces publicitaires dans la revue *Le Centaure*. Norine, de son vrai nom Honorine Deschrijver, était la femme de Paul-Gustave Van Hecke.

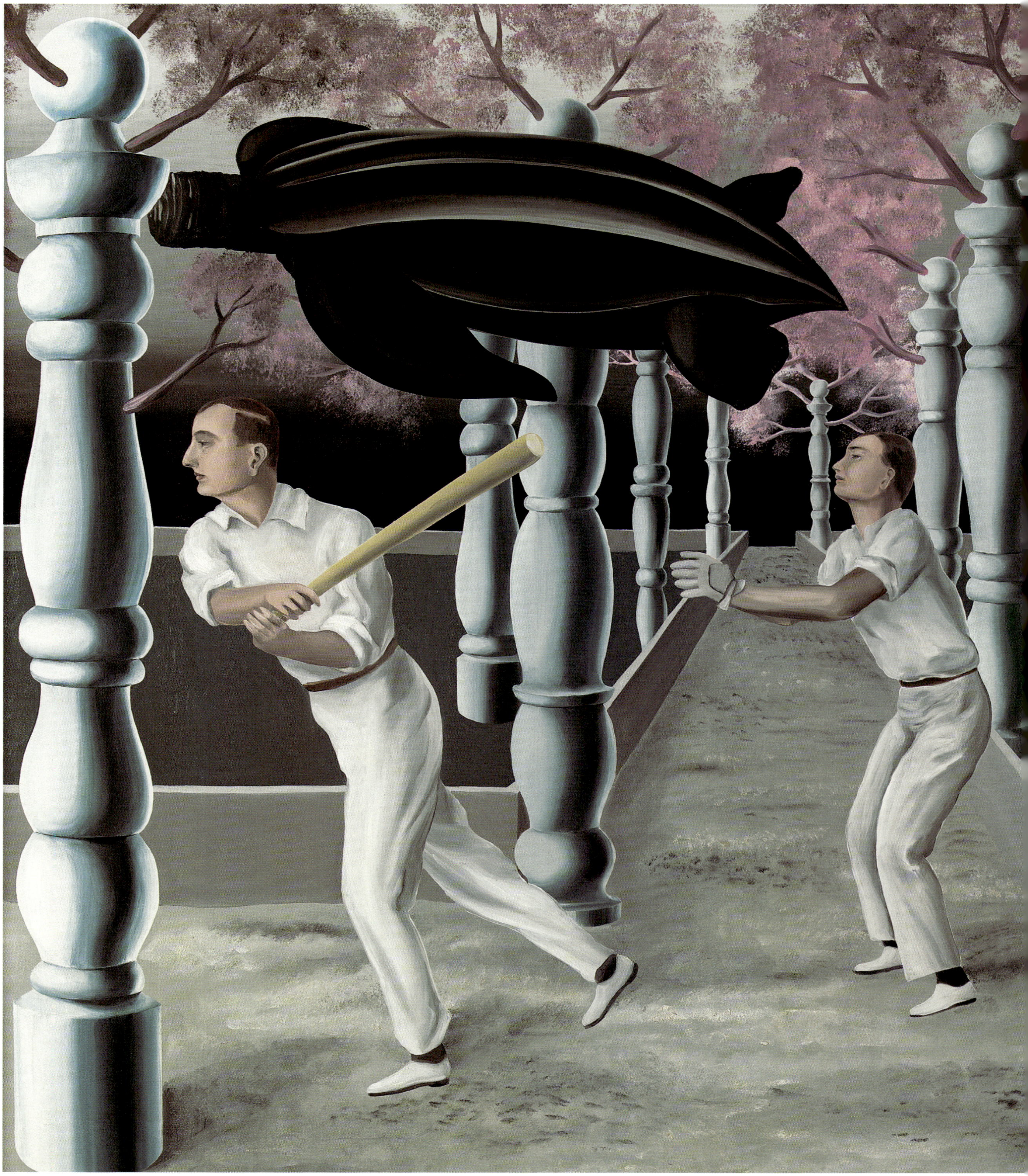

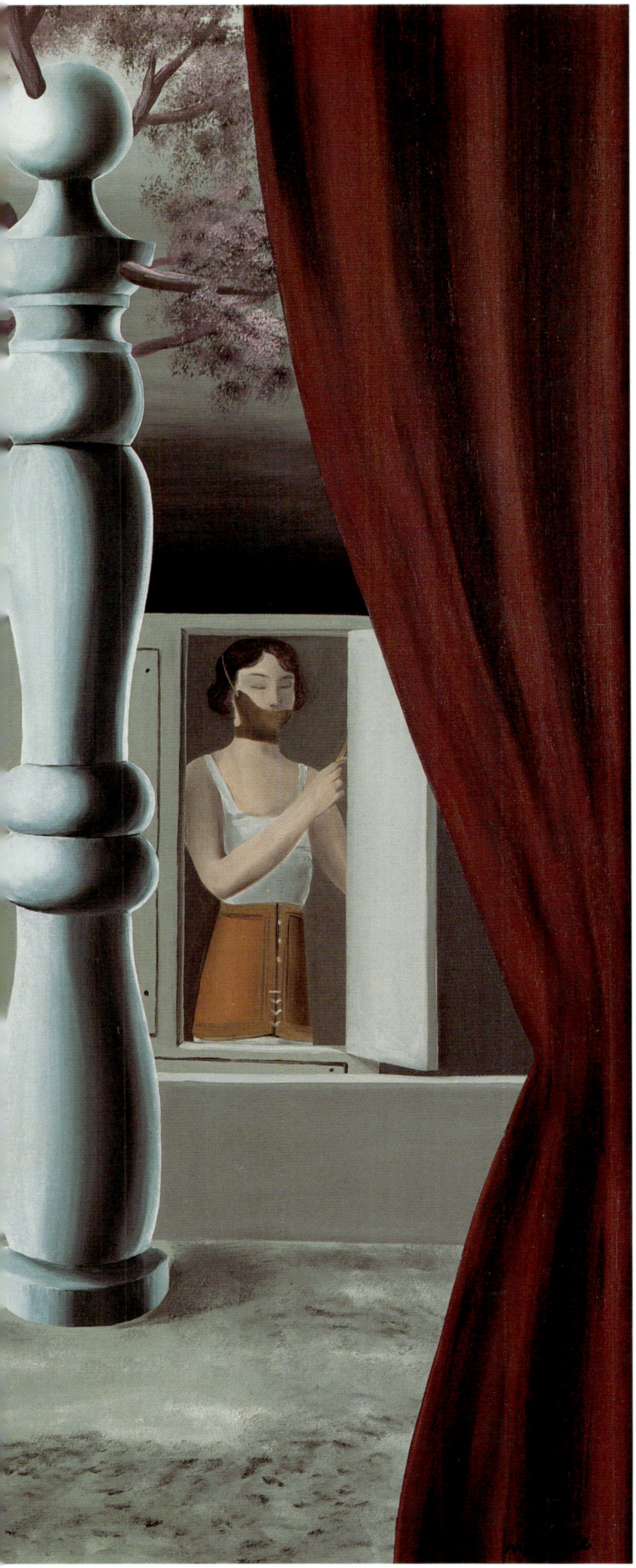

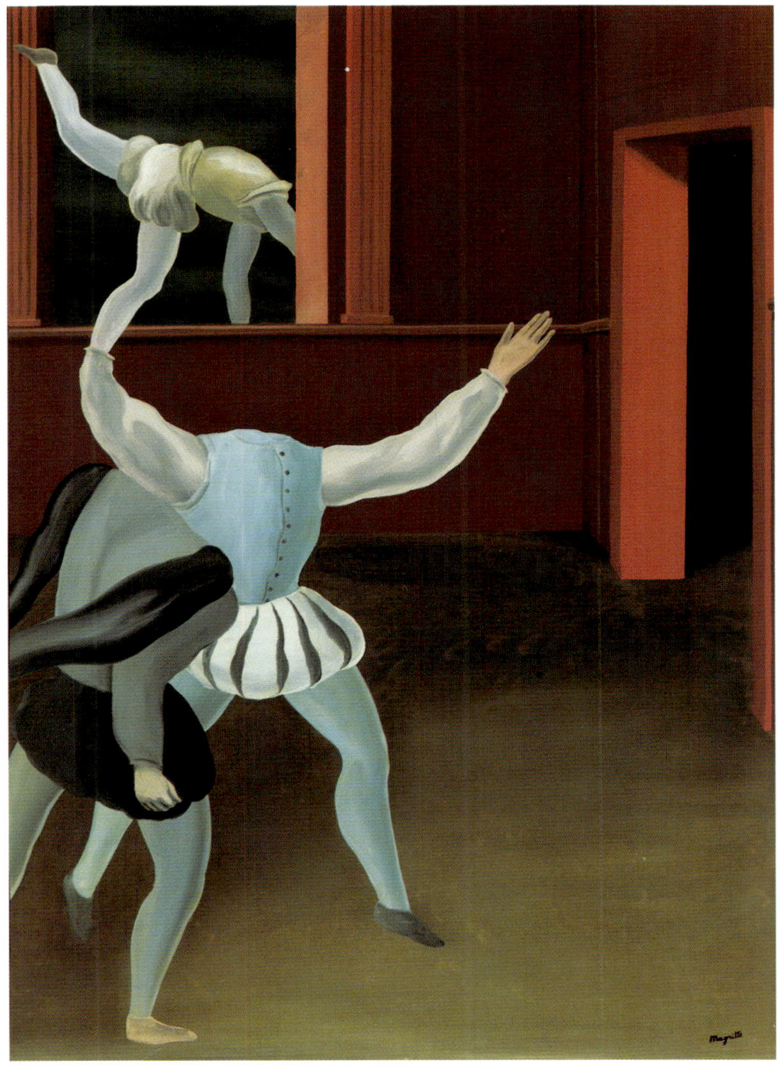

Une panique au Moyen Âge, ***1927, huile sur toile, 98 × 74 cm.***

L'influence de Giorgio De Chirico est encore visible dans ce tableau, pour lequel Magritte se serait inspiré d'une illustration d'un roman de Jules Verne. Pour parvenir à « rendre visible le mystère », comme il le souhaite obstinément, Magritte met en place un vocabulaire pictural qu'il enrichira progressivement. Jusqu'à produire l'effet désiré : surprendre le spectateur et le conduire à s'interroger, en le laissant libre de fournir ses propres réponses.

Le Joueur secret, ***1927, huile sur toile, 152 × 195 cm.***

Avec son pendant exécuté la même année, *L'Assassin menacé* (New York, MoMA), ce tableau est l'un des plus importants de Magritte, par son format comme par son sujet, et l'un des premiers proprement surréalistes. On assiste ici à la naissance de procédés qu'il utilisera fréquemment par la suite : le jeu sur les proportions des éléments représentés, par exemple, ou bien l'inerte devenant vivant, avec les quilles qui se transforment en arbres. Le tableau est aussi la mise en scène d'un spectacle, comme le suggère le rideau rouge, à droite de la toile, fréquemment utilisé ensuite par le peintre. Quant à l'étrange tortue volante, noire et luisante, elle a été recopiée dans une encyclopédie et réapparaît également dans plusieurs tableaux.

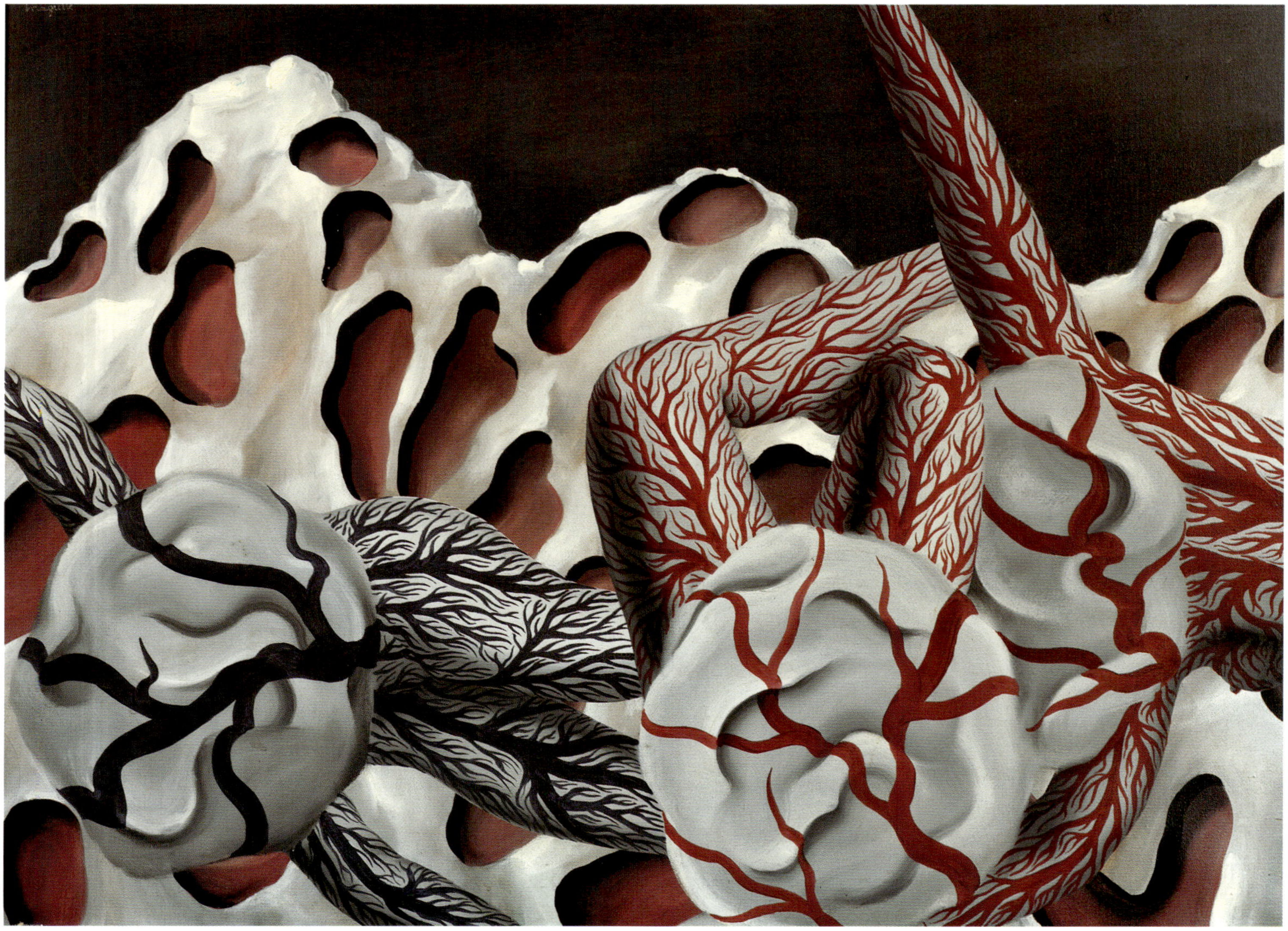

Le Sang du monde, ***1927,***
huile sur toile, 73 × 100 cm, collection privée.
Le principe de la métamorphose, découvert par Magritte en 1927, est au cœur du dispositif de ce tableau, où Magritte joue sur les similitudes entre le système veineux et le développement végétal d'un arbre. Les veines apparaissent sous la peau, mais semblent en même temps s'enrouler comme des tentacules autour des membres de ce corps sans tête.

« Dans la mesure où mes tableaux sont valables, ils ne se prêtent pas à l'analyse. »

Portrait de Paul Nougé, ***1927, huile sur toile, 94,3 × 64,5 cm.***
« Il paraissait la rigueur en personne », disait ELT Mesens de Paul Nougé, qui fut le chef de file du surréalisme en Belgique. La tenue vestimentaire et l'attitude du modèle, dans cette représentation quasi stéréographique, suggèrent en effet sa personnalité incisive et son esprit mordant. La surface alvéolée, à l'arrière-plan de ce tableau, est probablement une sorte de grossissement de tissu cellulaire ; on y a vu une allusion à l'activité professionnelle de Nougé, biochimiste dans un laboratoire. La rencontre entre Paul Nougé et le musicien André Souris s'est produite en 1925, lors de la première représentation en Belgique du *Pierrot lunaire* de Schoenberg. La convergence de leurs analyses et de leurs actions d'avant-garde débouchera sur la fondation du groupe surréaliste belge, l'année suivante, dans lequel Souris s'est montré très actif. Leur collaboration directe s'est manifestée également par la composition d'une petite cantate de Souris sur un texte de Nougé, *Quelques airs de Clarisse Juranville*, exécutée en avril 1928.

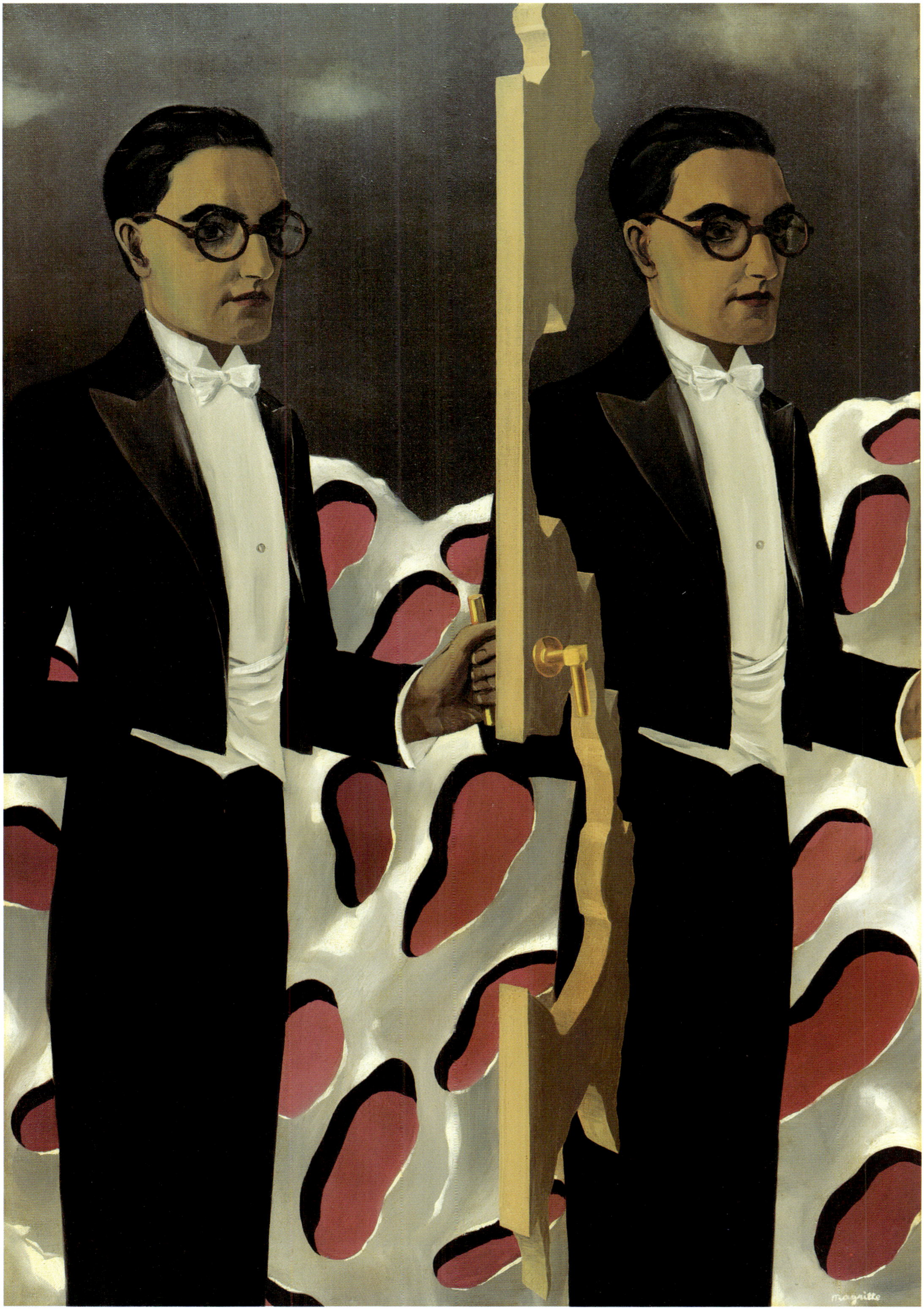
magritte

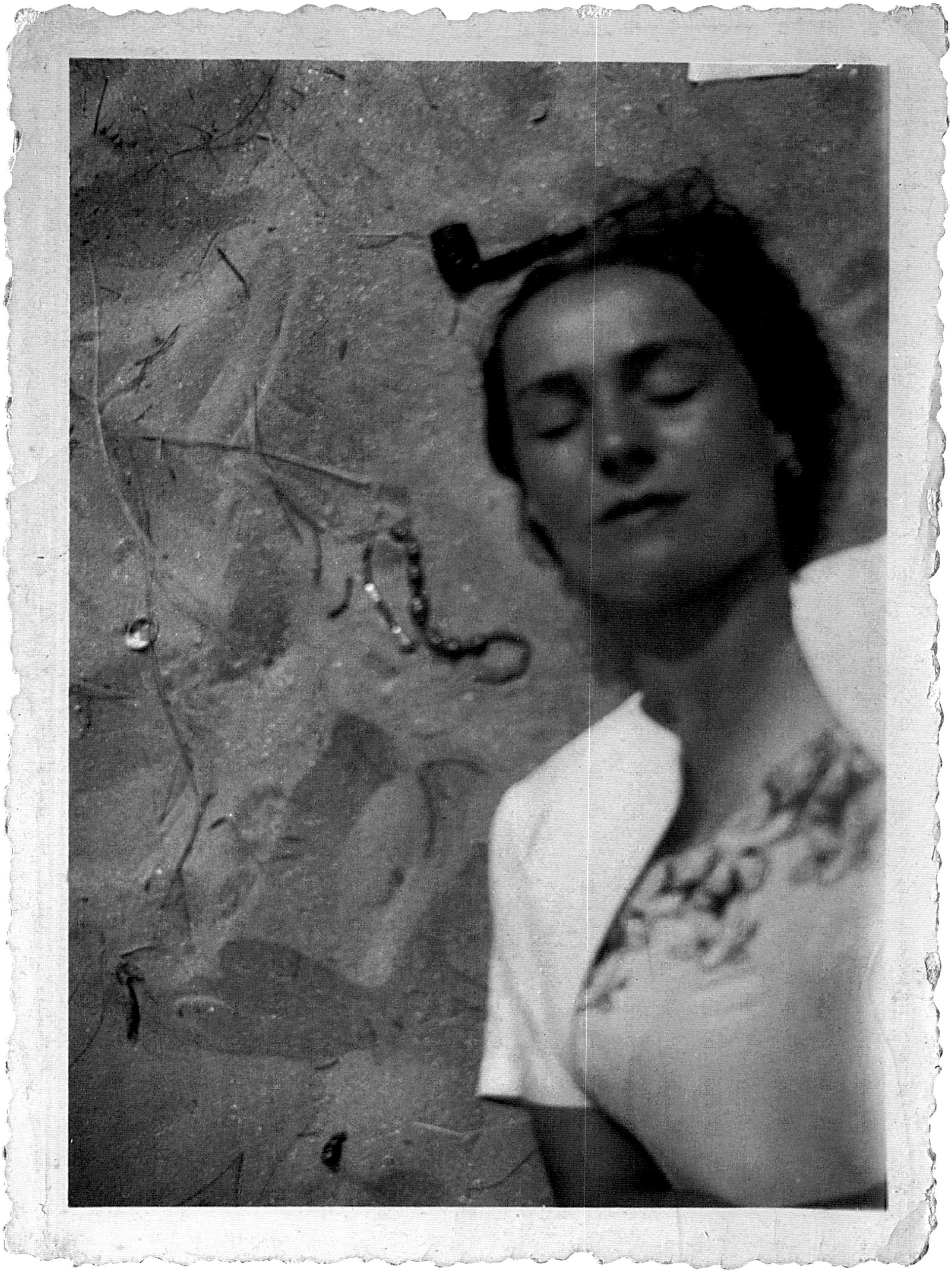

MAGRITTE ET LA PHOTOGRAPHIE

« Celui qui voit est nécessaire à la vision du monde. »

Tandis que d'autres, tels Man Ray ou Raoul Ubac, ont fait de la photographie une pratique artistique à part entière en utilisant ses potentialités créatives, René Magritte l'a toujours considérée comme un simple moyen de représentation, estimant que « les rapports sous lesquels l'objet se présente devant l'objectif sont enregistrés sans fantaisie ». Poussant plus loin encore sa critique, il juge qu'elle ne peut susciter le mystère, indispensable élément à l'existence de toute œuvre.
Mais, si plate soit-elle, l'image est porteuse de sens, et Magritte n'a pu s'empêcher d'en jouer. Pratiquer la photographie est pour lui un divertissement qui lui offre des possibilités multiples – et souvent mêlées : conserver simplement, comme tout le monde, le souvenir de vacances, d'un voyage ou d'une promenade ; parfois, elle lui sert à élaborer un dispositif qu'il reprendra ensuite dans une toile ; et, très souvent, la photographie est l'occasion de créer une mise en scène joyeuse, à laquelle participe son entourage, Scutenaire, Nougé, Mesens et bien d'autres. De la même façon qu'il dispose ses objets ou un mannequin pour la composition de ses toiles, il place Georgette et ses amis, parfois lui-même, dans des attitudes et des décors inattendus. Ainsi a-t-il donné naissance à des images étrangement poétiques où l'on reconnaît son univers pictural si singulier.
Ces photographies ont été prises dans des lieux divers, dans les Ardennes, à Bruxelles ou Anvers ; en France, dans la forêt de Sénart, à Versailles ou au Perreux-sur-Marne, où en 1928 il photographie l'escalade d'une grille, avec Goemans et Georgette, ce qui devient *La Descente de la Courtille*, allusion à une coutume de la nuit de mardi gras à Paris. Magritte se rend aussi à Lessines, sa ville natale, où il prend en 1935 quelques-unes de ses meilleures photos : *L'Étoile de pierre*, *L'Apparition*, *Les Pharaons ou la huitième dynastie*, *Le Bonheur du jour*.
En 1938, il garde le souvenir d'une escapade sur la côte belge, avec *L'Éminence grise* : une image qui montre Magritte à l'âge de quarante ans, en maillot de bain, tournant le dos à l'objectif, avec un livre ouvert accroché à son épaule droite. Sa tête penchée indique que ce n'est pas l'horizon qu'il regarde, mais sa silhouette sur le sable : un autoportrait qui suscite des interrogations, récurrentes chez l'artiste, sur l'apparence, l'ombre et le double.
D'autres photographies où figurent René et Georgette montrent la relation fusionnelle du couple : dans *L'Ombre et son ombre* (p. 41), datée de 1932, où le visage de Magritte apparaît partiellement occulté par celui de sa femme ; ou encore dans *L'Amour*, où l'on voit Georgette debout, radieuse et confiante sous le pinceau de Magritte, qui la *peint* au sens propre, comme s'il lui donnait vie par son geste. Un cliché dont il reprendra la composition dans une toile, *Tentative de l'impossible* (Toyota Municipal Museum of Art), exécutée cette même année 1928 au Perreux. Autre pont jeté entre l'image photographique et la peinture : *Dieu, le huitième jour*, prise dans le jardin de la rue Esseghem, à Jette, où les Magritte s'installent à leur retour de Paris en 1930, servira ultérieurement pour *Le Thérapeute*, tableau dont il existe plusieurs versions.
Paul Nougé, lui aussi, s'intéresse aux photographies et il en réalise en 1929 et 1930 avec Magritte et Lecomte – elles seront publiées sous le titre *La Subversion des images*. Mais, surtout, il entraîne le peintre dans ses recherches cinématographiques. La continuité thématique est évidente entre textes, films, photos et tableaux, et l'on y retrouve les éléments privilégiés que sont les miroirs, les gants, les personnages de dos, les femmes médiatrices.
Le plaisir de la mise en scène s'est prolongé pour Magritte dans une série de petits films réalisés à partir de 1956, quand il fait l'acquisition d'une caméra 8 mm : on y retrouve son sens de l'insolite, son goût pour la plaisanterie et le déguisement dans des saynètes auxquelles participent toujours ses amis et leurs épouses (voir p. 155).

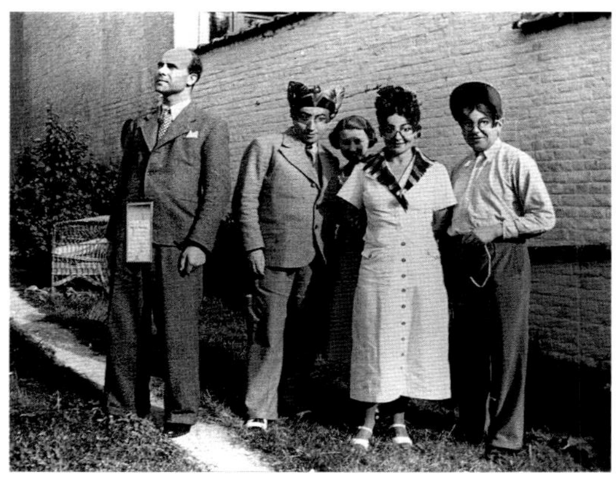

Les Extra-Terrestres II, *1935.*
Cette photographie où figurent René et Georgette Magritte fait partie d'une série de prises de vue cocasses réalisées le même jour avec d'autres complices, Paul Colinet, Marcel Lecomte et Jacqueline Delcourt, également coiffés d'étranges couvre-chefs.

< **La Marchande d'oubli (Georgette)**, *1936. Courtesy Isy Brachot.*
À l'inverse de son ami Paul Nougé, Magritte a peu exploité la capacité du signifié de la photographie. Quand il ne se limite pas à son usage divertissant, il met en scène un modèle – le plus souvent Georgette – pour la préparation d'une toile.

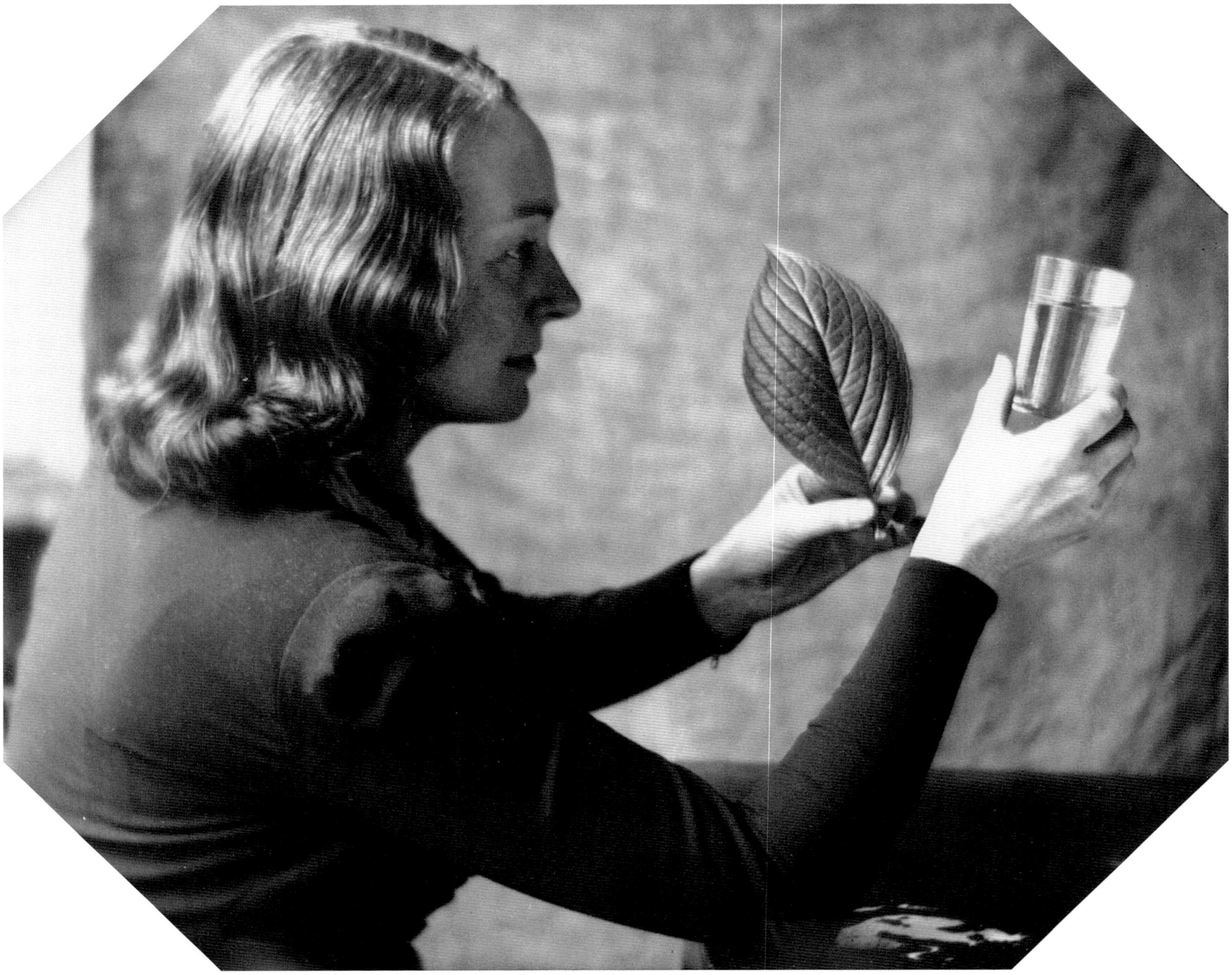

La Reine Sémiramis (Georgette), ***1945.***

La Fidélité des images, ***1928-1955.***

L'amitié indéfectible de Louis Scutenaire pour René Magritte l'a conduit à publier en 1976, neuf ans après la mort de l'artiste, un portfolio de seize photographies prises entre 1928 et 1955, qu'il a intitulé *La Fidélité des images*. C'est aussi Scutenaire qui a déterminé les titres-légendes des photographies, décision qui n'a rien d'abusif quand on sait le rôle déterminant qu'il a joué dans le choix du titre des œuvres de Magritte depuis le début de leur amitié, en 1927. En 1982, il publiait un second album simplement intitulé *Photographies de Magritte*.

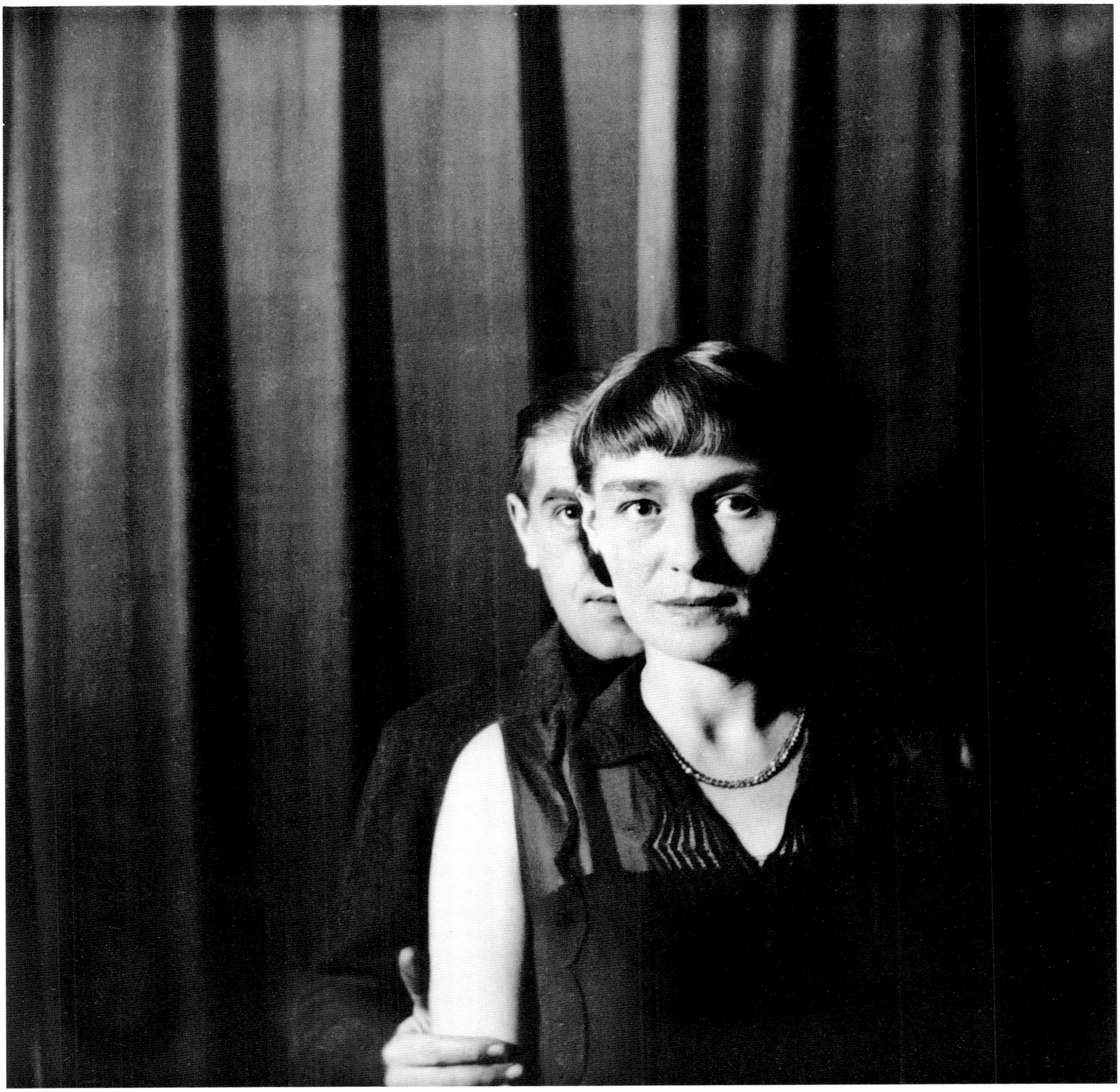

L'Ombre et son ombre, *1932. René et Georgette Magritte, Bruxelles, rue Esseghem.*

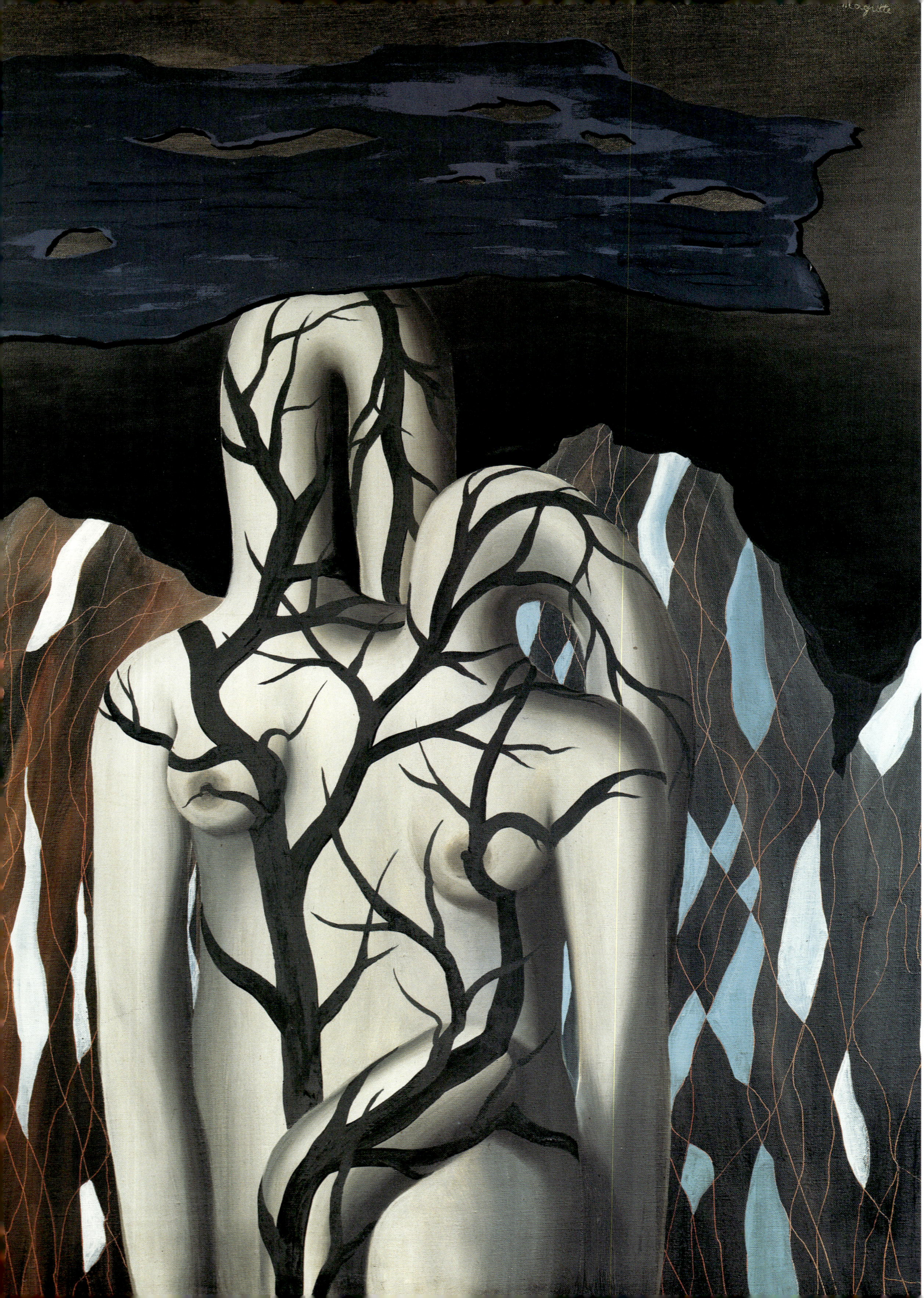
Magritte

MAGRITTE À PARIS

« Ma femme et moi avons préféré voir Paris de loin. Mes liens avec les surréalistes n'en ont pas été affectés. »

En mars 1927 s'ouvre à la galerie bruxelloise Le Centaure la première exposition personnelle de Magritte. Le catalogue comprend des textes de Van Hecke et de Nougé, et répertorie quarante-neuf huiles et douze papiers collés de l'artiste. Des tableaux qui ne sont guère compris, comme l'a rappelé Magritte plus tard : « Le témoignage de libération qu'ils imposaient a naturellement fait bondir la critique, de laquelle je n'attendais d'ailleurs rien d'intéressant. » À cette époque, ses préoccupations sont ailleurs, car il est absorbé par un projet important : aller vivre avec Georgette à Paris, et peut-être s'y installer définitivement. Déjà parti en éclaireur, Camille Goemans a ouvert une galerie à son nom au 49, rue de Seine, qui prend en quelque sorte le relais de la Galerie surréaliste ; le groupe réuni autour d'André Breton est en pleine activité, et Magritte, avec optimisme, n'exclut pas de trouver en France la reconnaissance qui lui fait défaut dans son pays.
La recherche d'un appartement commence dès mars-avril 1927, et au cours de l'été le couple emménage dans un bâtiment moderne au Perreux-sur-Marne, près de Paris : un trois-pièces où ils vivront pendant trois ans, dont Magritte utilise la salle de séjour comme atelier. Sa production y a été considérable, ce que montrent d'ailleurs les photographies des murs de l'appartement, recouverts de tableaux. Quand Magritte interrompt son travail et se rend à Paris, c'est parfois pour participer aux réunions du groupe surréaliste. Accompagné de Georgette, il rejoint André Breton et ses amis au Cyrano, place Blanche, et il est présent au bar du Château, le fameux 11 mars 1929, quand les membres du Grand Jeu, autre groupe surréaliste, sont exclus du mouvement par Breton.
Certaines soirées, plus paisibles, entraînent le couple chez Goemans ou chez Miró, où ils retrouvent notamment Arp, et aussi Dalí, venu à Paris pour le tournage d'*Un chien andalou*. Bien que les relations avec ce dernier soient un peu lointaines, à l'été 1929, les Magritte partent pendant cinq semaines à Cadaqués, en même temps que Goemans, lequel veut suivre de près la production de Dalí qu'il doit exposer dans sa galerie en novembre. Dans leur maison de location les rejoignent Paul et Gala Éluard avec leur fille Cécile.
Malgré les liens amicaux, malgré le soutien de Goemans qui l'expose dans sa galerie en même temps que Miró, Man Ray ou Tanguy, Magritte, et surtout Georgette, ne se plaisent pas véritablement en France. Un incident, le 14 décembre 1929, aurait servi de détonateur pour les décider à retourner en Belgique. Ce soir-là, le peintre accompagné de son épouse se rend à une réunion du groupe surréaliste. Georgette porte à son cou, comme souvent, une chaîne avec une croix en or : un simple bijou de famille. Mais André Breton la remarque, s'en étonne, et conclut à la nécessité de jeter l'objet – ou de le remplacer par un morceau de bois, selon certains témoins. Offusquée, la jeune femme prend le parti de s'en aller, et Magritte la suit, furieux lui aussi. Plusieurs versions ont été données de cette scène, mais, quelle que soit l'exacte vérité des faits, elle est révélatrice de l'inadaptation des Magritte au climat parisien. Ce malaise s'ajoutant aux difficultés matérielles, ils prennent la décision de retourner à Bruxelles. Un départ qui n'aura lieu que six mois plus tard, en août 1930. Entre-temps, Camille Goemans, aux prises avec des problèmes financiers et personnels, a été contraint de fermer sa galerie, et Magritte s'est retrouvé sans marchand. Pour survivre, il doit vendre ses livres, mais il est heureusement tiré d'affaire grâce à l'achat de onze de ses toiles récentes par Mesens.
Bien que le séjour parisien n'ait guère été facile, cette période de trois ans s'est révélée extrêmement productive dans la carrière de Magritte. Tout d'abord par le nombre de tableaux exécutés, puisque, pour la seule année 1928, on en compte près d'une centaine. Par ailleurs, il participe, grâce à la galerie de Goemans, à d'importantes expositions collectives à Paris, l'une en 1929, avec Tanguy, Dalí et Arp et, en 1930, « La peinture au défi », exposition collective de collages dont le catalogue est préfacé par Aragon. L'activité de Magritte se manifeste également par sa participation à des revues : *Distances*, fondée en 1928 par Goemans et Nougé, et surtout *La Révolution surréaliste*, où figure dans le dernier numéro l'un de ses textes fondateurs intitulé « Les mots et les images ». Enfin, en mars 1929 paraît *Le Sens propre*, ouvrage publié en collaboration avec Goemans, fondé sur des rapports privilégiés entre texte et image.

< **Paysage**, ***1927, huile sur toile, 100 × 73 cm, collection privée.***

« Quant au mystère, à l'énigme que mes tableaux étaient, je dirai que c'était la meilleure preuve de ma rupture avec l'ensemble des absurdes habitudes mentales qui tiennent lieu généralement d'un authentique sentiment de l'existence. » Magritte, *La Ligne de vie*.

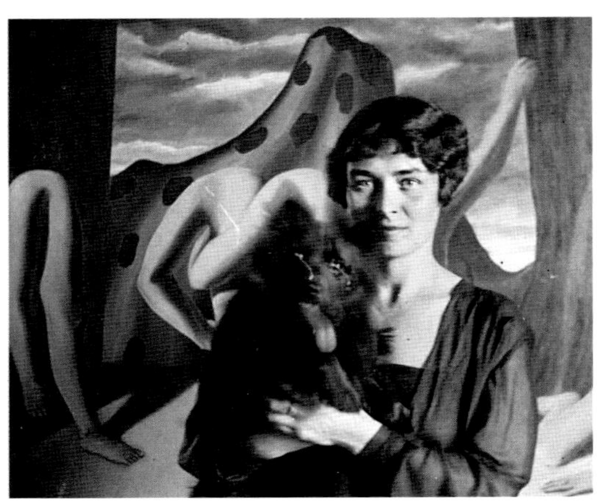

Georgette Magritte et Loulou, avec, en arrière-fond, **La Création des images**, ***Le Perreux-sur-Marne, 1928.***

Derrière Georgette apparaît le tableau intitulé *La Création des images*, œuvre représentative des formes que crée Magritte à cette époque, sortes de membres sans corps ni tête où l'on a cru voir une influence du biomorphisme de Jean Arp.

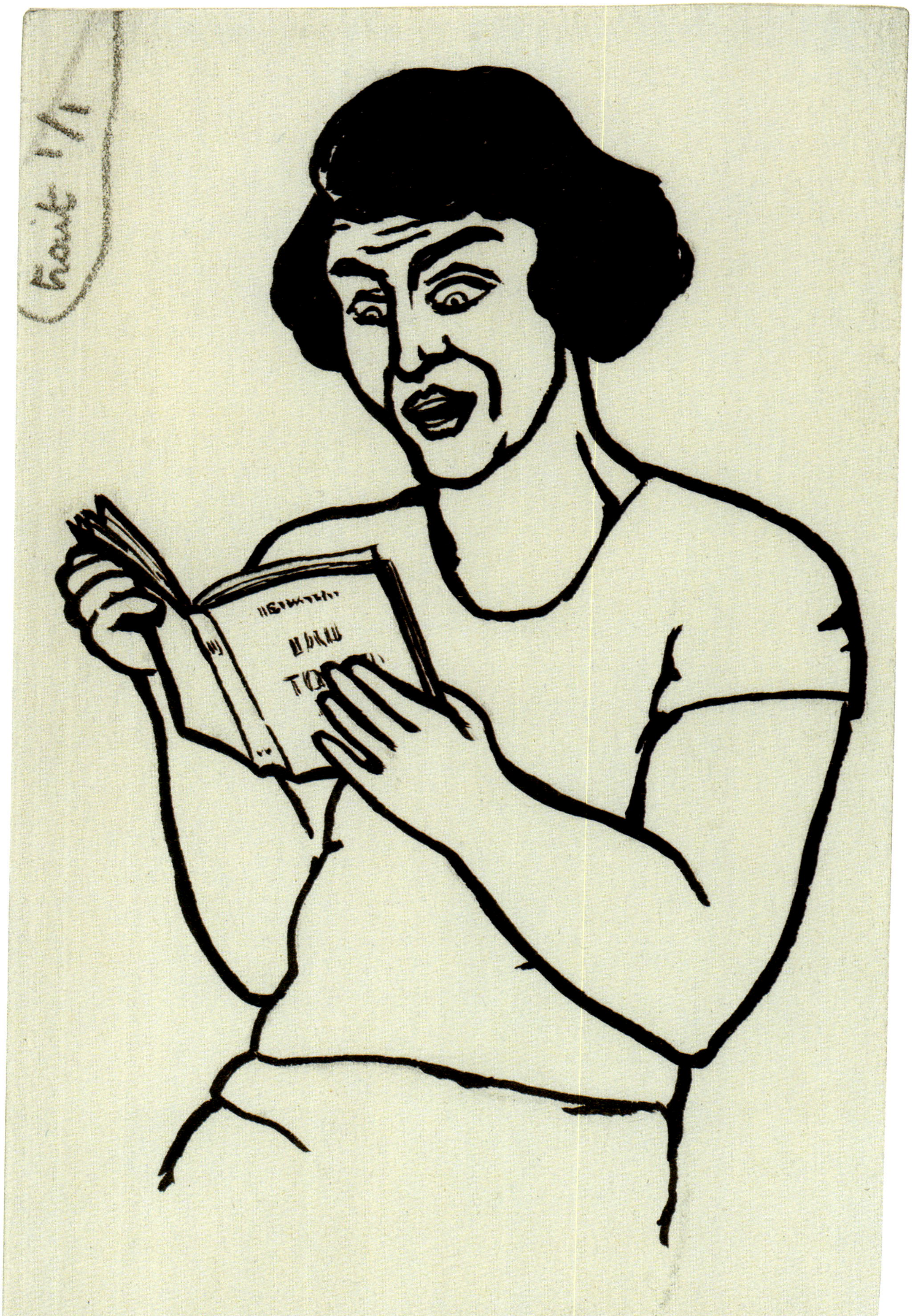
trait 1/1

« Le dessin [...] représente une tentative de viol, la femme visiblement est dans l'effroi. Ce sujet, cet effroi qui possède la femme, je l'ai traité avec un subterfuge, un retournement des lois de l'espace, ce qui le fait servir à un effet tout autre que ce sujet donne d'habitude. Voici à peu près : l'homme saisit la femme, il est au premier plan. Nécessairement, l'homme cache une partie de la femme. Celle où il est devant elle, entre elle et nos regards. Mais la trouvaille consiste à ce que l'homme ne dépasse pas les contours de la femme. »

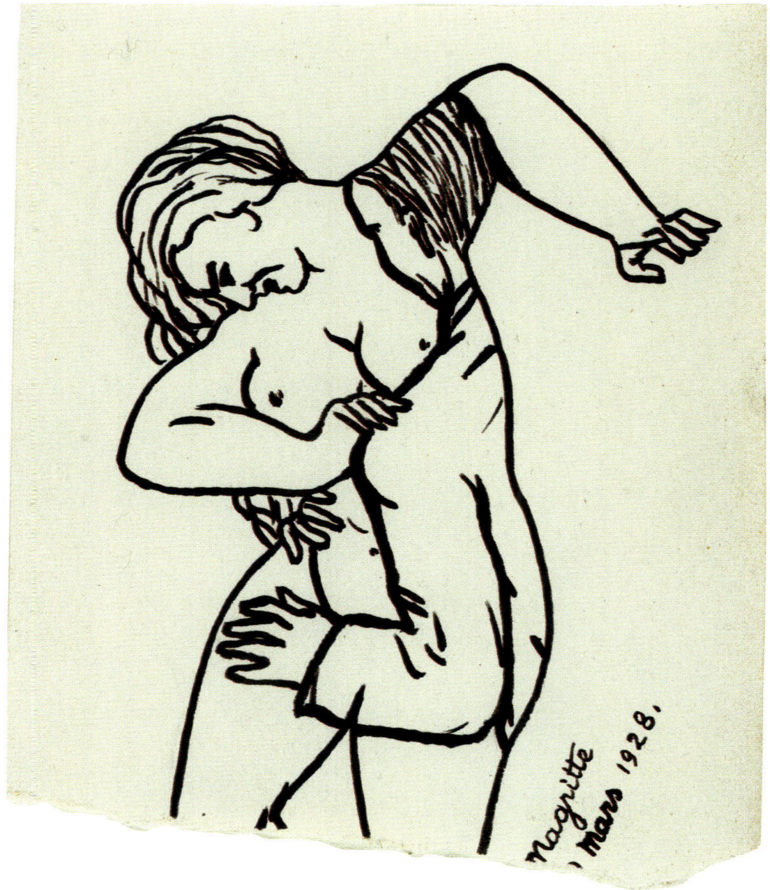

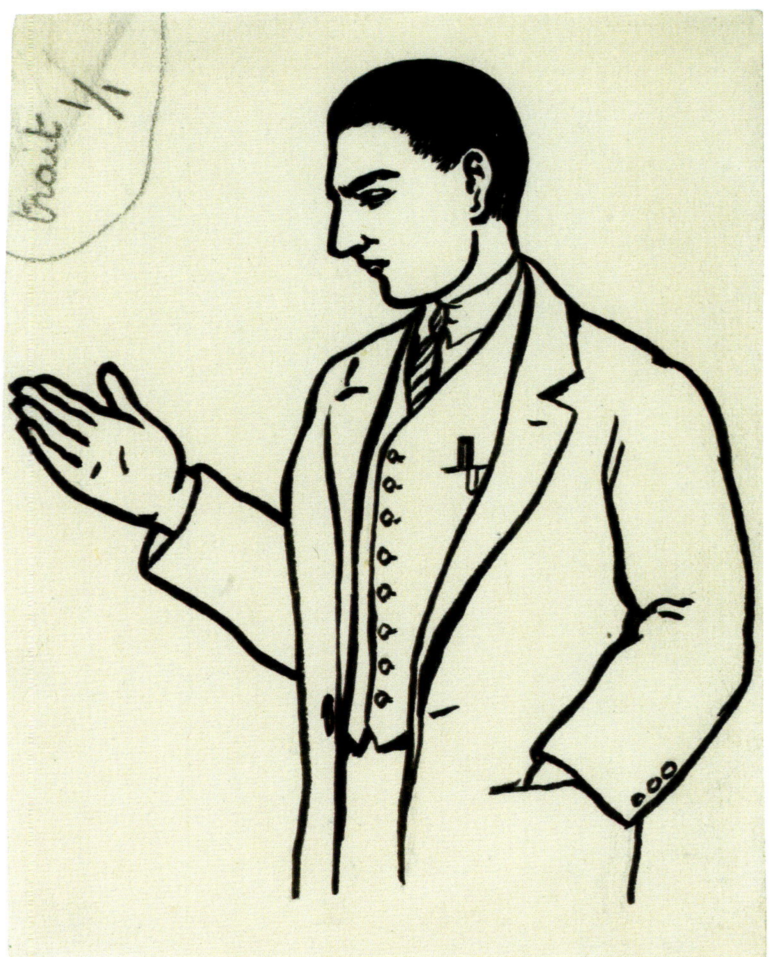

La Lectrice soumise, ***1928, encre de Chine, plume sur papier, 12,8 × 8 cm.***

L'Aube désarmée, ***1928, encre de Chine, pinceau sur papier, collé sur papier gris, 12,6 × 10,4 cm.***

Le Soupçon mystérieux, ***1928, encre de Chine, plume sur papier, 12,8 × 9,9 cm.***

Au printemps 1928, Paul Nougé et Camille Goemans fondent la revue *Distances*, qui comptera trois livraisons. Magritte y participe par des textes et des dessins, dont *L'Aube désarmée*, reproduit dans le numéro 3. Il annonce à Nougé, pour le numéro 4, qui ne verra jamais le jour, « deux dessins, l'un représentera un personnage qui regarde sa main, et l'autre une jeune fille effrayée par la lecture d'un livre qu'elle tient en mains ». Ces trois dessins ont été exécutés d'après des tableaux peints au Perreux-sur-Marne.

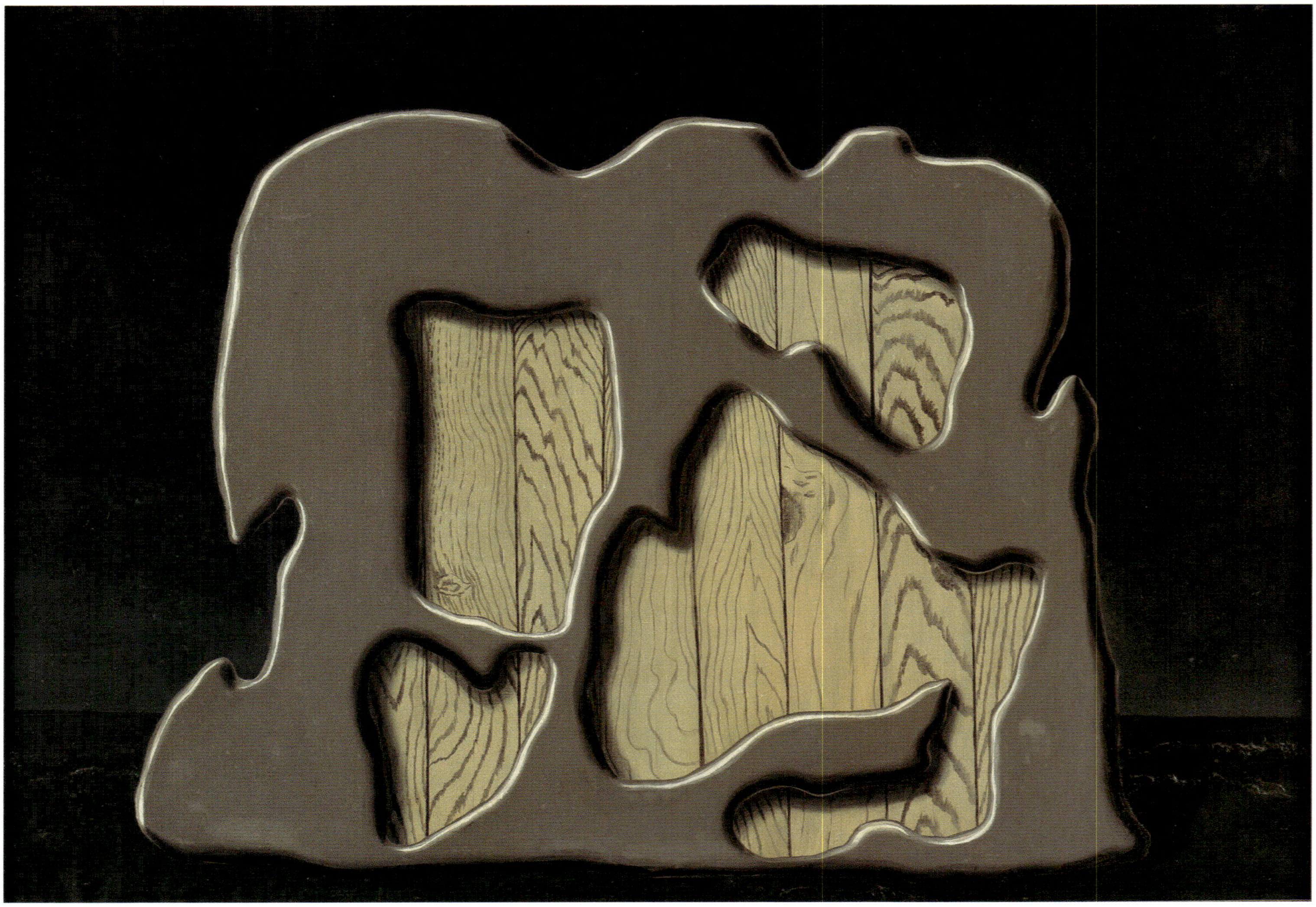

« Le rêve et la folie sont propres

Le Démon de la perversité, *1927, huile sur toile, 81,3 × 116 cm.*
La métamorphose, c'est-à-dire l'idée de fondre l'une dans l'autre des choses qui sont séparées, est la découverte que fait Magritte en 1927, et qu'il utilisera de longues années. Ici, il joue sur la matière du bois, plus tard, il transformera par exemple les objets en pierre. Le titre de ce tableau est emprunté à l'une des *Nouvelles histoires extraordinaires* d'Edgar Allan Poe, l'un des auteurs préférés de Magritte.

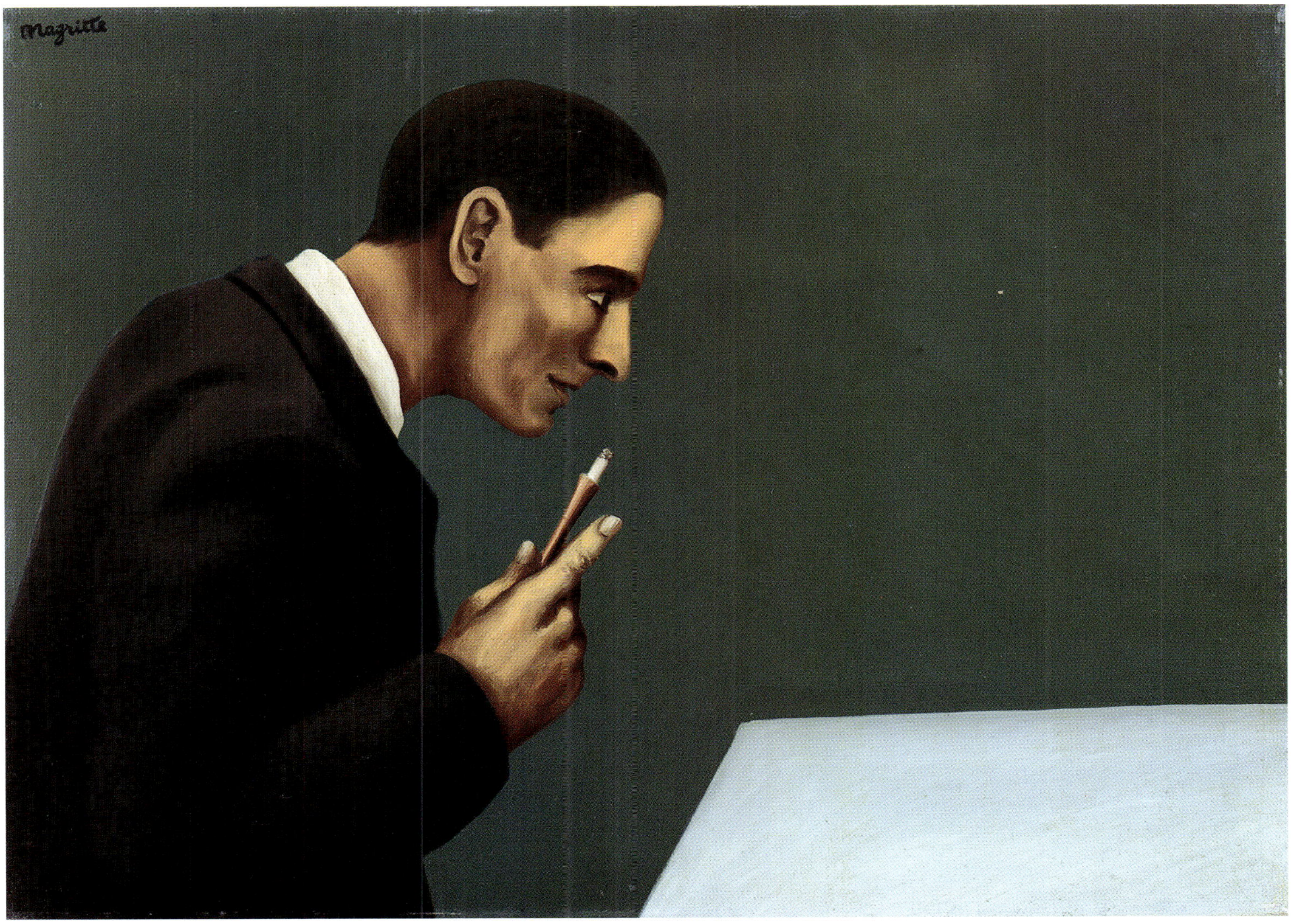

à une identification absolue. »

Personnage méditant sur la folie, ***1928, huile sur toile, 54 × 73 cm.***
« Paul Nougé, dans *Les Images défendues*, note aussi que les titres de mes tableaux sont une commodité pour la conversation et qu'ils ne sont pas des explications. Les titres sont choisis de telle façon qu'ils empêchent aussi de situer mes tableaux dans une région rassurante que le déroulement automatique de la pensée lui trouverait afin de sous-estimer leur portée. » Magritte, *La Ligne de vie*.

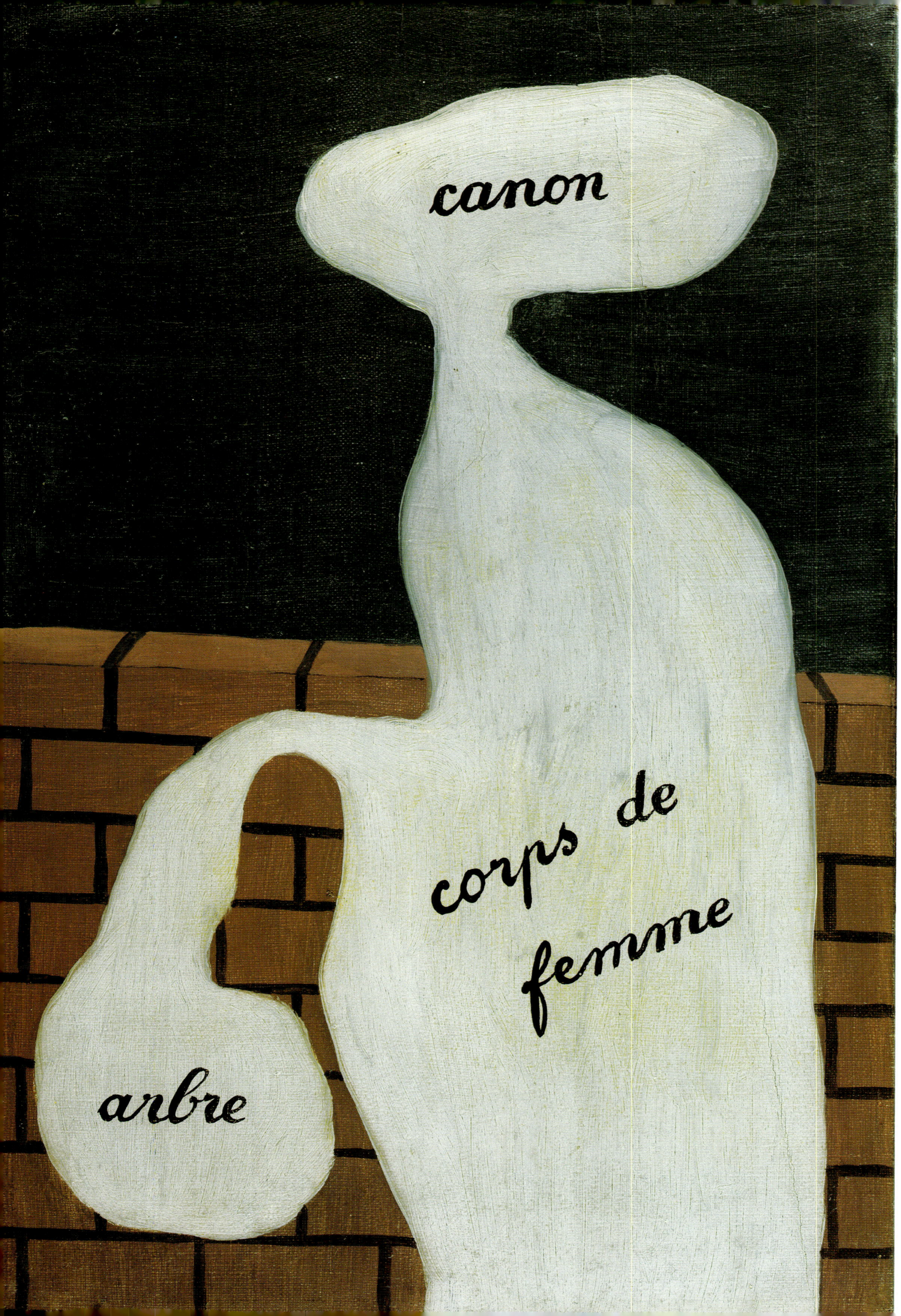
canon
corps de femme
arbre

LES MOTS ET LES IMAGES

« Le langage de l'authenticité "donne la parole" aux mots en leur faisant dire ce qu'ils n'ont jamais dit. »

Les années 1928-1930, qui correspondent au séjour de Magritte en France, sont tout à fait singulières dans sa production puisque c'est à cette époque, et à cette époque seulement, qu'il introduit des mots écrits dans ses tableaux – il ne le fera plus que très occasionnellement par la suite, dans une sorte de rappel nostalgique. Il n'est pas le premier à recourir à ce procédé puisque Picabia et Miró, par exemple, l'ont déjà expérimenté ; mais, tandis que ses prédécesseurs se servent de l'écriture pour renforcer l'image ou en prolonger le sens, Magritte l'utilise au contraire pour introduire un doute, pour interroger le lien, arbitraire juge-t-il, entre la dénomination d'une chose et la chose elle-même, entre l'image et le langage.
Mise en pratique dans ses tableaux à partir de 1928, cette réflexion a été synthétisée par Magritte dans le numéro 12 de *La Révolution surréaliste*, paru en décembre 1929. Sous le titre « Les mots et les images », il y propose une série d'aphorismes, accompagnés de dessins, qui constituent en quelque sorte un petit traité d'introduction à sa propre peinture. On peut ainsi lire : « Un objet ne tient pas tellement à son nom qu'on ne puisse lui en trouver un autre qui lui convienne mieux. » Dessous figurent une feuille et deux mots : « le canon ». Autres affirmations : « Il y a des objets qui se passent de nom » ; « Une forme quelconque peut remplacer l'image d'un objet » ; « Parfois le nom d'un objet tient lieu d'une image » ; « Tout tend à faire penser qu'il y a peu de relation entre un objet et ce qui le représente ». Cette dernière phrase, en particulier, a pour célèbre illustration le tableau intitulé *La Trahison des images* (1929, Los Angeles County Museum), où apparaît la représentation d'une pipe sous laquelle on peut lire la légende suivante : « Ceci n'est pas une pipe. » L'affirmation est claire : aussi réaliste que soit l'image d'un objet, elle reste une image, sans réalité concrète, et seul un arbitraire identifie la pipe au mot qui la désigne.
Par la suite, André Breton a maintes fois, dans ses lettres à Magritte, évoqué cette contribution et sollicité la collaboration du peintre, auquel il a rendu hommage dans la deuxième édition du *Surréalisme et la peinture*, en 1945, qualifiant son œuvre d'« entreprise unique, de toute rigueur, aux confins du physique et du mental ». L'altercation de décembre 1929 entre les deux hommes a en effet été rapidement effacée, et les relations, quoique délicates, ont repris. En mai 1933, le numéro 5 du *Surréalisme au service de la révolution*, dirigé par Breton, publie un extrait d'un texte de Paul Nougé consacré à Magritte, *Les Images défendues* ; et en 1934, quand Breton édite sa conférence *Qu'est-ce que le surréalisme ?*, prononcée à Bruxelles, c'est une œuvre de Magritte qui est choisie pour la couverture, ce qui atteste la place qu'a prise le peintre dans le mouvement. Toutefois, nous le verrons, une brouille surviendra en 1946, provoquée par l'envoi de Magritte à Breton du tract intitulé « Le surréalisme en plein soleil ».
De manière plus générale, les échanges entre surréalistes français et belges ont été constants à la fin des années 1930. Ils connaissent même leur apogée avec la publication du dossier de Breton *Le Surréalisme en 1929*, qui paraît à Bruxelles dans un numéro spécial de *Variétés*. Fondée en mai 1928 par Paul-Gustave Van Hecke, directeur de la galerie Le Centaure, et mise en œuvre par ELT Mesens, cette revue accueille alors toute l'avant-garde, et notamment Magritte. Toutefois, le surréalisme belge a toujours tenté d'échapper à l'écrasante influence d'André Breton. Ce n'est pas un hasard si Paul Nougé, en 1928, a dénommé sa revue *Distances*, et si elle est imprimée à Bruxelles ; ni s'il écrit dans *Le Surréalisme en 1929* cette phrase lourde de sous-entendus : « J'aimerais assez que ceux d'entre nous dont le nom commence à marquer un peu, l'effacent. »

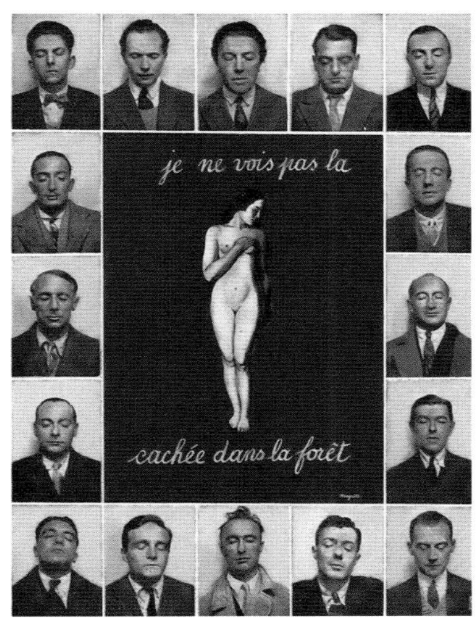

La Révolution surréaliste, *nº 12, 15 décembre 1929 : collage et photomontage de René Magritte, « Je ne vois pas la [femme] cachée dans la forêt ».*
C'est aussi dans la dernière livraison de *La Révolution surréaliste* que paraît une enquête sur l'amour, laquelle s'ouvre sur le célèbre photomontage de René Magritte avec les portraits de seize surréalistes placés autour de son tableau *Je ne vois pas la (femme) cachée dans la forêt* – tableau qui fut acheté par Breton immédiatement après son exécution. Dans le sens des aiguilles d'une montre apparaissent Alexandre, Aragon, Breton, Buñuel, Caupenne, Éluard, Fourrier, Magritte, Valentin, Thirion, Tanguy, Sadoul, Nougé, Goemans, Ernst et Dalí.

< **L'Usage de la parole, *1929, huile sur toile, 41 × 27 cm, acquis grâce au legs de Mme Richard Zondervan.***
Pendant une courte période, le mot est un élément clé du vocabulaire plastique de Magritte, car il est pour lui de la même substance que l'image. « Parfois les noms écrits dans un tableau désignent des choses précises, et les images des choses vagues. » Cette proposition publiée par Magritte dans « Les mots et les images » s'applique de toute évidence à ce tableau où les mots s'inscrivent dans des formes indéterminées.

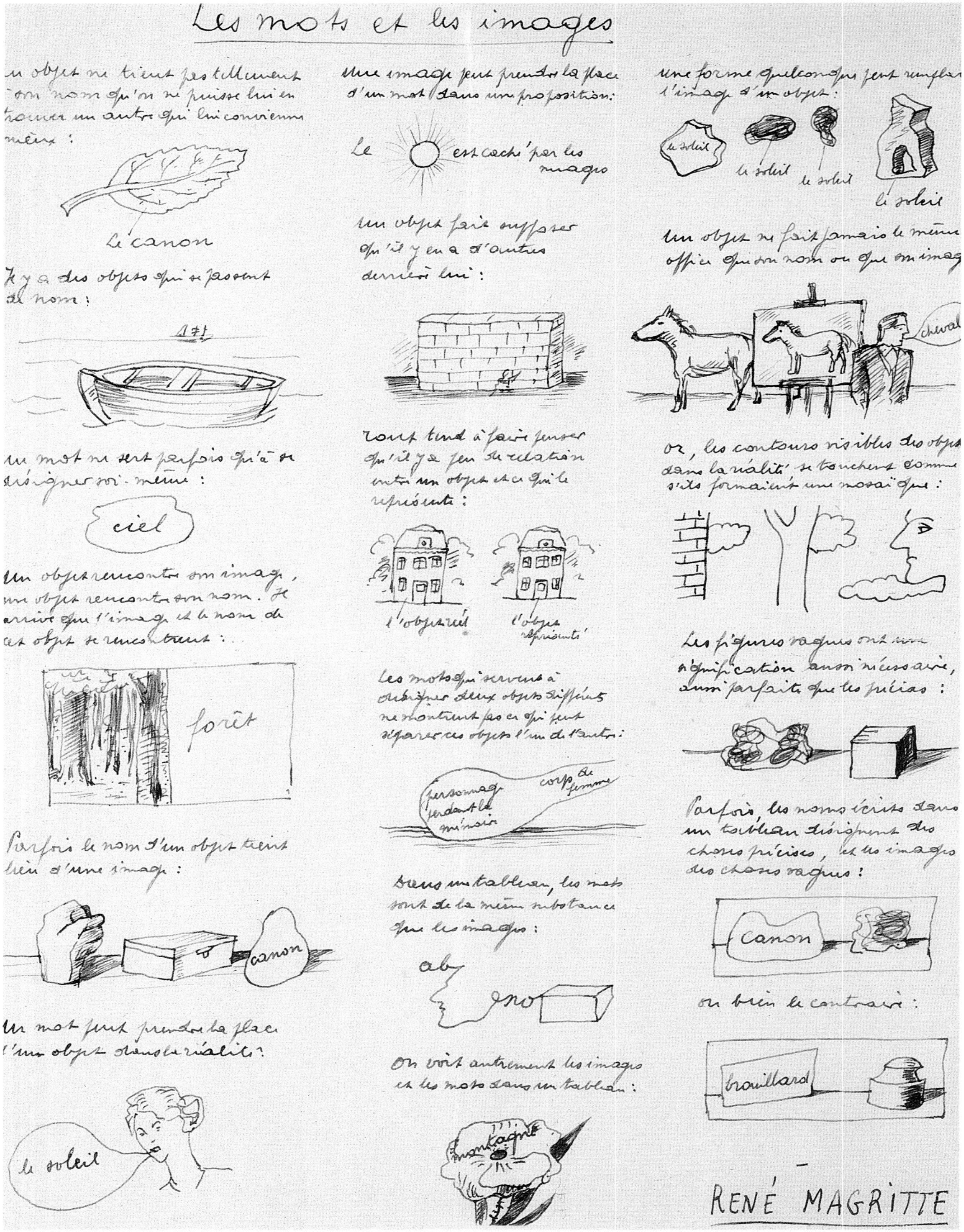

Les Mots et les Images, *1929, encre de Chine sur papier, 27,5 × 21,2 cm, page parue dans* **La Révolution surréaliste**, *n° 12, 15 décembre. Mécénat Fortis Insurance Belgium.*

Les dessins et textes publiés sur cette page résument les diverses combinaisons que Magritte a conçues pour ses tableaux où mots et choses échappent au sens convenu. Ces tableaux-alphabets forment près d'un quart de la production de Magritte durant son séjour parisien.

L'Arbre de la science, *1929, huile sur toile, 41 × 27 cm. Mécénat Fortis Insurance Belgium.* >

Ce tableau est l'un des deux que Magritte a offerts à Aragon, sans doute en 1928-1929, lorsque le peintre vivait en France. Le second tableau est *L'Automate* (localisation inconnue), qui représente un grelot devant les lambris d'un mur.

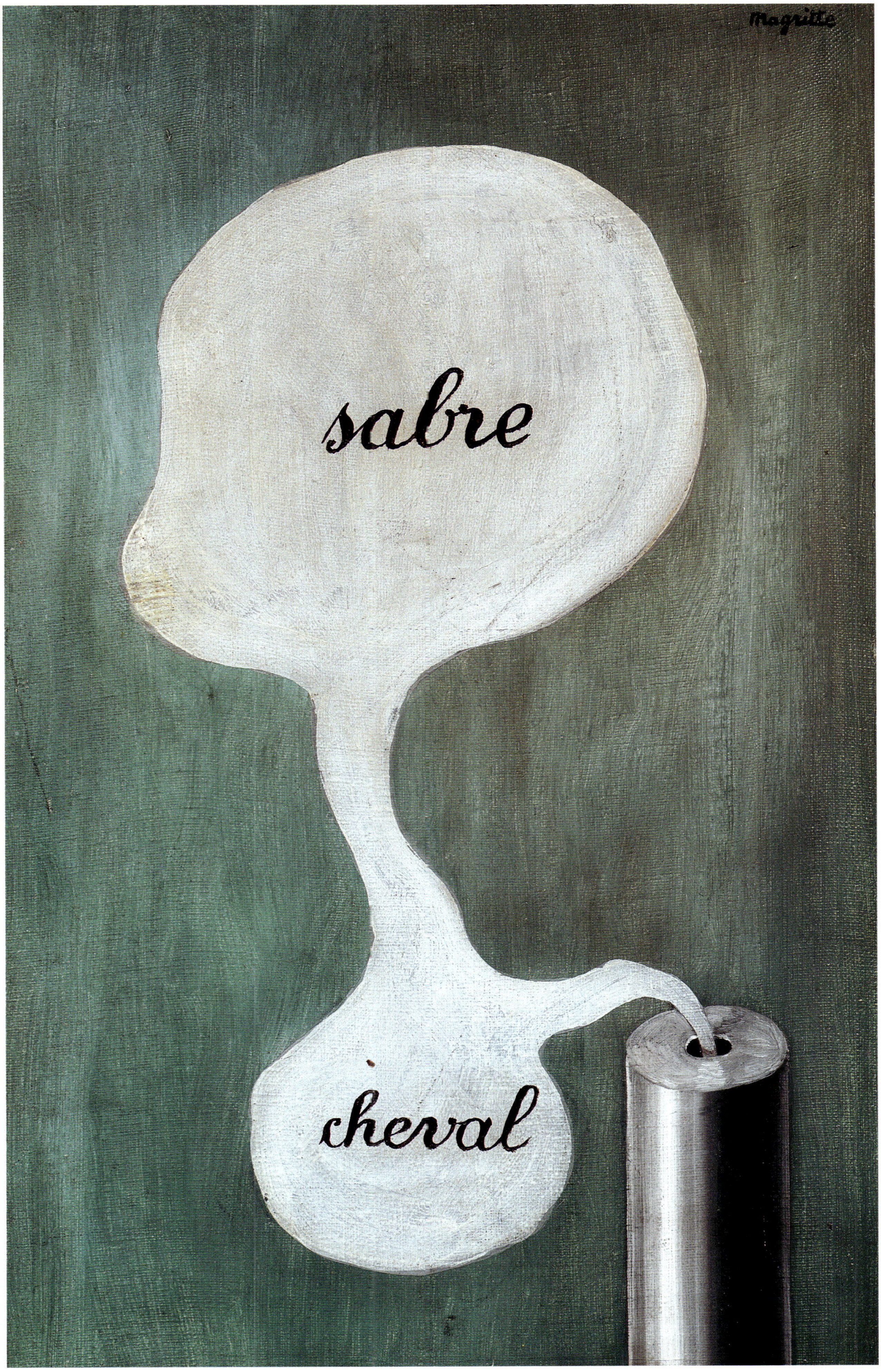
Magritte
sabre
cheval

« La poésie écrite est invisible, la poésie peinte a une apparence visible. »

L'échappée belle

1930 > 1950

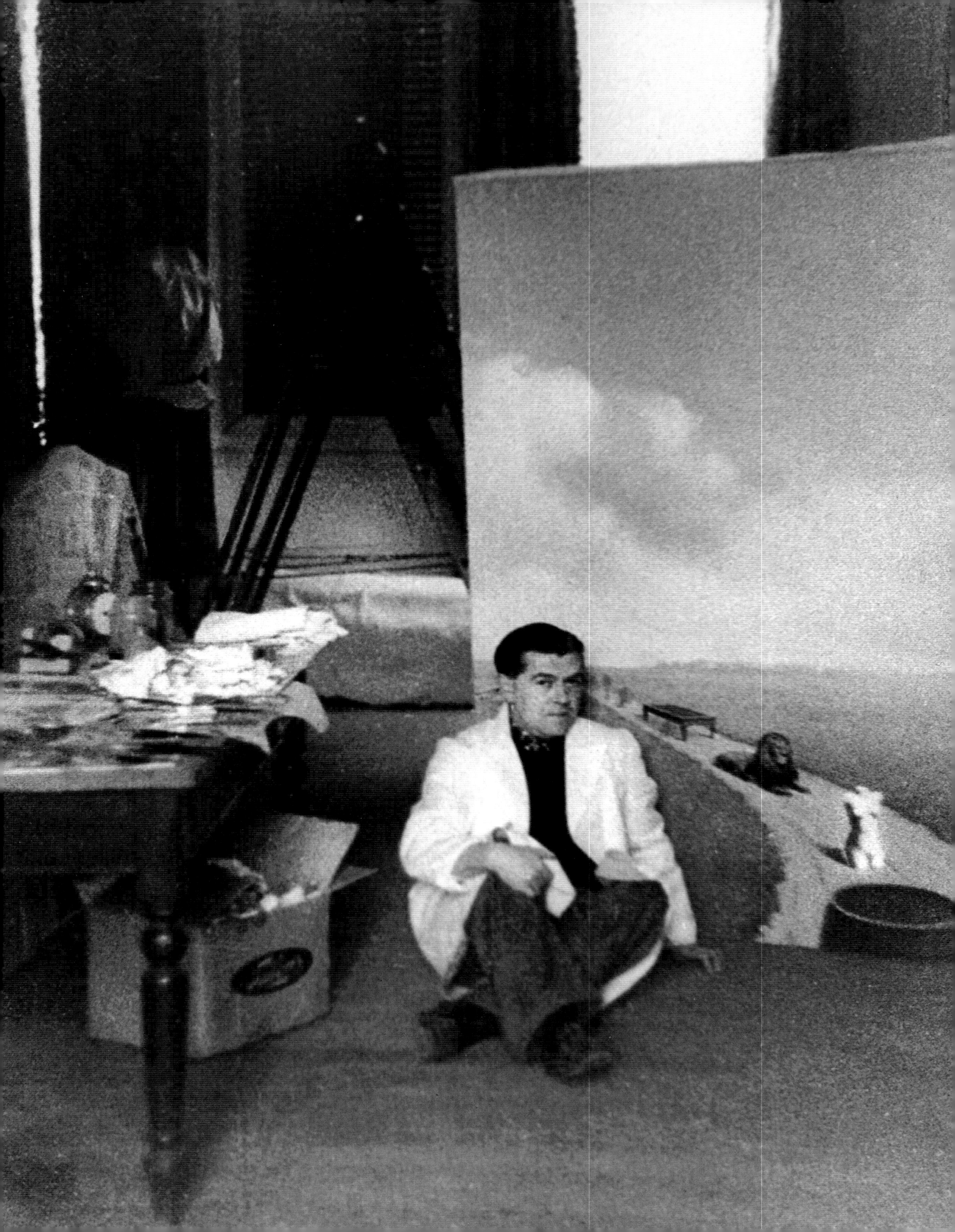

LA LIGNE DE VIE

« Je déteste mon passé et celui des autres. Je déteste la résignation, la patience, l'héroïsme professionnel et tous les beaux sentiments obligatoires. »

Revenus en août 1930 à Bruxelles après trois années passées en France, les Magritte s'installent au 135, rue Esseghem, dans le quartier de Jette. Leur situation financière n'est guère brillante : la dépression économique a touché de plein fouet le monde de l'art, et la galerie Le Centaure, à laquelle Magritte était lié par contrat, a été contrainte de fermer. Aux difficultés financières s'ajoute la nécessité pour Magritte de réaffirmer son existence de peintre, puisque depuis 1927 il n'a pas été exposé en Belgique. C'est donc pour lui une première satisfaction d'être représenté, en janvier 1931, à la galerie Georges Giroux à Bruxelles, dans l'exposition « L'art vivant en Belgique 1910-1930 », organisée par une association récemment constituée pour soutenir l'art contemporain, L'Art vivant. Trois mois plus tard, cette même association – dans laquelle Magritte compte quelques amis comme P.-G. Van Hecke, les frères Bourgeois, auxquels se joindra ensuite le dramaturge Claude Spaak – organise au Palais des beaux-arts une très importante exposition internationale intitulée « L'art vivant en Europe », où Magritte est présent avec trois toiles. Entre-temps, Mesens lui a organisé une exposition personnelle de seize toiles à la salle Giso, dans les locaux d'une société de décoration intérieure (voir p. 62).

Il lui faut attendre 1933 pour obtenir une exposition personnelle d'envergure : elle se déroule au Palais des beaux-arts de Bruxelles. Cinquante-sept peintures y sont présentées, pour la plupart antérieures à 1930 et inconnues du public. Y figurent aussi des plâtres peints – dont la Vénus de Milo, les masques mortuaires de Napoléon, Robespierre et Pascal – auxquels Nougé, significativement, accorde une large place dans sa préface au catalogue.

L'horizon semble désormais s'éclaircir, et plus encore quand s'ouvre pour Magritte la perspective d'une exposition personnelle à New York, ce qui le conduit à augmenter considérablement sa production. C'est à cette époque qu'il commence à exécuter des répliques et variantes de ses tableaux antérieurs, en général à une échelle réduite. En janvier 1936, vingt-deux de ses peintures sont accueillies dans la galerie de Julien Lévy, le marchand le plus important d'œuvres surréalistes aux États-Unis avant guerre. Hélas, aucune toile n'y est vendue. Néanmoins, la déception est atténuée pour Magritte, car en décembre de cette même année il participe avec dix œuvres à l'exposition collective organisée par Alfred Barr au Museum of Modern Art, sous le titre « Fantastic Art, Dada, Surrealism ».

Indéniablement, la notoriété de l'artiste a franchi les frontières, et quand s'ouvre à Londres, aux New Burlington Galleries, la première grande exposition surréaliste, Magritte y est présent avec huit toiles et œuvres sur papier. Mesens, dans cette exposition, joue un rôle capital : étant parvenu à persuader les organisateurs d'abandonner leur accrochage par artistes ou par catégories, il mêle les œuvres sur les murs – plus de cinq cents tableaux, sculptures et objets –, y compris les objets d'art primitif, suggérant par là l'esprit même du surréalisme. L'exposition est un véritable succès, pour Magritte aussi dont cinq œuvres ont été vendues.

Retenu par ses travaux alimentaires, le peintre n'a pu se rendre à Londres, mais ce n'est que partie remise : en janvier 1937, il reçoit en effet une invitation d'Edward James, un collectionneur anglais, poète et mécène passionné de surréalisme – « Je serais enchanté si vous pouviez venir à Londres passer un mois ou deux ici, à 35 Wimpole Street » –, justifiée par la commande de trois grandes toiles. La rémunération, négociée par Mesens, est satisfaisante, aussi Magritte embarque-t-il le mois suivant pour la capitale anglaise. Il y passe cinq semaines pour peindre *La Jeunesse illustrée*, *Le Modèle rouge*, *Au seuil de la liberté*, qui seront installés dans la salle de bal. Ce séjour londonien est également marqué par une intervention publique à la London Gallery, que Magritte entame par ces mots : « La démonstration que nous allons faire ensemble tendra à montrer quelques caractères propres aux mots, aux images et aux objets réels. » Une « démonstration » qui reprend pour l'essentiel « Les mots et les images » et qu'accompagne la lecture de poèmes de surréalistes français, belges et anglais. L'année suivante, la galerie, qui a été rachetée par ELT Mesens et Roland Penrose, consacre son exposition d'ouverture à Magritte.

< ***Magritte devant La Jeunesse illustrée, chez Edward James à Londres, 35 Wimpole Street, mars 1937.***

Magritte peignit les trois grandes toiles destinées à Edward James dans une pièce située au-dessus du garage de son commanditaire. Celui-ci fut enchanté de sa prestation : « Vos peintures ont produit une profonde sensation à mon bal. Beaucoup de conversions au surréalisme ont été faites ce soir par *La Jeunesse illustrée* parmi la jeunesse anglaise. »

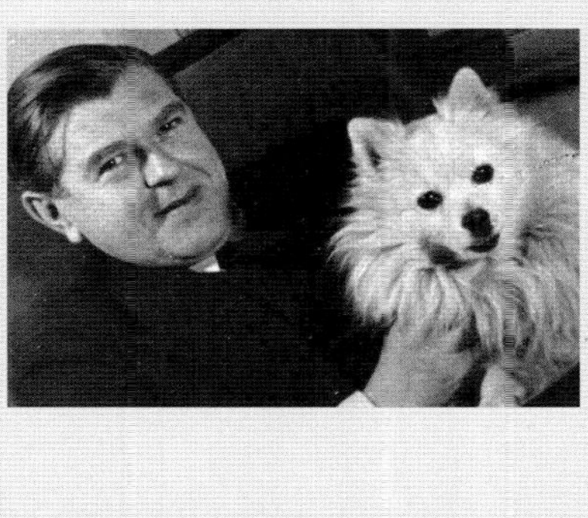

Magritte et son chien Jackie, un loulou blanc, 1945.

René et Georgette n'ont pas eu d'enfants, et Magritte a confié à ce propos : « C'est un rôle qui ne me convient pas et le jardin est bien assez grand pour les enfants que nous n'avons pas. » Ils eurent en revanche de nombreux chiens, dont l'un fut même empaillé.

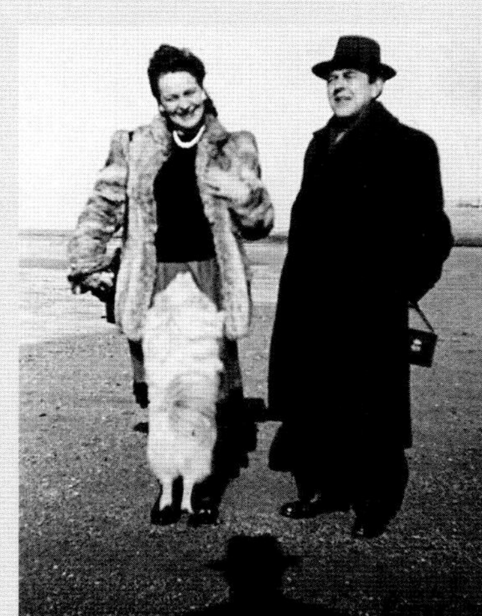

René et Georgette avec Jackie sautant dans les bras de Georgette, vers 1945.

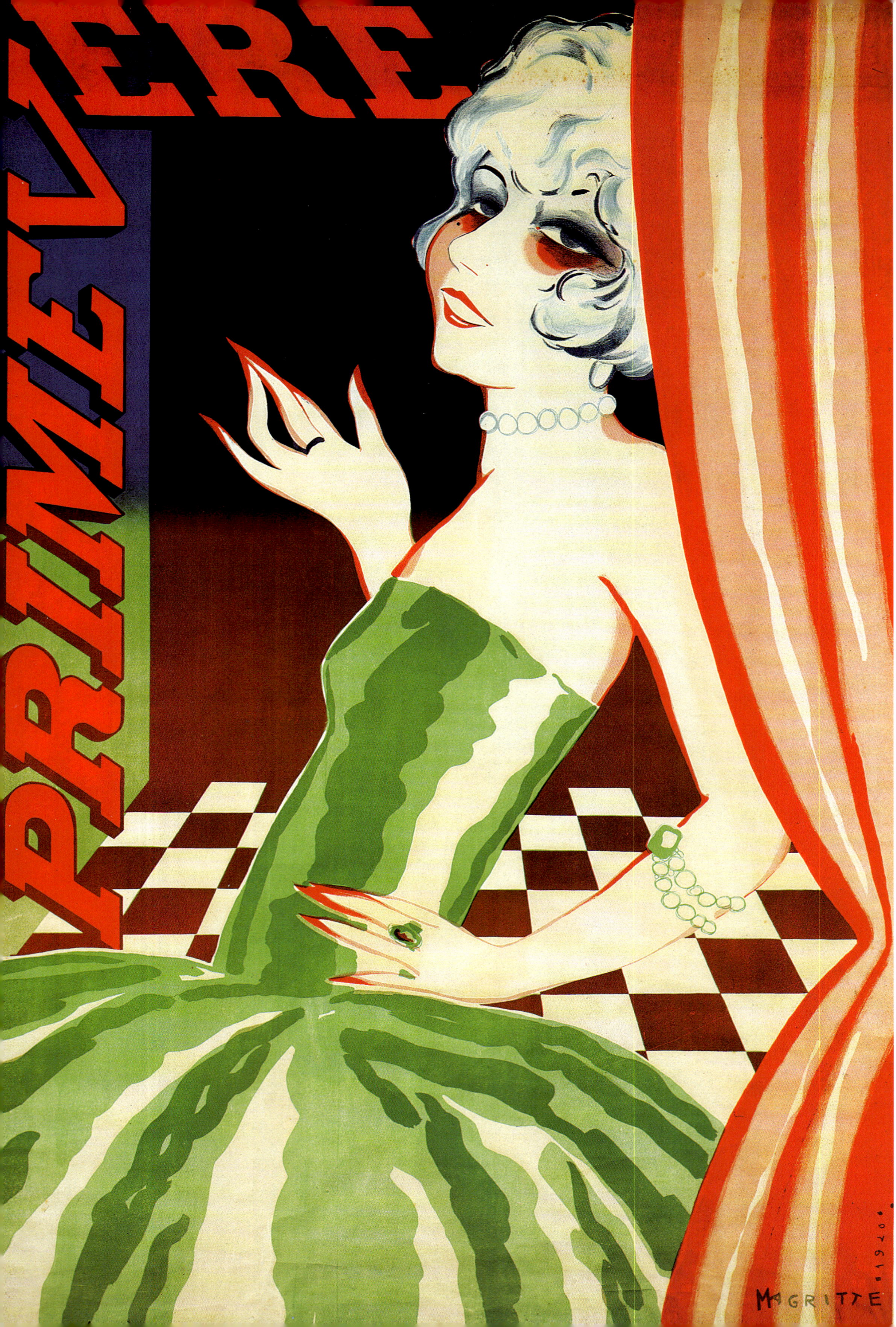
PRIMEVERE
MAGRITTE

LES TRAVAUX IMBÉCILES

« Je n'aime pas l'argent ni pour lui-même, ni pour ce qu'il procure, ne désirant rien de ce qu'on connaît. »

Après avoir vainement cherché un emploi à son retour à Bruxelles, en pleine crise économique, Magritte se voit contraint de reprendre ses travaux publicitaires, et fonde avec son frère Paul une petite société, le Studio Dongo. Ses activités dureront jusqu'en 1936. Paul s'occupe des contacts avec la clientèle et de l'administration, tandis que René crée et dessine, travaillant dans le hangar-atelier situé au fond de son jardin de la rue Esseghem – « un véritable capharnaüm », a racorté plus tard son ami Scutenaire. Sur le papier à en-tête de la société, où figurent les adresses successives de Paul, sont mentionnés les services proposés : « Stands – Étalages – Objets réclames – Affiches – Dessins / photomontages – Textes publicitaires ». La suite a prouvé que ce sont parfois de réelles campagnes publicitaires qui ont été réalisées par Dongo, incluant affiches, affichettes, emballages, étiquettes et objets divers, comme par exemple des plateaux.
Pour trouver des débouchés, Magritte se tourne d'abord vers ses anciens clients et reprend l'illustration de partitions, notamment pour les éditions musicales de L'Art belge et les Éditions modernes de Georges Vriamont. Pour ces dernières, il dessine également des affiches et annonces publicitaires. Il s'adresse aussi à Aimé Declercq, devenu directeur de la Publicité Meunier, qu'il avait connu en 1919 à l'occasion de son exposition d'affiches au Centre d'art : par son intermédiaire, un certain nombre de commandes lui viendront, pour une production laissant peu de place à la fantaisie. Par ailleurs, des amis fidèles le soutiennent, comme la Maison Norine, pour laquelle il avait travaillé avant son départ en France, et qui lui commande notamment deux peintures murales. Les gouaches, qui ont été conservées, portent sa signature, contrairement à la plupart des autres travaux publicitaires de cette époque, signés alternativement « EMAIR » ou « DONGO », selon la nature de sa clientèle : le premier pseudonyme, semble-t-il, s'applique aux commandes reçues de ses clients personnels, le second à celles qui ont été obtenues par Paul. C'est sous cette dernière signature qu'apparaît début 1931 une publicité particulièrement réussie, *Tonny's Toffée Antoine*, peu de temps après l'ouverture du studio.

Les membres de la famille se mobilisent également pour l'aider : le mari de sa belle-sœur, Pierre Hoyez, lui trouve des travaux de menuiserie, tandis que son frère Raymond, représentant d'une firme pharmaceutique, sert d'intermédiaire en 1936 pour lui obtenir plusieurs commandes, dont une campagne publicitaire autour du produit Inhalene : affichette, bac d'étalage, et même stand d'exposition pour une foire commerciale, il la décline sur tous les supports.
À ces travaux divers s'ajoute l'exécution d'affiches de films, dont la plus ancienne connue, *La Chanson de l'adieu*, de Geza von Bolvary, date de 1934. Elle a pour commanditaire la maison de production Tobis Klang Film, pour laquelle il exécute aussi les deux années suivantes, parmi d'autres, les affiches de *Pension Mimosas* ou de *La Kermesse héroïque* de Jacques Feyder. Le schéma de ces affiches, signées « EMAIR », demeure assez convenu : un personnage principal occupe le premier plan, tandis qu'une scène représentative du film crée une atmosphère à l'arrière-plan. Rien de proprement magrittien dans ces images qui les distinguerait de la production de l'époque.
À partir de 1936, l'activité publicitaire de Magritte se réduit considérablement. D'une part son travail d'artiste en a pâti, puisqu'il a disposé de moins de temps pour peindre, et par ailleurs sa situation matérielle s'améliore, car ses œuvres commencent à se vendre. De plus, Magritte reçoit de nombreuses sollicitations d'éditeurs qui lui commandent les couvertures ou l'illustration d'ouvrages, lui procurant ainsi d'autres sources de revenus. Toutefois, ce n'est qu'à partir de la fin des années 1940, c'est-à-dire au moment où Alexandre Iolas devient son agent, qu'il pourra vivre de son art.
C'est donc sans véritable urgence matérielle qu'après guerre il crée à nouveau des affiches. Significativement, il abandonne ses pseudonymes et reprend parfois presque à l'identique un tableau. De même dans le domaine du cinéma, où ses réalisations, désormais signées, portent clairement sa marque surréaliste : l'affiche pour le Festival mondial du film et des beaux-arts de Bruxelles, en 1949, en est un exemple significatif. Ce ne sont plus les affiches d'un obscur dessinateur publicitaire qui s'étalent désormais sur les murs, mais les œuvres d'un artiste que leur auteur, désormais, revendique.

< **Primevère**, ***1926, lithogravure sur papier, 124 × 85,2 cm.***
Exécutée pour la comédienne Primevère, cette affiche témoigne du passage de Magritte au surréalisme au cours de cette année-là : le rideau sera en effet un élément récurrent de son vocabulaire pictural. On observe que la frontière entre l'œuvre du peintre et ses travaux alimentaires n'est pas absolument étanche.

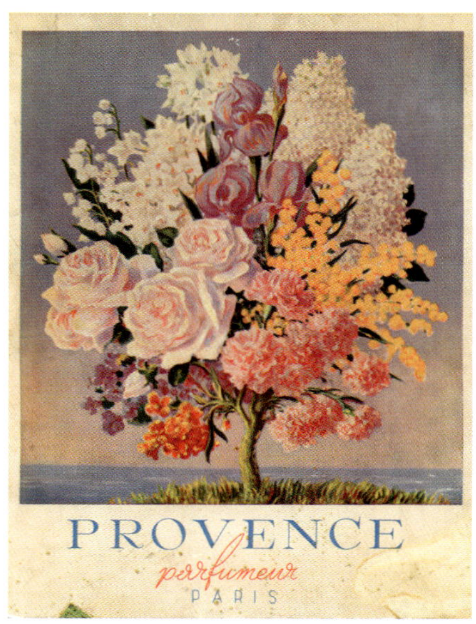

Provence parfumeur Paris, ***1946. Carton publicitaire en couleurs avec une illustration de Magritte, non signée, 41,3 × 30,8 cm.***

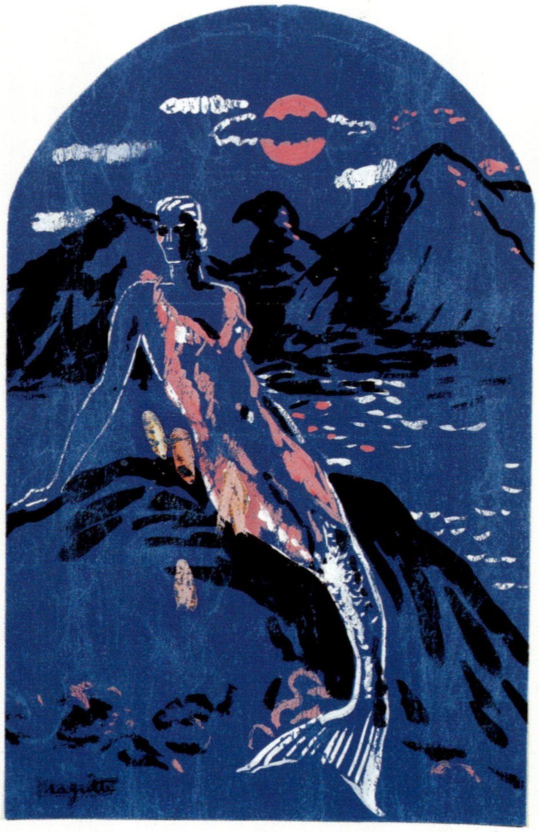

Projet pour un mural, Maison Norine, Bruxelles, vers 1931, gouache sur carton, 21,4 × 13,5 cm.

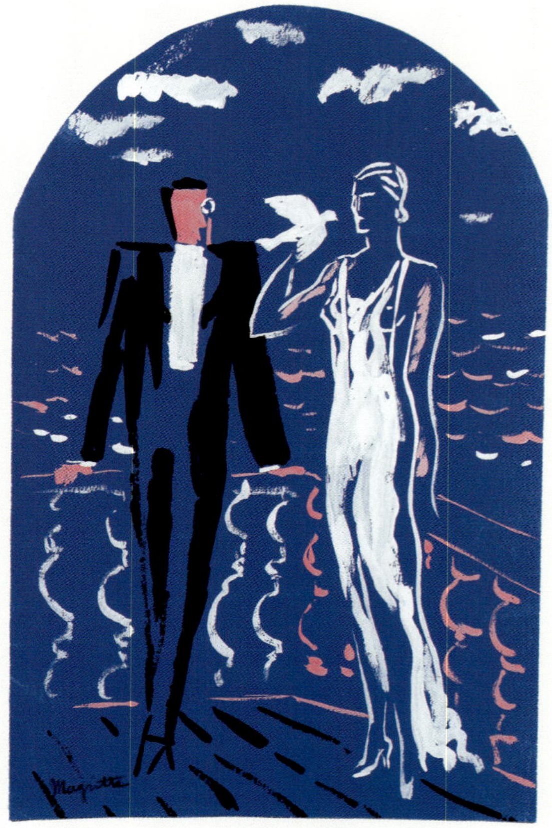

Projet pour un mural, Maison Norine, Bruxelles, vers 1931, gouache sur carton, 21,4 × 13,5 cm.

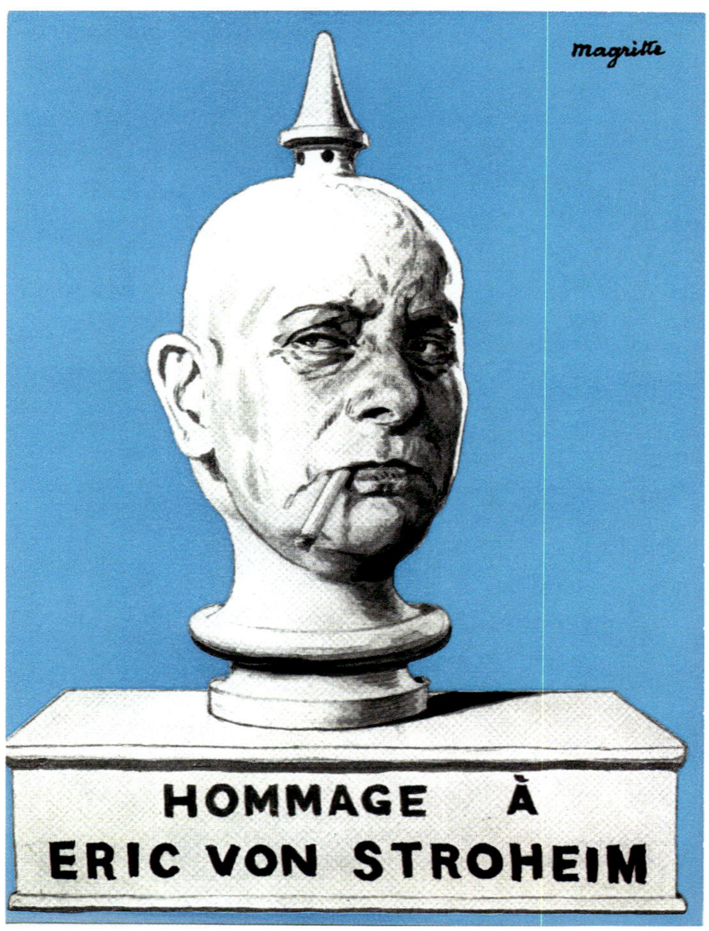

Hommage à Eric Von Stroheim, *1957, offset en couleurs, 21 × 14,8 cm. Invitation pour L'Écran du Séminaire des Arts.*

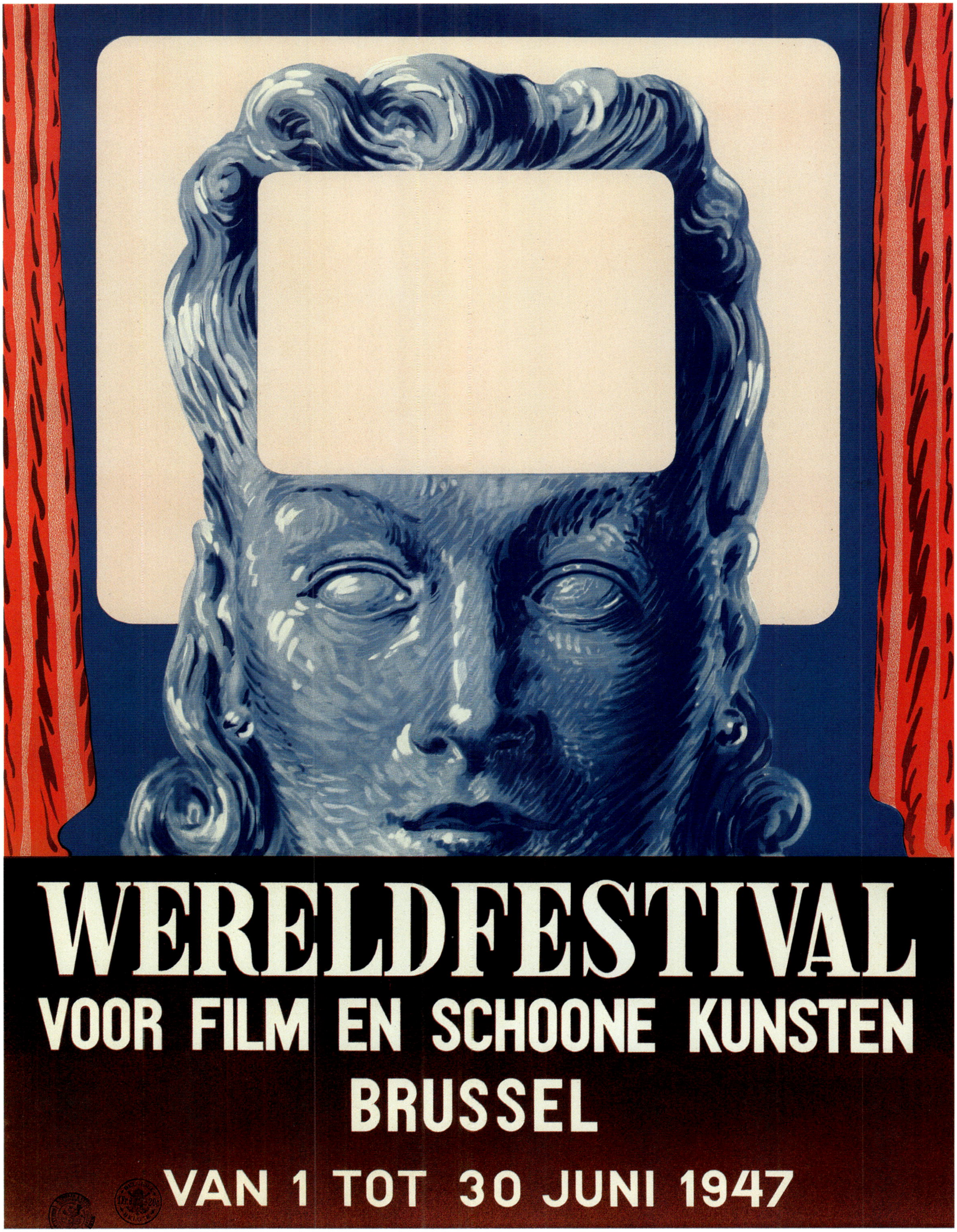

Festival mondial du film et des beaux-arts, *Bruxelles, du 1er au 30 juin 1947, lithogravure sur papier, 79,5 × 59,3 cm.*

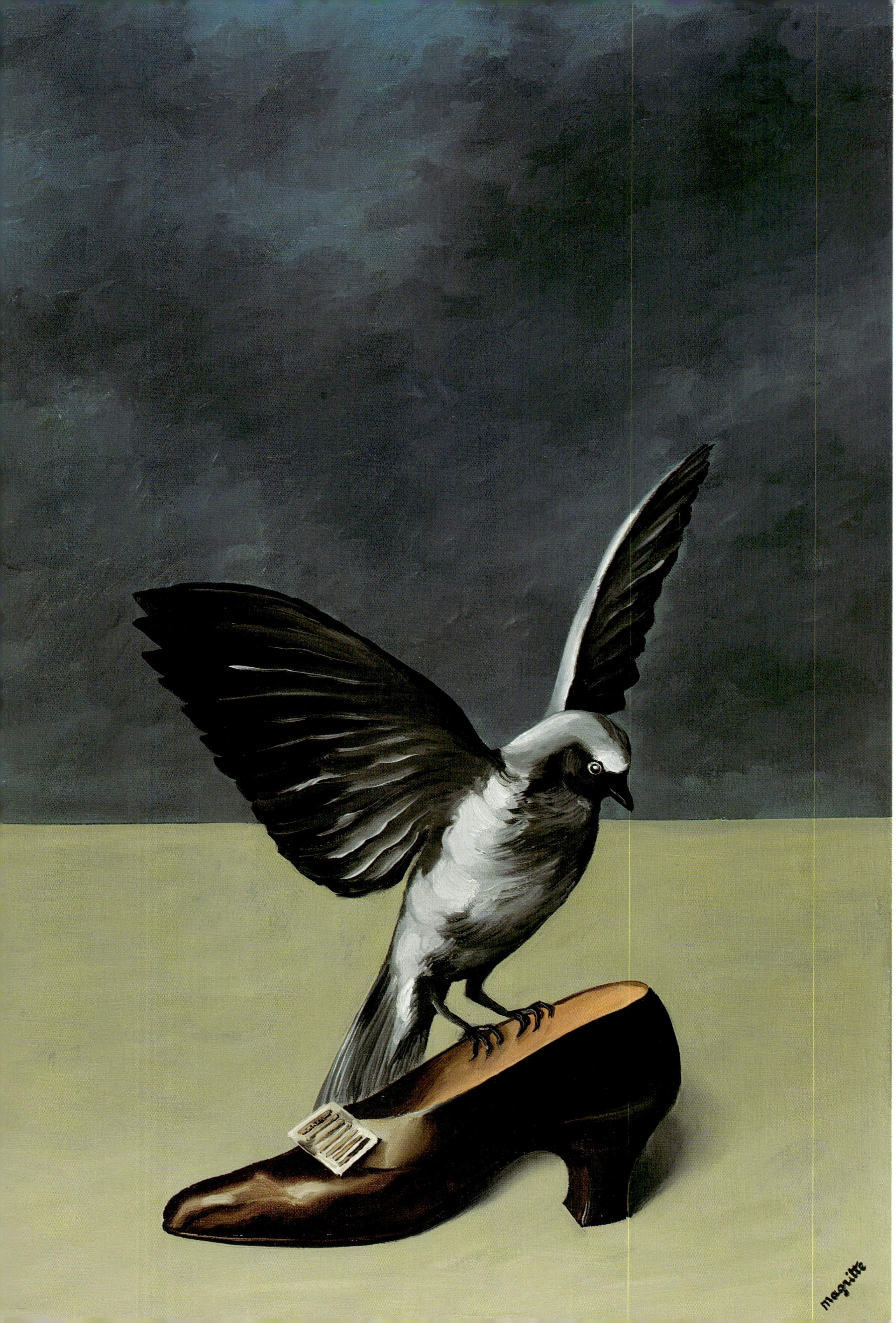
magritte

À BRUXELLES

« Mes tableaux ressemblent à des tableaux sans répondre je crois à ce que les traités d'esthétique désignent comme étant tels. »

Retrouver Bruxelles après le séjour parisien, c'était aussi renouer avec les amitiés surréalistes, reprendre les fameuses soirées du dimanche où, rituellement, Magritte montrait ses derniers tableaux, recueillant les suggestions de chacun pour leur donner un titre. De tous les avis, celui de Louis Scutenaire l'emportait presque toujours, tant la complicité était grande entre les deux hommes depuis leur rencontre en 1927.

Avec son épouse Irène Hamoir, ils ont été en effet les amis les plus intimes des Magritte, les plus amusants aussi et les plus encourageants. Ensemble, ils ont partagé d'innombrables soirées, des promenades, des voyages à l'étranger, rivalisant d'humour et de fantaisie, comme en témoignent les documents photographiques et leur abondante correspondance. Une lettre de Magritte, en 1933, révèle la chaleur de cette relation qui a duré toute leur vie : « Mon cher Scut, ta lettre m'a fait grand plaisir, nous nous entendons à merveille. Il est vrai que lorsqu'on a passé sur le sol particulièrement stable de Lessines, nous n'avons aucune difficulté de trouver ensemble quelques pierres de repère. Les oiseaux des campagnes peu prétentieuses, les constructions du moyen-âge non désertées par les fantômes, les portes fermées qui furent fatales à certain curé et bien entendu les tas de pierres devant lesquelles un sympathique carrier pourrait se retrouver un peu stupéfait sont des toiles de fond devant lesquelles nous pouvons nous serrer la main de temps en temps. » C'est aussi avec les Scutenaire que Nougé et Magritte tournent en 1932 deux courts-métrages, et qu'ils se livrent au jeu, surréaliste par excellence, du « cadavre exquis ».

Car surréalistes, tous le sont et se revendiquent comme tels, ainsi que l'illustre la soirée d'ouverture de l'exposition de Magritte à la salle Giso en 1931 (voir p. 62). L'affirmation collective adopte une autre forme, en 1934, à travers la photo du groupe surréaliste belge que Nougé intitule *Le Rendez-Vous de chasse*. Elle figurera dans un numéro spécial de la revue *Documents*, *« Intervention surréaliste »*, dont le rédacteur en chef est devenu l'incontournable Mesens. Magritte y participe, bien sûr, comme à chacune des activités du groupe depuis son retour à Bruxelles, par des textes et des dessins.

C'est ainsi qu'en 1932 il a fait partie des signataires du tract « La poésie transfigurée », rédigé par Nougé, qui explicite la position des surréalistes belges, en retrait vis-à-vis des Français au sujet de « l'affaire Aragon », le poète ayant été inculpé à la suite de la publication de son poème *Front rouge* dans l'organe de l'Union internationale des écrivains révolutionnaires. L'année suivante, André Breton invite Magritte à contribuer à la revue *Le Surréalisme au service de la révolution* : cette réconciliation avec les surréalistes français l'amènera à présenter ses œuvres parmi celles du groupe des surréalistes au Salon des surindépendants. C'est aussi en 1933 que Magritte participe par un dessin à *Violette Nozières*, hommage collectif des surréalistes français à une jeune fille arrêtée à Paris pour avoir assassiné son père qu'elle accusait de viol. Sur la demande de Paul Éluard, l'ouvrage paraît aux éditions Nicolas Flamel, fondées à Bruxelles par Mesens. Aux mêmes éditions est publié en 1935 le troisième numéro du *Bulletin international du surréalisme*, avec une gouache de Magritte en couverture représentant un buste de femme nue surmonté d'une tête de mort : un manifeste y est publié, « Le couteau dans la plaie », dans lequel les surréalistes belges dénoncent le récent pacte franco-soviétique.

Les années 1930 sont également marquées par de nouvelles rencontres importantes pour le peintre. La première a lieu en 1933, avec l'écrivain et comédien Paul Colinet, qui devient rapidement un ami intime du couple Magritte. Mais, s'il est un compagnon de route des surréalistes, il ne prend part qu'épisodiquement à leurs activités.

La seconde rencontre marquante a lieu en 1937, avec Marcel Mariën, qui est alors âgé de dix-sept ans. Il a tout pour charmer Magritte : sa jeunesse, son enthousiasme pour le surréalisme récemment découvert, son esprit brillant. Leur entente est immédiate, et bientôt Mariën se trouve entraîné dans le cercle des proches comme dans les activités du groupe surréaliste. L'amitié avec Magritte s'achèvera par une brouille définitive en 1954.

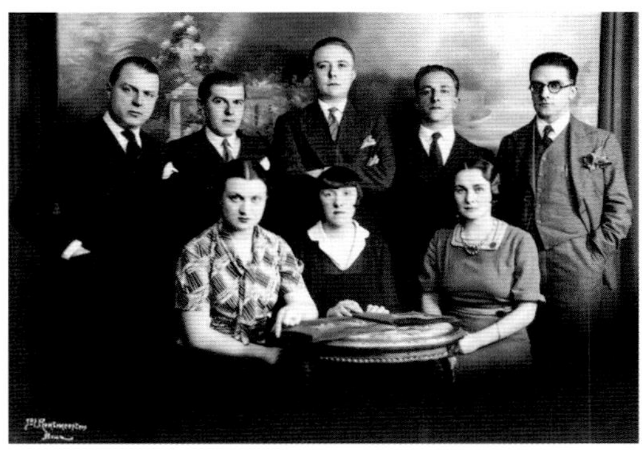

Le Rendez-Vous de chasse, ***Bruxelles, 1934. ELT Mesens, René Magritte, Louis Scutenaire, André Souris, Paul Nougé, Irène Hamoir, Marthe Beauvoisin-Nougé et Georgette Magritte (prise de vue au studio Jos Rentmeesters).***

Cette photo est due à Nougé, qui s'est assuré les services d'un photographe professionnel. Destinée à être publiée dans le numéro spécial de *Documents* intitulé *« Intervention surréaliste »*, elle est l'affirmation, selon certains, d'une opposition des surréalistes belges à l'esthétisme croissant des surréalistes français.

< **Dieu n'est pas un saint,**
vers 1935-1936, huile sur toile, 67,2 × 43 cm.

La lecture de Lautréamont, redécouvert par les surréalistes, a exercé une influence indéniable sur Magritte, lui suggérant que l'assemblage de deux réalités éloignées peut faire naître une image « bouleversante », c'est-à-dire à la fois poétique et mystérieuse : en voici une illustration exemplaire. Scutenaire ayant demandé à Magritte de lui peindre un tableau, celui-ci choisit de représenter un oiseau, sachant que son ami avait une affection particulière pour cet animal. Le choix du titre, comme souvent, revient à Scutenaire.

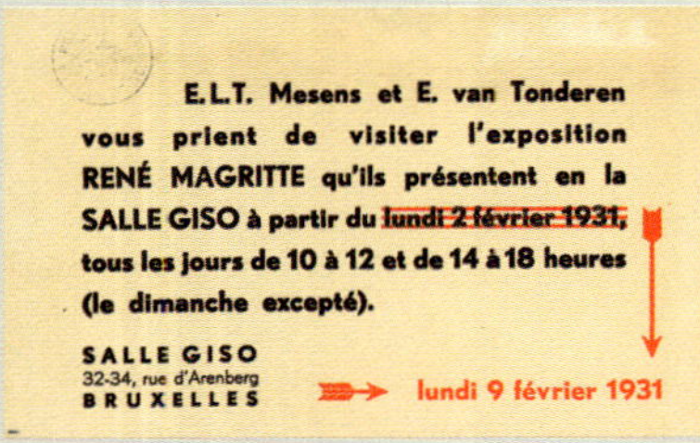

E.L.T. Mesens et E. van Tonderen
vous prient de visiter l'exposition
RENÉ MAGRITTE qu'ils présentent en la
SALLE GISO à partir du ~~lundi 2 février 1931,~~
tous les jours de 10 à 12 et de 14 à 18 heures
(le dimanche excepté).

SALLE GISO
32-34, rue d'Arenberg
BRUXELLES

lundi 9 février 1931

L'EXPOSITION DE LA SALLE GISO

Le 9 février 1931 s'ouvrait une exposition de Magritte, présentant seize toiles datant des années 1927-1930, organisée conjointement par ELT Mesens et Ewold Van Tonderen, dans les locaux professionnels de ce dernier, un architecte d'intérieur néerlandais. Mesens avait pourtant ouvert sa propre galerie rue de la Pépinière, mais le manque d'espace lui fit préférer la salle Giso, où les œuvres n'étaient pas à vendre : en somme, il s'agissait surtout d'un hommage à Magritte, d'une célébration sur le mode surréaliste de son retour à Bruxelles.

Le catalogue de cette exposition, rédigé par Paul Nougé, était composé de deux textes : un « Avertissement » de huit pages, sorte d'attaque d'inspiration marxiste contre la société du temps, qui présentait l'œuvre de Magritte comme un ferment de subversion : « Ce mince rectangle de toile, qui donc soupçonne qu'il enferme peut-être de quoi modifier à jamais le sens de la justice, de l'amour, le sens, l'allure et la tension d'une existence humaine ? » Le texte suivant, intitulé « Les grands voyages », exhortait à considérer chaque tableau comme un avertissement. Suivait enfin la liste des œuvres exposées, précédée d'une note : « Il ne convient pas d'accorder à ces titres une trop grande importance. Nous les donnons ici pour "les commodités de la conversation". Les toiles s'en passent fort bien et, souhaitons-le, ceux qui les regardent. » En réalité la plupart des titres auraient été inventés par Nougé.

Lors de la soirée d'ouverture, dans le hall d'entrée, se trouvaient deux laquais en livrée, le visage peint en vert, encadrant un énorme cierge allumé, tandis que battait dans le silence un double métronome. Dans la salle plongée dans le noir retentissaient la musique de Stravinsky, des valses et des marches militaires. À une heure du matin, les lumières s'allumèrent progressivement, révélant les tableaux, au son d'airs d'orgue de Barbarie qui se prolongèrent jusqu'au matin, entraînant l'assemblée dans la danse, Magritte y compris.

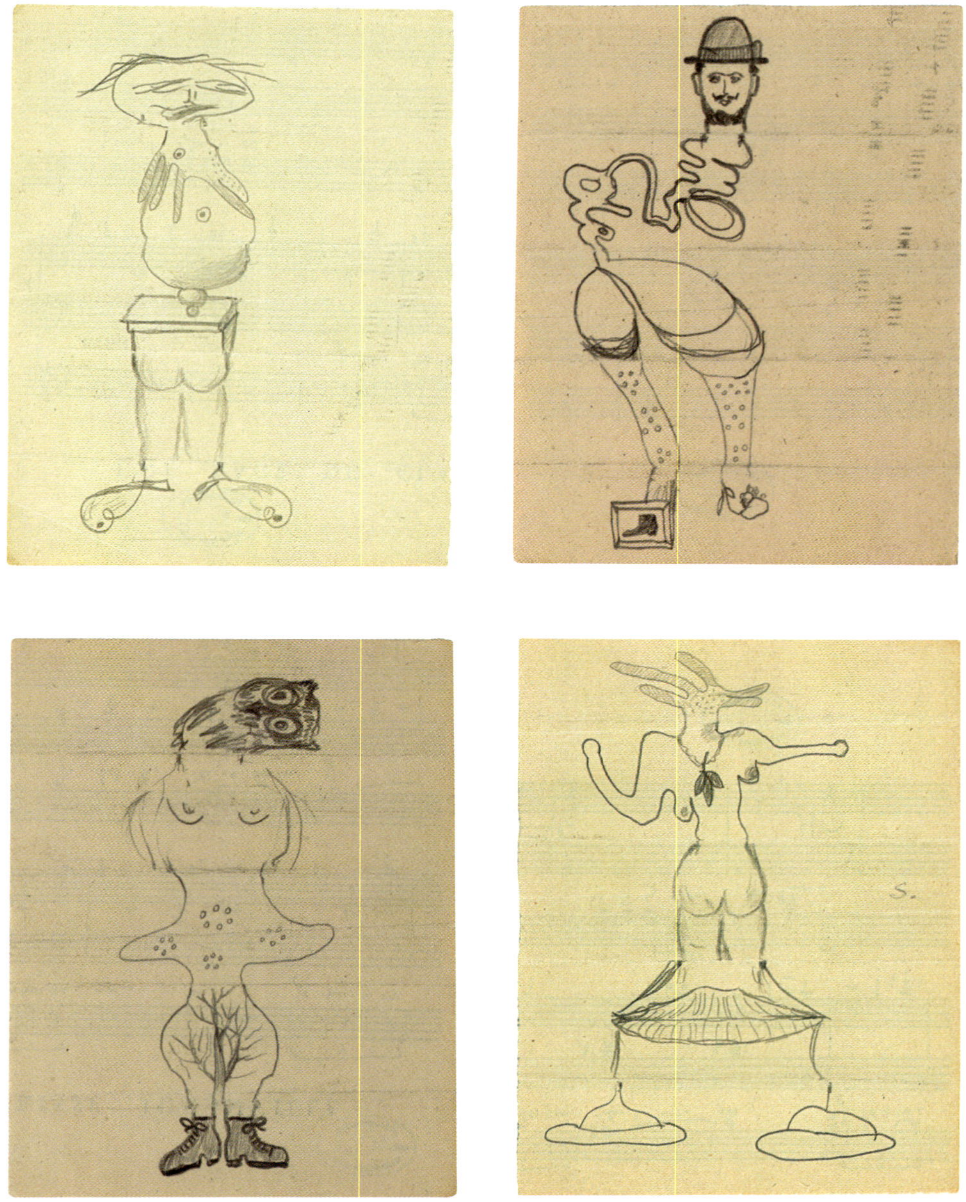

René Magritte, Louis Scutenaire, Irène Hamoir, Paul Nougé,* Cadavres exquis, *1934, crayon sur papier, 15,5 × 11,8 cm.

Le « cadavre exquis » tient son nom d'un jeu consistant pour chacun des participants à écrire un mot sur une feuille, puis à le dissimuler en pliant celle-ci. Le joueur suivant ajoute un autre mot, et ainsi de suite. Le papier déplié révèle à la fin une phrase étrange ou cocasse. Ce jeu d'écolier, repris par les surréalistes en 1925, a été désigné sous le nom de « cadavre exquis » en raison de la première phrase qu'ils ont obtenue de cette manière : « Le cadavre – exquis – boira – le vin – nouveau ». La version dessinée suivra. Au début, les cadavres exquis dessinés suivent la structure d'une phrase et utilisent donc une feuille de papier disposée horizontalement. Puis les surréalistes donnent à leurs dessins une forme anthropomorphe et dessinent donc sur une feuille disposée verticalement : le premier en haut dessine la tête, le second le buste, etc. Ce jeu a passionné tous les surréalistes en raison de l'importance donnée au hasard dans l'acte créatif. En 1934, il est pratiqué avec bonheur par Magritte et ses amis réunis rue Esseghem.

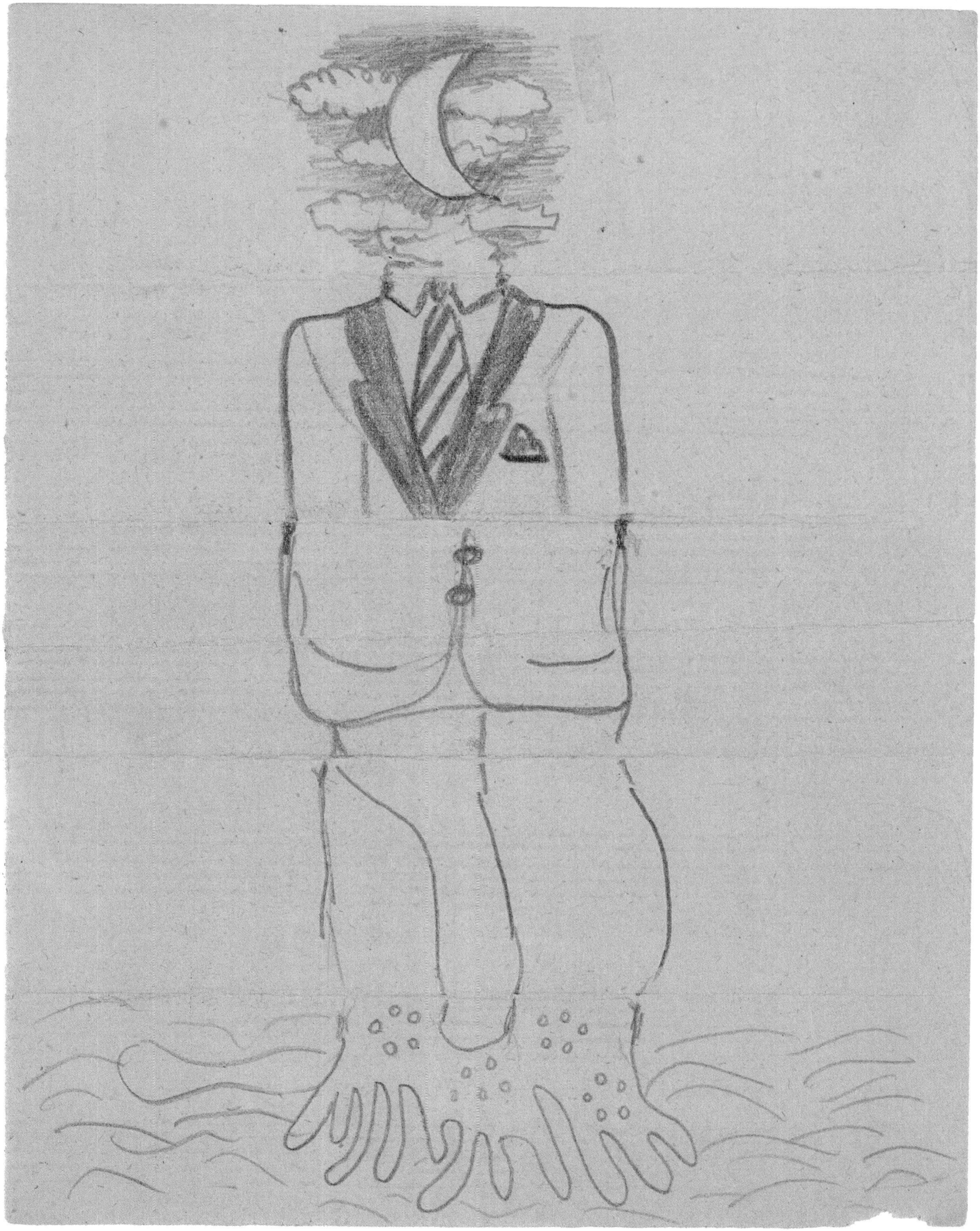

« Les objets qui accompagnent le visage de ma femme ne sont pas plus des symboles que le visage n'en est un. Le "pourquoi ?" n'est pas une question "sérieuse", il est trop facile de répondre par exemple : les objets familiers ont été réunis dans le portrait afin d'obtenir un résultat sensationnel. »

Georgette, *1937, huile sur toile, 65 × 54 cm.*
Le visage de Georgette apparaît ici dans un cadre ovale, comme suspendu dans le ciel. Autour d'elle flottent des objets caractéristiques du vocabulaire magrittien : une clé, un pigeon, une branche de laurier, un bougeoir avec sa bougie allumée, un gant, un bout de papier où est inscrit le mot « vague ». Magritte a été fréquemment interrogé sur le sens de ce tableau, mais, comme à son habitude, il refusait toute interprétation symbolique. Dans une lettre à Maurice Rapin, vingt ans plus tard, il insistait en ce sens : « Il n'y a pas de mystère explicable dans ma peinture. Le mot : Vague, inscrit dans le portrait, manifeste le mystère inexplicable. [...] Mes tableaux sont valables, à mes yeux, si les objets qu'ils représentent résistent à des interprétations par symboles ou par d'autres explications. »

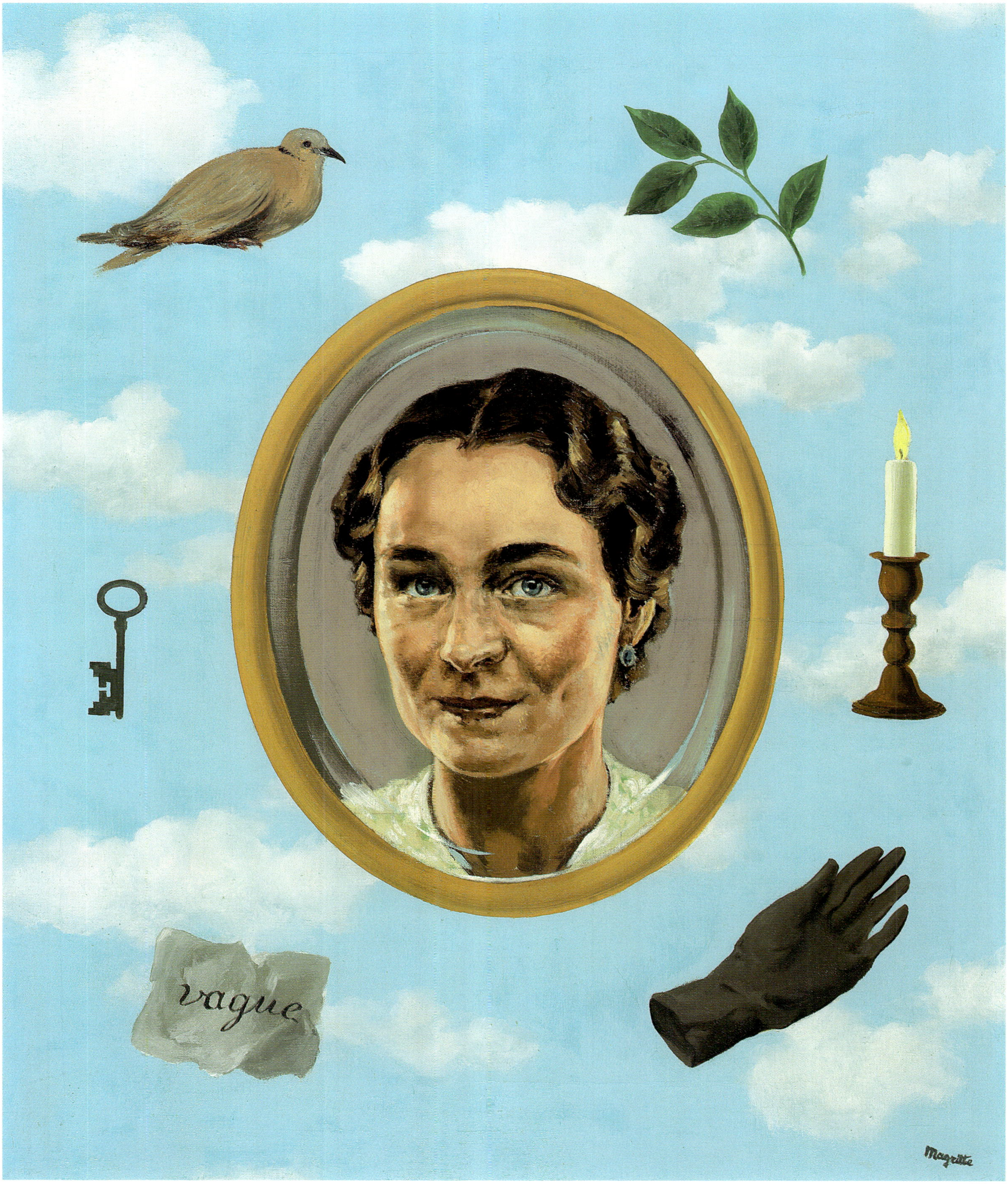
vague
Magritte

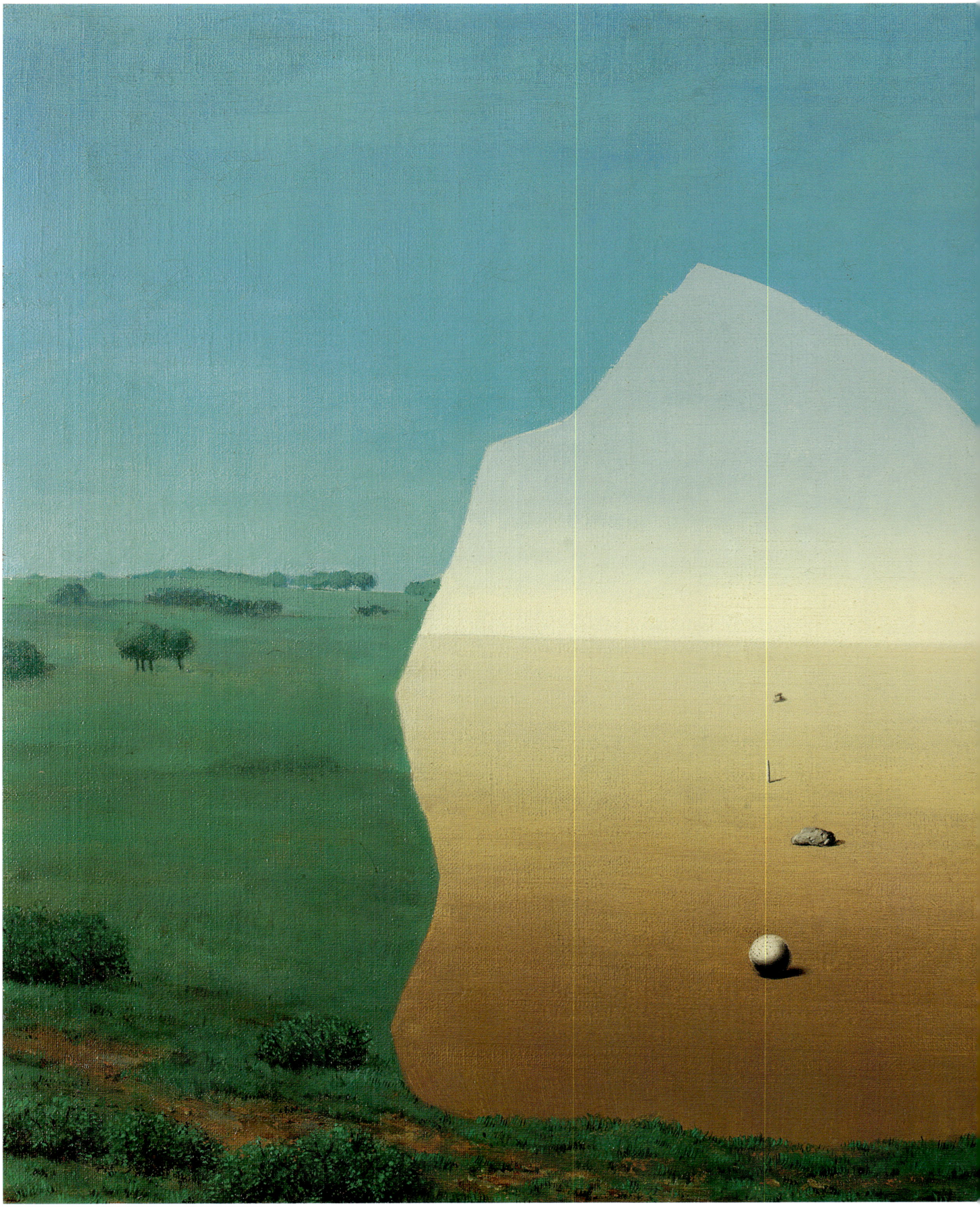

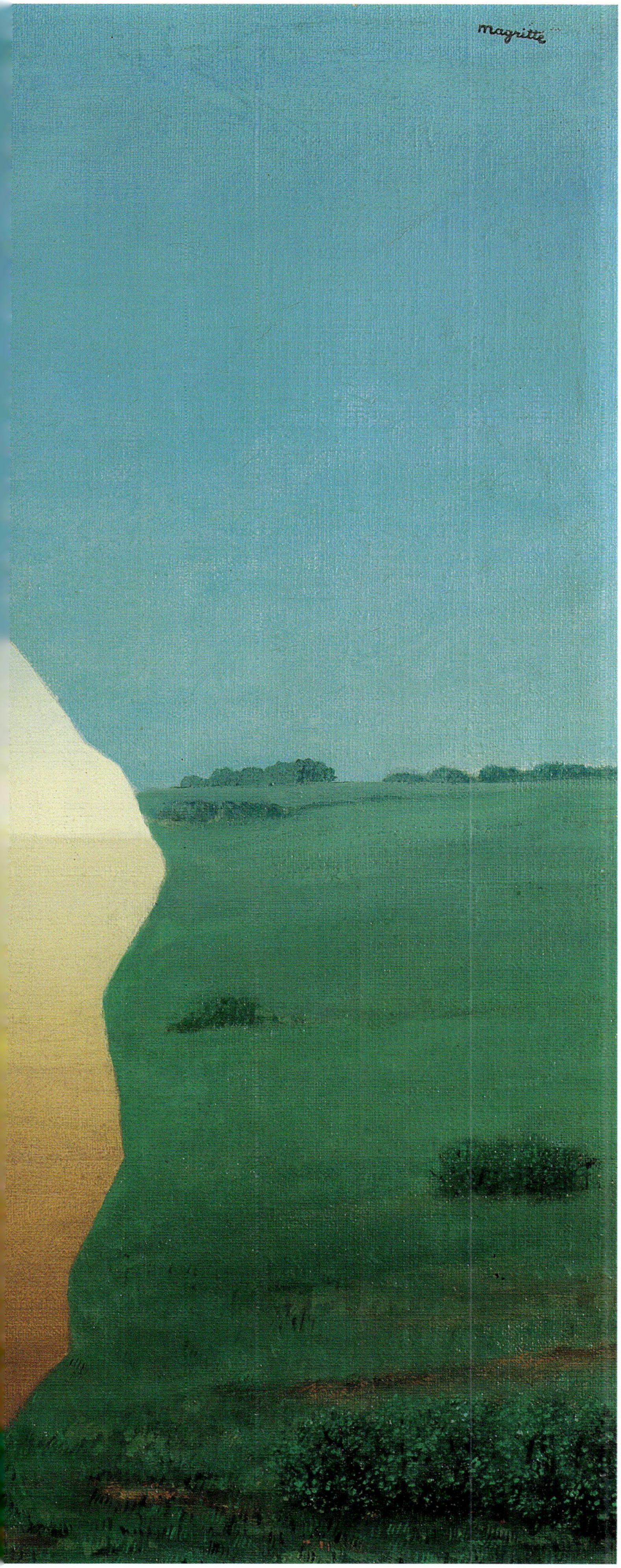

Le Baiser, ***1938, huile sur toile, 60 × 74 cm.***

« J'ai fait aussi un tableau appelé "Le baiser", c'est un paysage tout à fait dénué d'intérêt, de la campagne. Il occupe toute la surface du tableau, seulement, au centre une ouverture dans le paysage et le ciel laisse voir une profondeur plus grande que celle du paysage qui l'entoure. Cette perspective est jalonnée d'objets, le premier est une pierre, puis vient une sphère, puis du fil de fer tordu, puis un bâton fiché dans le sol et plus loin on ne distingue plus très bien. » René Magritte, *Lettre à Paul Éluard*, s. d.

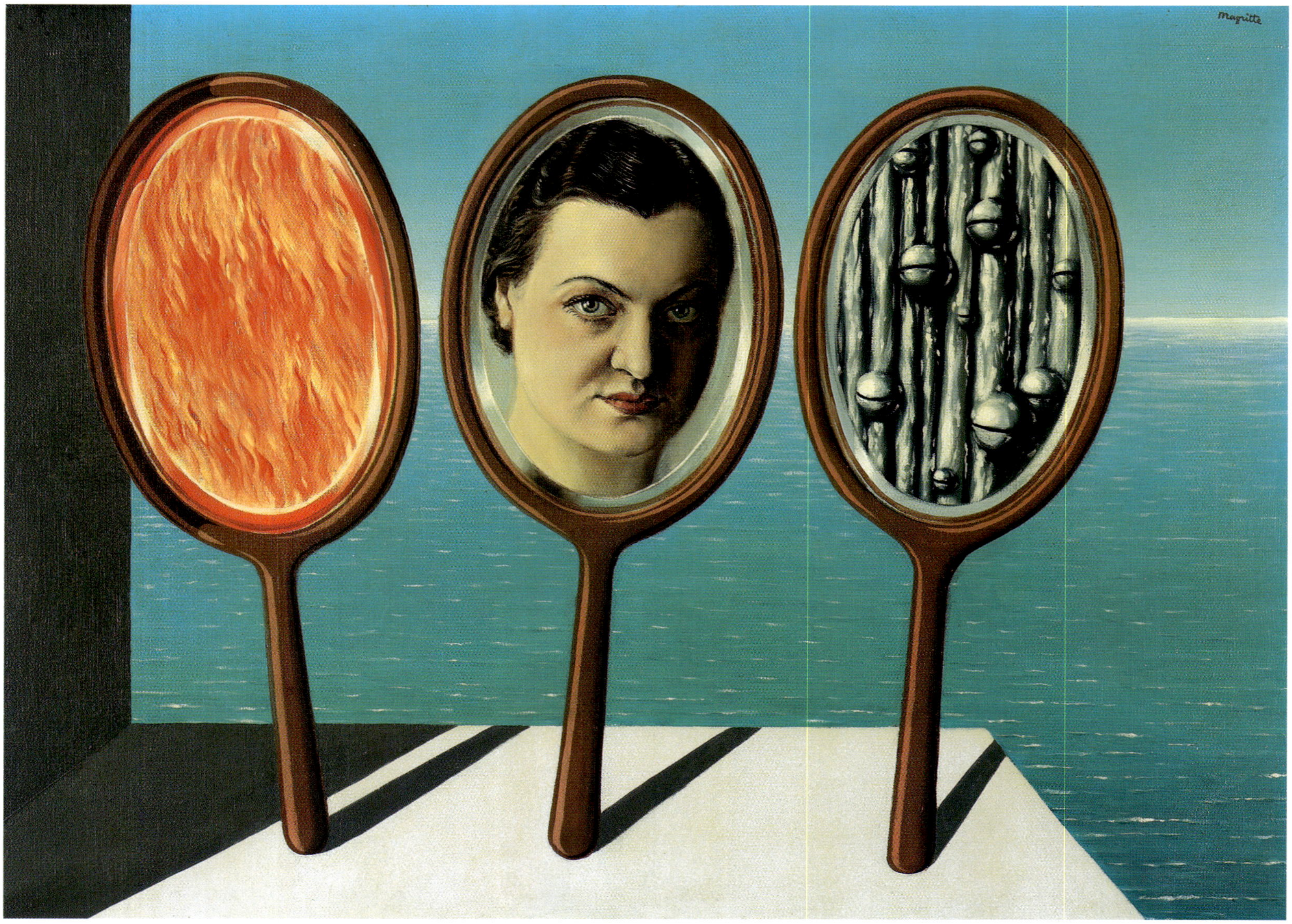

« Il arrive qu'un portrait tâche
Mais l'on peut souhaiter que ce modèle

Portrait d'Irène Hamoir, ***1936, huile sur toile, 54,5 × 73,5 cm.***
Irène Hamoir (1906-1994), fille d'un chapelier, a fait des études commerciales et journalistiques, et s'engage dès ses dix-huit ans dans le militantisme socialiste tout en écrivant des poèmes. En 1925, elle rencontre Marc Eemans, son premier grand amour, avec lequel elle pénètre dans les milieux surréalistes. La collaboration de Eemans à la revue *Distances* de Nougé lui permet de rencontrer Louis Scutenaire, qu'elle épouse en 1930. Elle collabore alors elle-même à de nombreuses revues surréalistes. Après avoir été fonctionnaire internationale à la Société des nations, elle entre au quotidien *Le Soir* en 1945. Romans, poèmes, essais, contributions à des revues, son activité littéraire est intense. En 1953, elle publie un roman, *Boulevard Jacqmain*, dans lequel apparaît, derrière des surnoms, tout le groupe des surréalistes belges, dont Magritte. Dans ce portrait de 1936 apparaissent des éléments typiquement magrittiens, comme le miroir et le grelot.

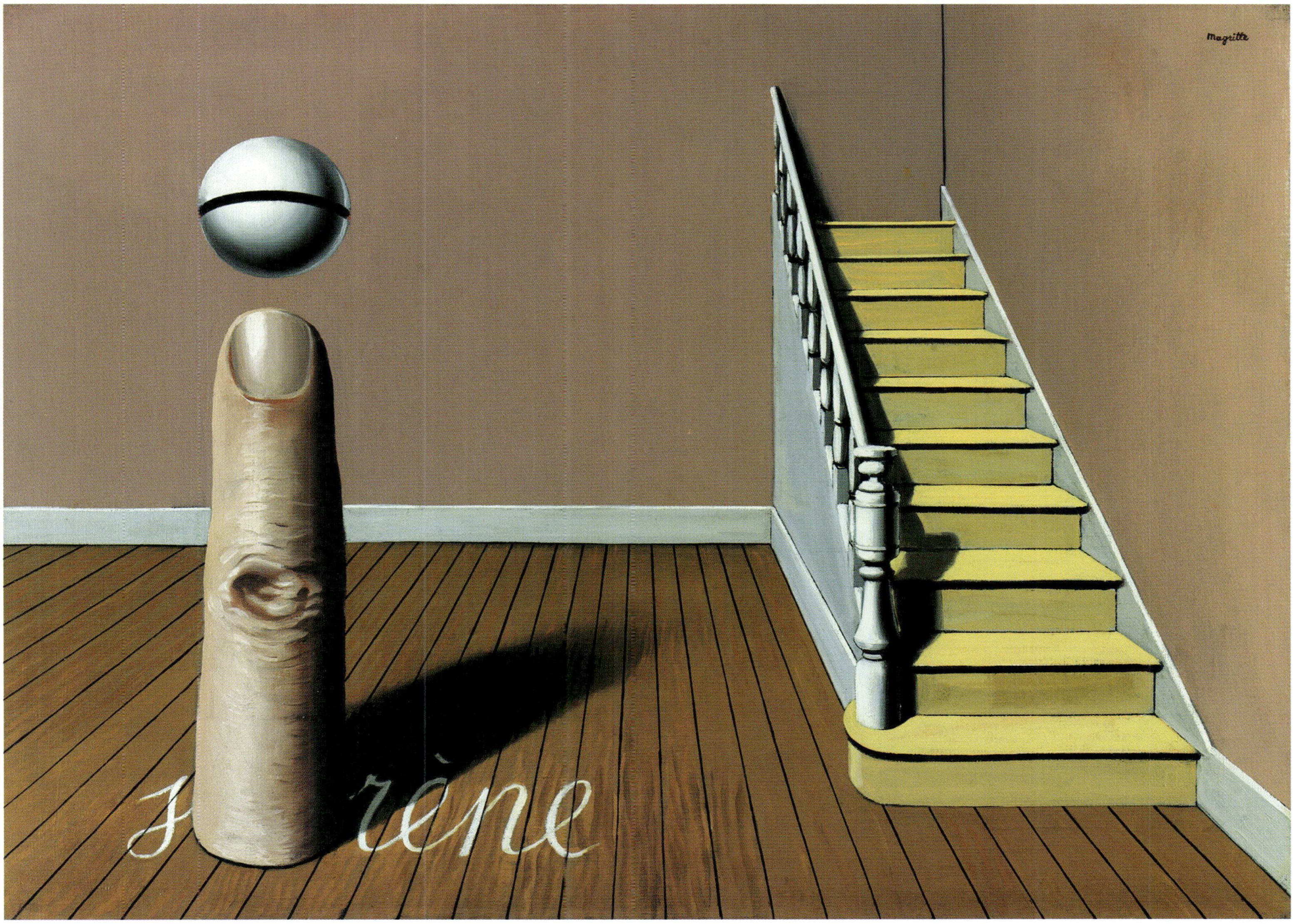

de ressembler à son modèle.
tâche de ressembler à son portrait. »

La Lecture défendue, ***1936, huile sur toile, 54,4 × 73,4 cm.***
« La difficulté de ma pensée, quand je souhaite trouver un nouveau tableau, c'est en effet d'obtenir une image qui résiste à toute explication. » Le « mystère » recherché est ici bien présent… Construit autour de la lettre « I », le tableau s'inscrit dans un projet d'alphabet pictural auquel Magritte n'a pas donné suite. Le mot « sIrène » serait un hommage à Irène Hamoir, épouse de Scutenaire et complice surréaliste, tandis que le doigt pointé ferait allusion à la « mise à l'index » d'un texte d'Aragon qui circulait sous le manteau, *Le Con d'Irène*. Idée que pourrait confirmer l'escalier qui se heurte à un mur, suggérant l'obstacle. Dans *La Lecture défendue* seraient ainsi évoqués tout à la fois le désir et la frustration.

Magritte

FACE À LA GUERRE

« Ce désarroi, cette panique que le surréalisme voulait susciter pour que tout soit remis en question, des crétins nazis les ont obtenus beaucoup mieux que nous et il n'était pas question de s'y dérober. »

Maintenir « l'état d'esprit surréaliste » en dépit de la guerre, telle est l'ambition du groupe belge lorsqu'il annonce, en décembre 1939, la parution prochaine d'une nouvelle revue : « En Belgique, il nous reste quelque chances de nous faire entendre. […] Aussi longtemps que nous en aurons les moyens, nous, surréalistes, nous poursuivrons une action qui nous oppose absolument et définitivement aux mythes, aux idées, aux sentiments et aux comportements de ce monde équivoque. » Le manifeste porte les signatures de Magritte, Mariën, Scutenaire, Ubac, auxquelles s'ajoute celle d'Achille Chavée, le chef de file des surréalistes du Hainaut. Ainsi paraîtra en février 1940 *L'Invention collective*, dont Magritte assume la responsabilité – Nougé s'étant écarté du projet. Un second numéro paraît en avril, mais les événements politiques se précipitent : la Belgique est occupée le 10 mai par les Allemands, provoquant une panique et, pour beaucoup, l'exode vers la France.

Cinq jours plus tard, Magritte lui-même quitte Bruxelles, laissant Georgette qui souffre d'une appendicite. Avec lui partent les Scutenaire et les Ubac. En tram, à pied et en taxi, le groupe atteint Lille, puis trouve un train pour Paris. Là, les chemins se séparent. Tandis que les Scutenaire partent pour le Bordelais, où se trouve Picasso, Magritte, ayant besoin d'argent, reste quelques jours à Paris pour vendre une peinture à Peggy Guggenheim. Le 23 mai, il part pour le midi de la France, retrouve les Ubac à Carcassonne, où se sont aussi réfugiés André Gide, Gaston Gallimard et Joë Bousquet. Les Scutenaire le rejoignent le mois suivant : ensemble, avec les Ubac, ils loueront une maison, mais Magritte n'a de cesse de vouloir retourner à Bruxelles. Après une tentative de départ à bicyclette, il rebrousse chemin, puis parvient finalement à obtenir un laissez-passer. Une lettre aux Scutenaire, alors réfugiés à Nice, leur annonce son départ, prévoyant une arrivée à Bruxelles le 10 août, et il ajoute : « Si je devais périr en route, dites à Georgette que ma dernière pensée aura été pour elle. » Le retour s'effectue à la date prévue : Magritte retrouve sa femme, sa maison, ses pinceaux, et bientôt ses amis Scutenaire, qui, au terme d'un long périple en train, sont à Bruxelles à la fin du mois de septembre.

L'atmosphère y est pesante durant les années qui suivent. Quant au moral de Magritte, il n'est guère brillant : difficultés d'argent, inquiétudes sur son avenir, il est en proie au doute, alors même que Lou Cosyn – la future épouse de Camille Goemans – lui propose une exposition en 1942 dans sa galerie à Bruxelles, et que Scutenaire entreprend une monographie qui lui est consacrée. Mais en avril 1943, réagissant à ces années sombres, Magritte inaugure brusquement une manière de peindre radicalement différente. Comme l'a résumé le fidèle Scutenaire, « il ouvrit ses fenêtres au soleil ».

< **Les Grandes Espérances, *1940, huile sur toile, 65,2 × 50,7 cm.***

Le titre de ce tableau est celui qui fut donné à la traduction de l'ouvrage de Dickens *Great Expectations*, que Magritte lisait à cette époque et qu'il a évoqué dans une lettre à James comme étant « un très beau livre ». Faut-il y voir aussi l'expression des sentiments de l'artiste en cette première année de guerre ? C'est avec la légèreté d'une aquarelle que Magritte a rendu ce paysage nocturne où les silhouettes sombres des frondaisons et un mince tronc d'arbre se découpent sur un ciel éclairé par la lumière vacillante des étoiles.

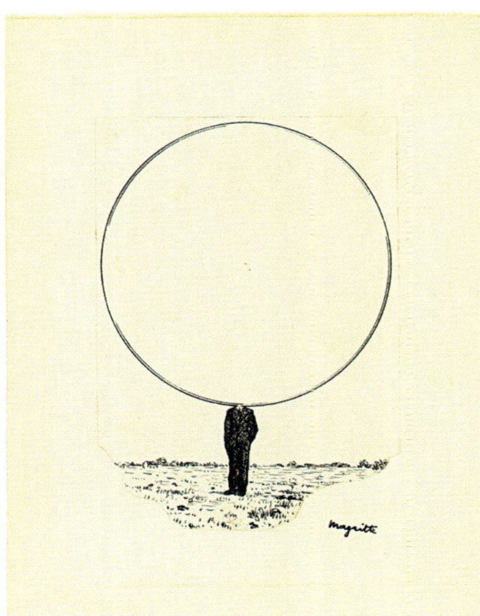

Dessin pour la page de titre de* L'Invention collective, *avril 1940, encre de Chine, plume sur papier, 16,5 × 11,8 cm.

L'Invention collective n'a connu que deux livraisons, en février et avril 1940 : Magritte a fourni le dessin de couverture du second numéro.

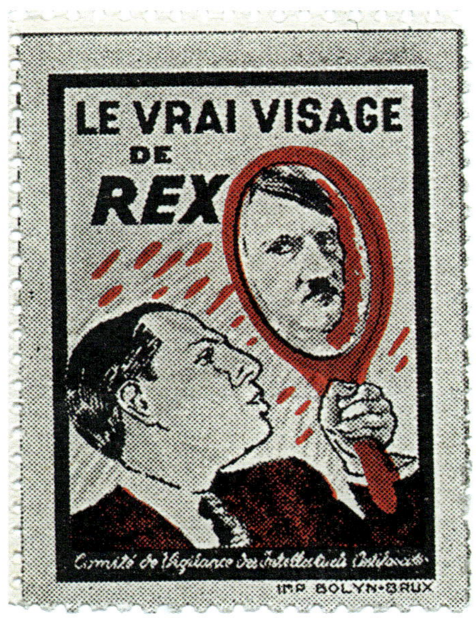

Timbre inspiré de l'affiche exécutée par Magritte,* Le Vrai Visage de Rex, *pour le Comité de vigilance des intellectuels antifascistes, 1937.

Le rexisme est un mouvement fasciste qui fut fondé en Belgique en 1930 par Léon Degrelle, et dont le nom vient de l'expression latine *Christus Rex*, « Christ est le roi ». Devenu un parti en 1936, il s'allia rapidement avec l'Allemagne nazie dont il obtint des subsides. Fondé en France en 1934, le Comité de vigilance des intellectuels antifascistes a rapidement essaimé en Belgique, mobilisant notamment les surréalistes pour lutter contre le danger fasciste. L'affiche dessinée en 1937 par Magritte a sans doute été imprimée sur la presse de son frère Paul et distribuée à Bruxelles par un réseau d'amis.

Le Retour, ***1940, huile sur toile, 50,2 × 65 cm.***

Dans une lettre à l'écrivain Claude Spaak datée de novembre 1940, où il lui fait part de ses projets de tableaux, Magritte évoque un « oiseau bleu avec des nuages devant un ciel étoilé, à l'avant-plan : nid avec des œufs ». On retrouve ici quelques-uns des grands thèmes du peintre, telle la colombe sur un fond nocturne, découpée comme une ombre où s'inscrit un ciel bleu avec des nuages. Image de la liberté, elle vole dans les airs, mais on ne sait si elle traverse les nuages ou si ce sont eux qui la traversent. Cette image séduisante deviendra plus tard le symbole de la compagnie aérienne nationale de Belgique, la Sabena. On remarquera aussi que ce tableau est une préfiguration du jeu de lumière entre le jour et la nuit que le peintre a décliné à de nombreuses reprises, notamment dans *L'Empire des lumières* (voir p. 142-145).

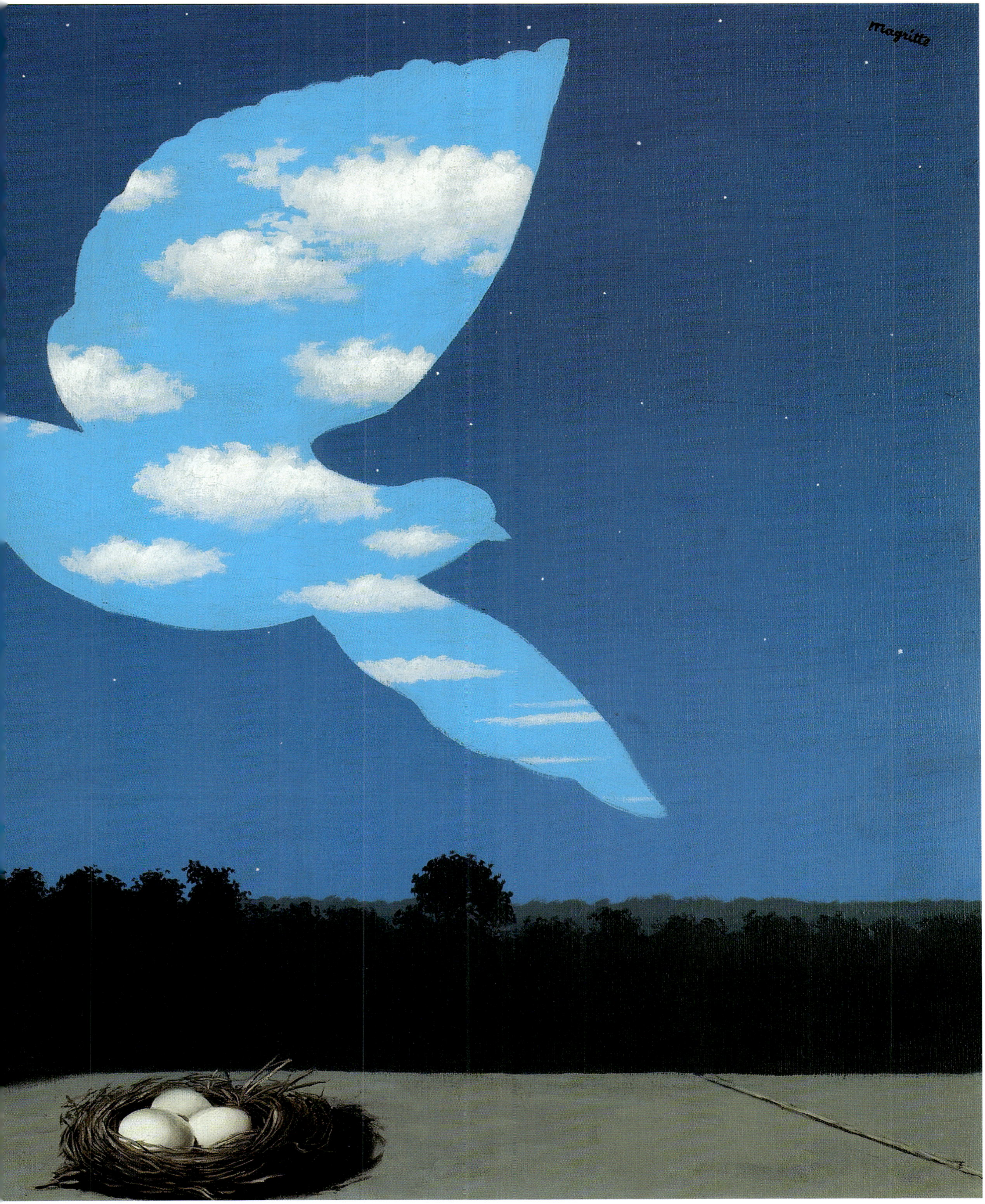
Magritte

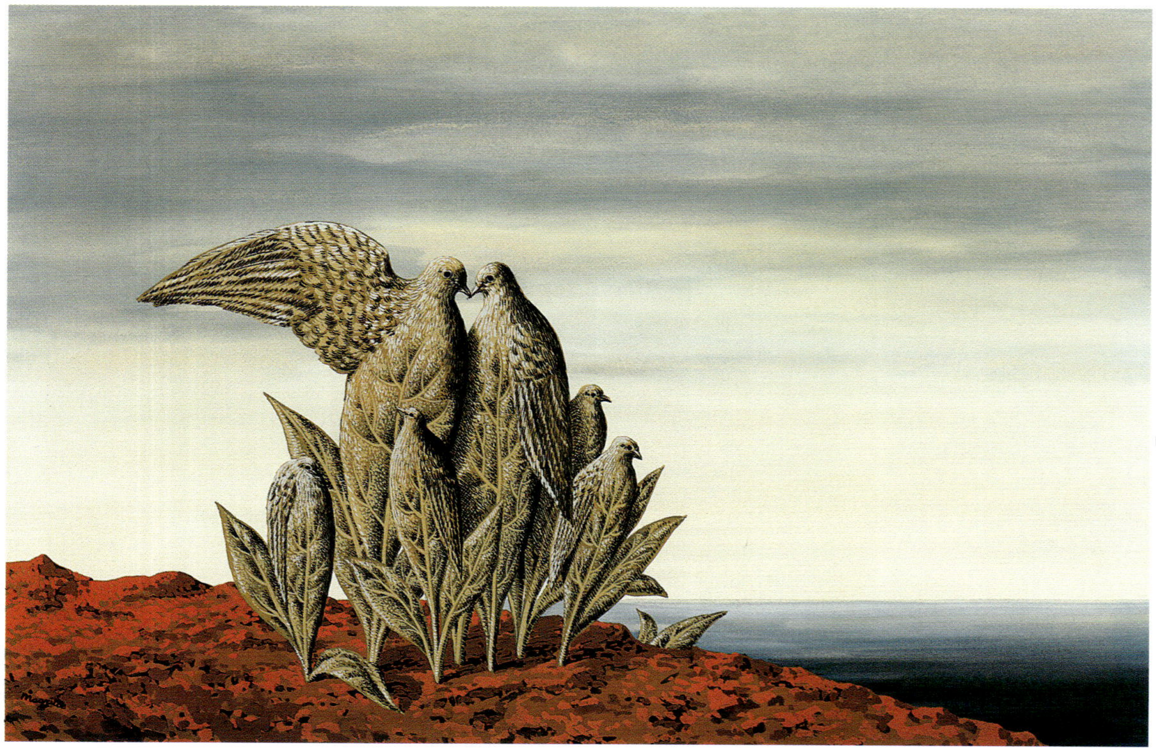

L'Île au trésor, ***1942, gouache sur papier, 33 × 48,7 cm.***
Cette gouache, qui a été déclinée en plusieurs variantes sous divers titres, est un exemple des « métamorphoses » chères à Magritte, où la substance même des êtres et des choses apparaît incertaine. Ici, en une étrange symbiose, le végétal devient oiseau.

« Il n'y a rien de plus gracieux,
ni de plus naturel : la flore, la faune
et nos regards sortant du même sol. »

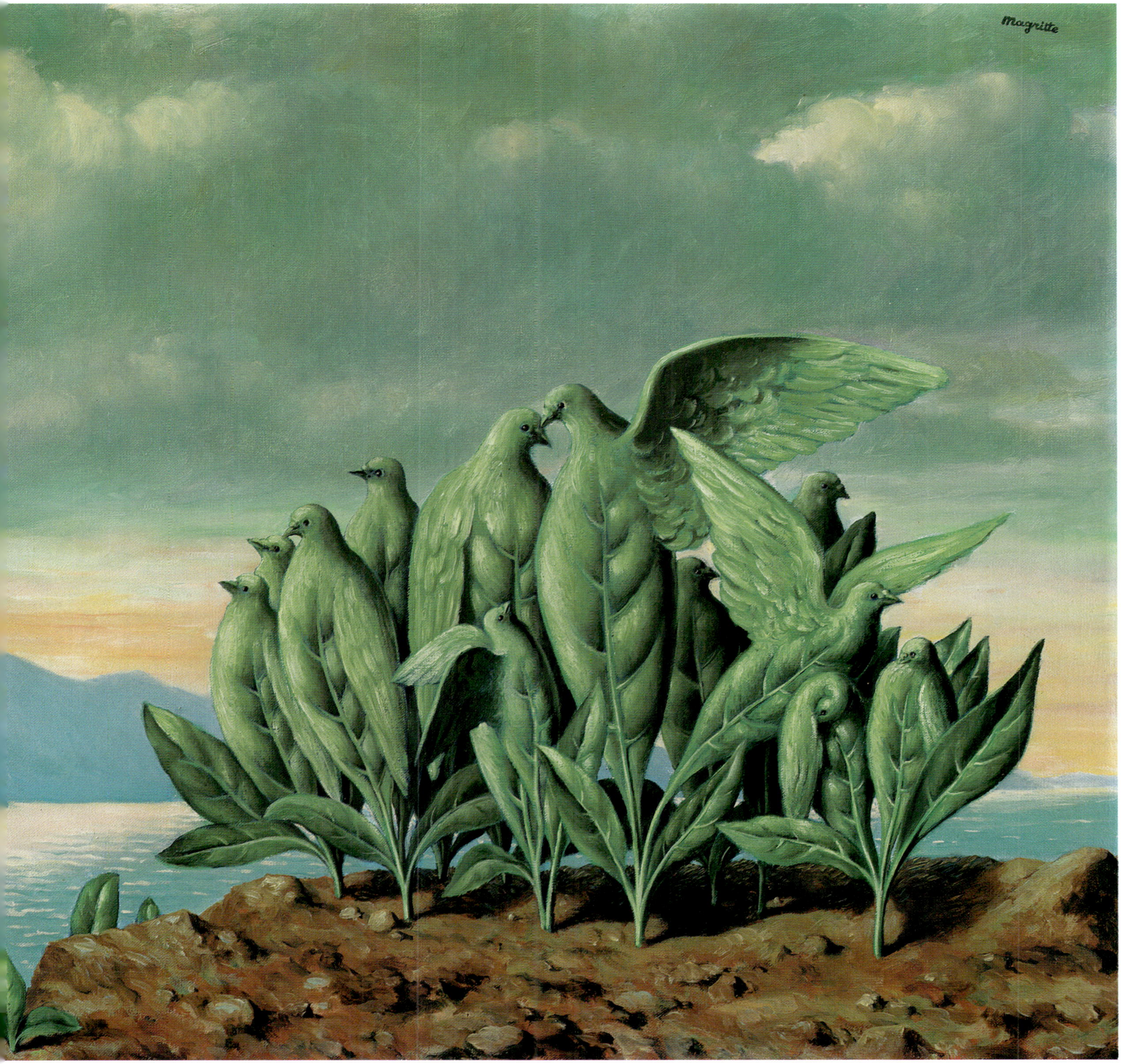

L'Île au trésor, ***1942, huile sur toile, 60 × 80 cm.***

Dès 1933, Magritte a découvert la potentialité poétique que provoquerait le rapprochement inattendu de deux objets, liés selon lui par une affinité de nature. « Si l'on imagine des jeunes filles en fleurs, on peut admettre également un oiseau en fleurs. L'apparition de cet oiseau est agréable comme le lever du soleil », déclare l'artiste. Ainsi transforme-t-il l'oiseau en feuille et la feuille en oiseau, créant un hybride particulièrement poétique dont il fera de nombreuses variantes. À la fin de sa vie, quand Magritte doit choisir quelques thèmes pour réaliser des sculptures, il n'oublie pas ses oiseaux-feuilles, baptisés pour l'occasion *Les Grâces naturelles* (voir p. 129).

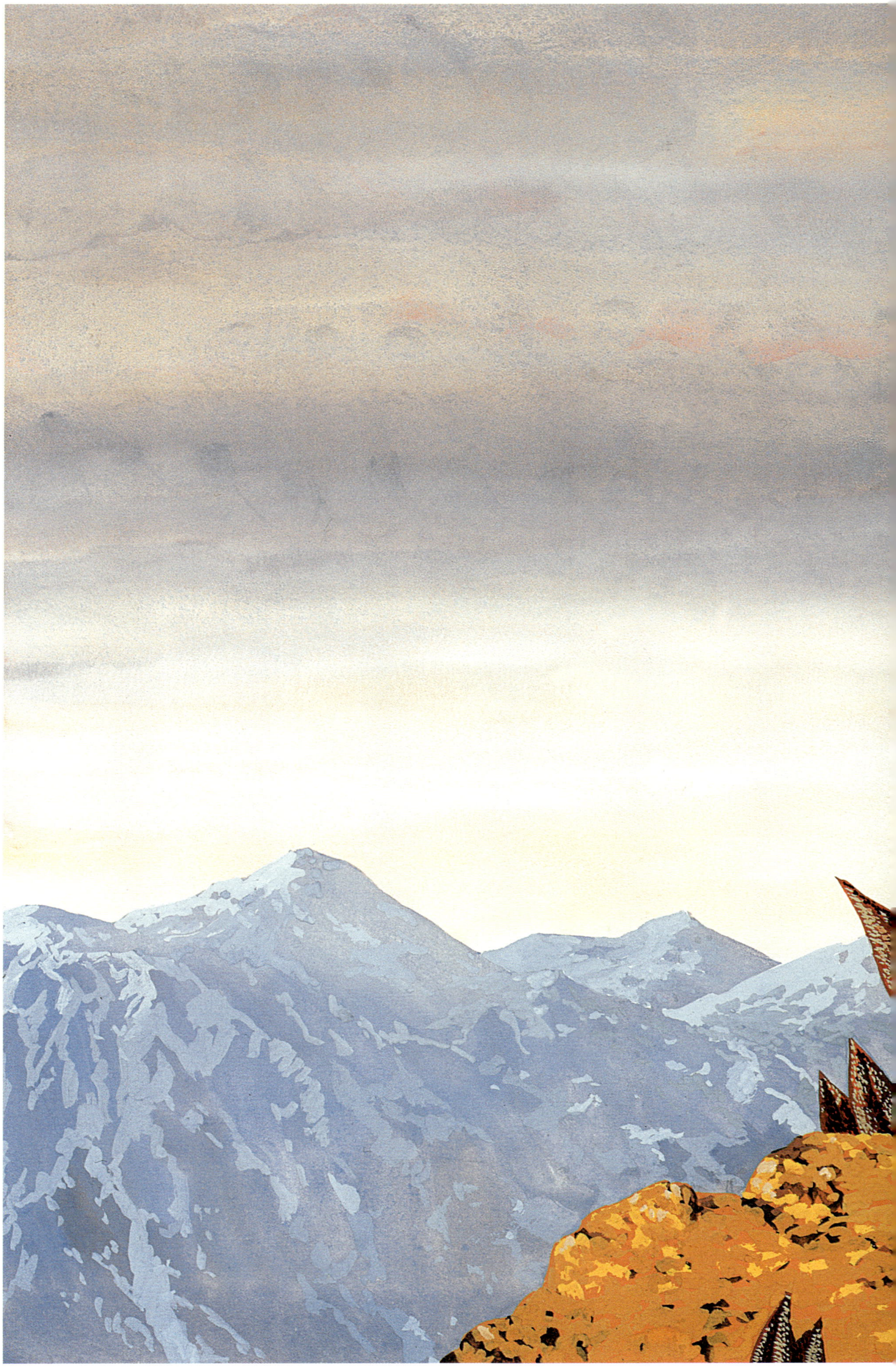

Les Compagnons de la peur, ***1942, gouache sur papier, 33 × 48,5 cm.***

Ces plantes-oiseaux sur fond de montagne ont fait la même année le sujet d'une gouache et d'une huile qui portent un titre identique. Celui-ci, trouvé une fois encore par Scutenaire, est la traduction française de *League of Frightened Men*, titre d'un roman policier de l'Américain Rex Stout, dont Magritte appréciait tout particulièrement les œuvres.

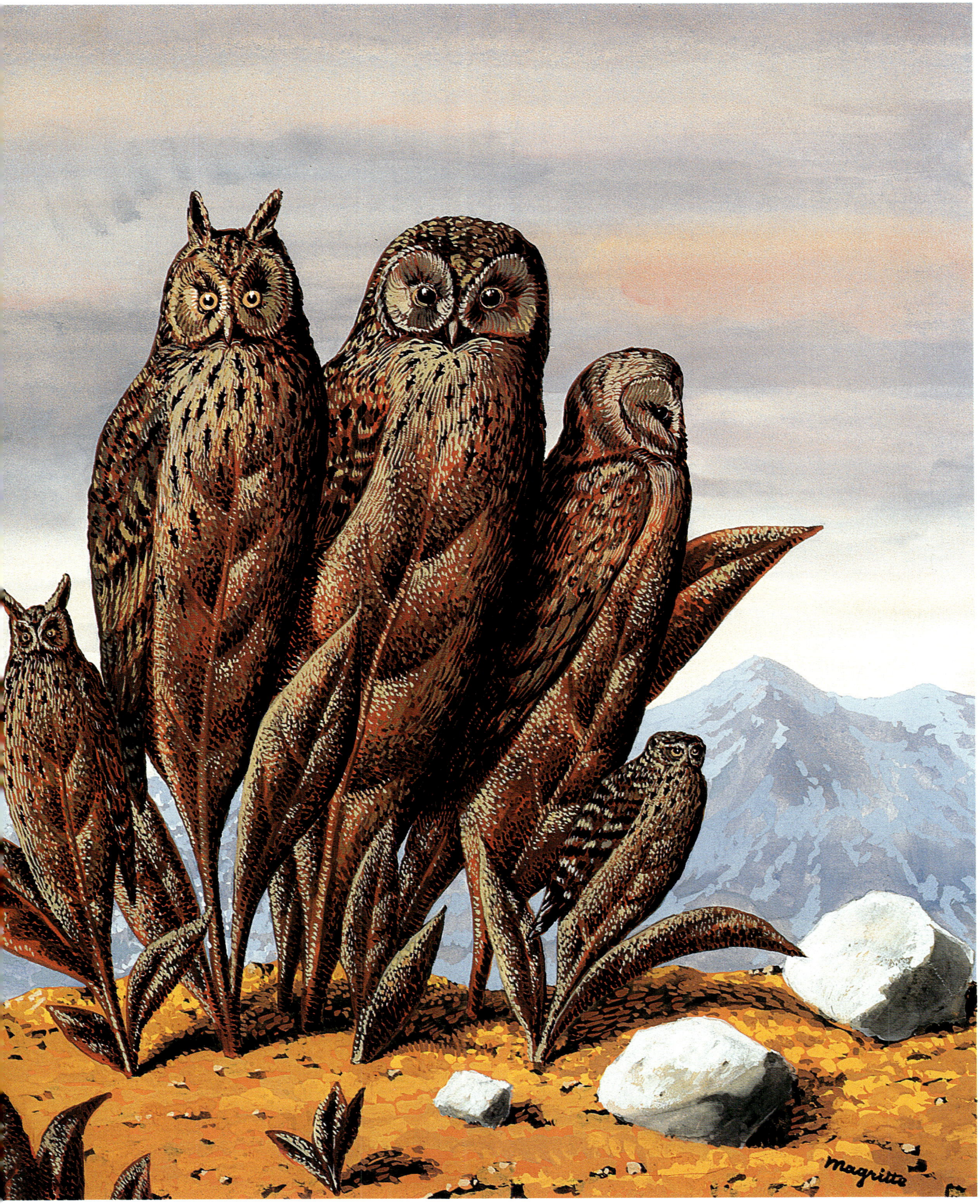
magritte

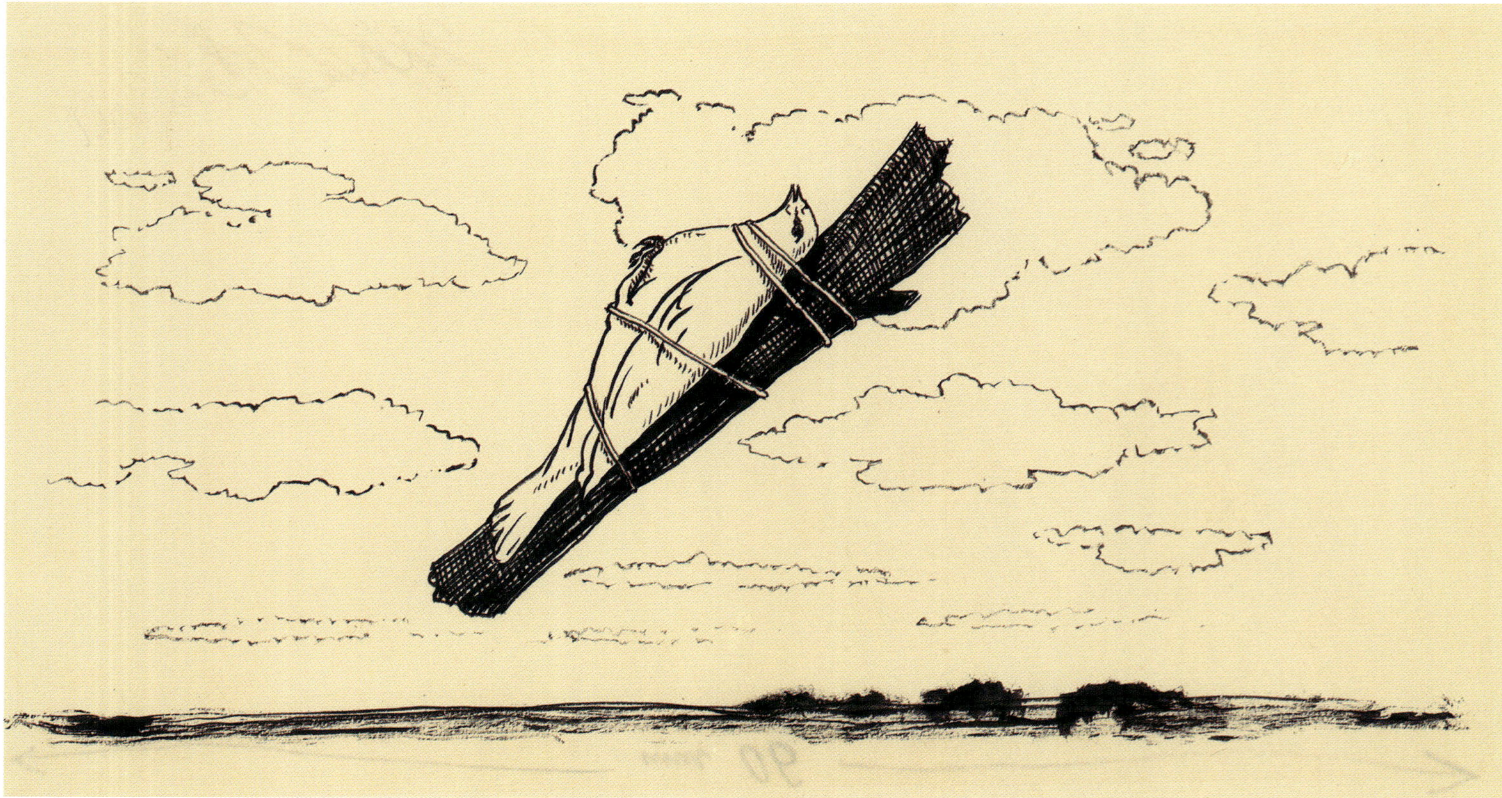

« Tous mes derniers tableaux
me conduisent à cette peinture simplifiée
que je désirais depuis longtemps,
c'est en somme la recherche de plus
en plus rigoureuse de ce qui est à mes
yeux essentiel dans l'art : une pureté,
une précision de l'image du mystère,
qui ayant abandonné toute conjoncture
accidentelle, soit décisive. »

Deux dessins pour* Moralité du sommeil *de Paul Éluard publiés par* L'Aiguille aimantée, *avril 1941, encre de Chine noire, rehauts d'encre de Chine blanche, pinceau et plume sur papier blond, 12,1 × 21,6 cm et 17,8 × 12,9 cm.

Des amitiés nouées en France, la plus durable fut celle qui a lié René Magritte et Paul Éluard. Celui-ci écrira un poème intitulé *René Magritte*, en hommage au peintre, qui lui-même a dessiné son portrait (*La Magie blanche*, 1936). Il a accompagné d'illustrations plusieurs textes d'Éluard, notamment *Moralité du sommeil*, publié par les éditions L'Aiguille aimantée à Anvers (1941), et *Les Nécessités de la vie* (1946).

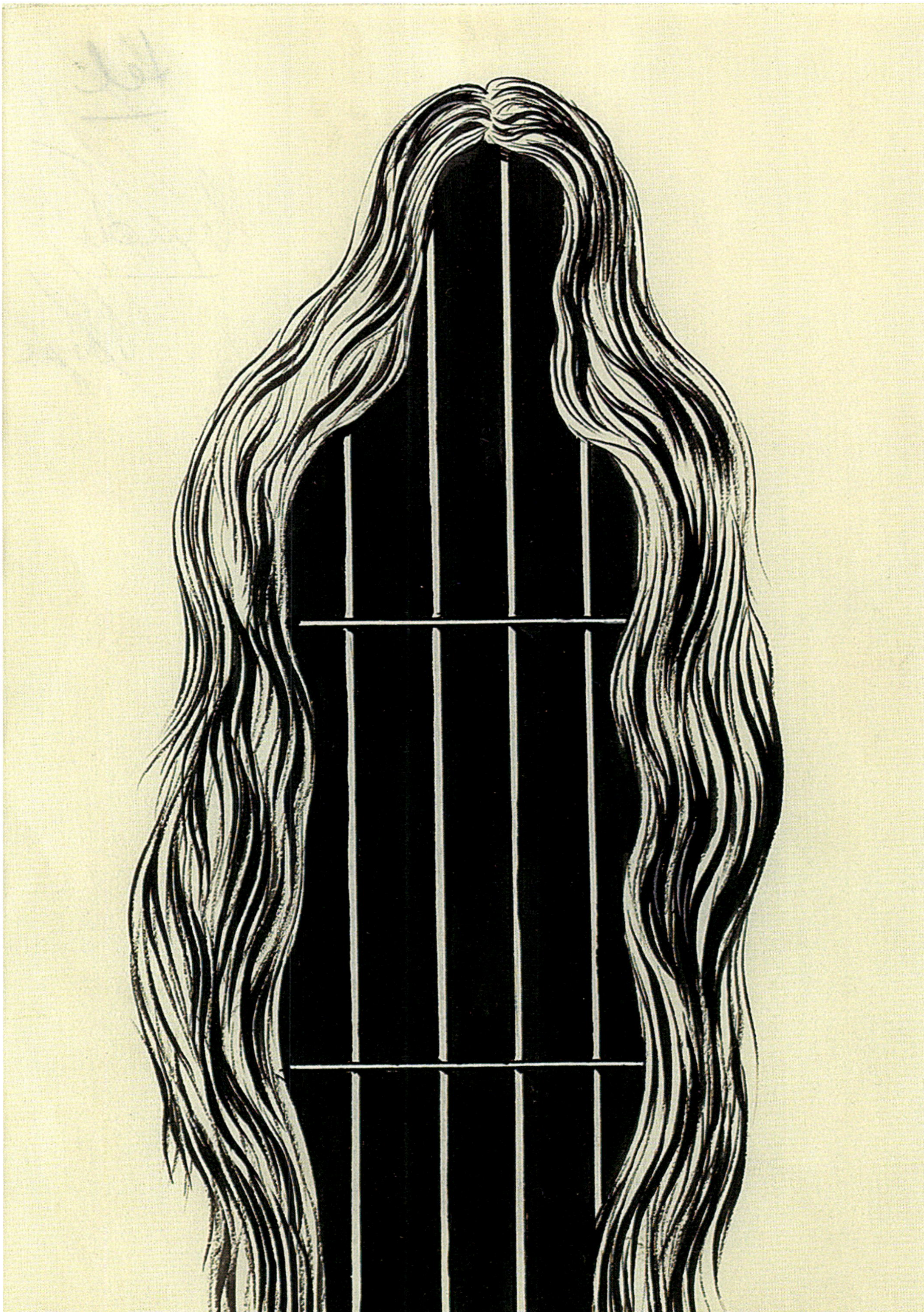

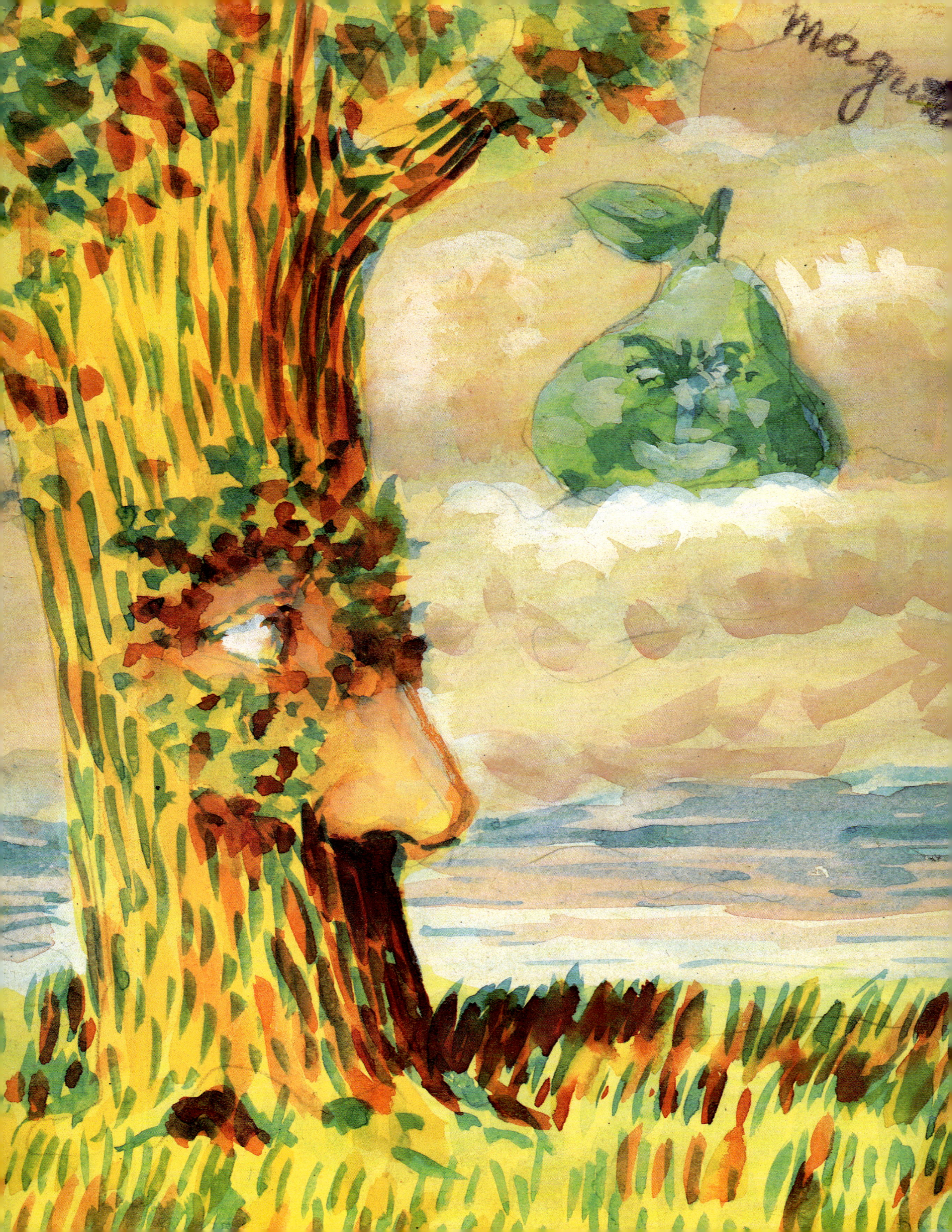

LE SURRÉALISME EN PLEIN SOLEIL

« Il ne faut pas craindre la lumière du soleil sous prétexte qu'elle n'a presque toujours servi qu'à éclairer un monde misérable. »

La peinture mystérieuse et grave de Magritte, « caverneuse » comme il la qualifiait lui-même, cède le pas au printemps 1943 à une manière radicalement nouvelle. Ses œuvres s'éclairent par l'emploi de couleurs vives, voire flamboyantes, tandis que sa touche, douce et lisse jusque-là, se fait tourbillonnante et large à la manière des impressionnistes. Les thèmes eux-mêmes changent de nature, et l'on voit apparaître sous son pinceau des femmes nues aux multiples couleurs, des bouquets de fleurs ou des paysages. S'ouvre ainsi ce que l'on a désigné comme la « période Renoir » de Magritte, appellation que le peintre a récusée en affirmant dans une lettre à Breton, en 1946 : « Pour le reproche d'imiter Renoir, il y a un malentendu : j'ai fait des tableaux d'après Renoir, Ingres, Rubens, etc., mais sans utiliser la technique particulière de Renoir, c'est plutôt celle de l'impressionnisme, Renoir, Seurat et d'autres y compris. » Quant à la raison de ce brusque changement de style, il s'explique par le désir qu'a le peintre d'échapper à l'atmosphère oppressante de l'Occupation, en introduisant dans son œuvre de la joie et de la plénitude. Il s'en explique dans une lettre adressée à Pol Bury en 1945 : « Depuis le début de cette guerre, je désire vivement une efficacité poétique nouvelle qui nous apporterait le charme et le plaisir. Je laisse à d'autres le soin de s'inquiéter, de terroriser et de continuer à tout confondre. »

C'est en janvier 1944, à la galerie Dietrich à Bruxelles, que Magritte présente pour la première fois ses tableaux « impressionnistes ». Devant son changement de style, la réaction de la presse et de certains amis de Magritte est loin d'être enthousiaste, c'est le moins que l'on puisse en dire. Une lettre de Van Hecke à Mesens, datée de 1946, est à cet égard éclairante : « Une grande question qui se pose : c'est que Magritte, entêté, buté, accroché à ses erreurs (et horreurs) actuelles, tiendra à exposer à New York (comme sans doute chez toi à Londres) ses œuvres récentes. [...] Il considère, le pauvre fou, que les "sommets" de sa peinture c'est ce qu'il fait maintenant. Quel drame, nom de Dieu ! » En revanche, d'autres amis soutiennent le peintre dans sa démarche nouvelle. Scutenaire, bien sûr, Nougé et aussi Mariën, qui écrit dans la préface de la première monographie consacrée à l'artiste, en 1943 : « Magritte a recours aujourd'hui à une représentation assez libre à l'égard des habitudes de l'œil. Enfin, c'est tout au profit du spectateur si les images actuelles de Magritte lui sont plus séduisantes que celles du passé, s'il accède plus aisément à ce climat, débordant de joies et de lumières, tout à la mesure d'un âge d'or [...]. »

La paix revenue, Magritte effectue son premier voyage à Paris en juin 1946, dans l'intention d'obtenir l'organisation d'une exposition personnelle. Il reprend donc contact avec les amis d'autrefois, notamment Picabia et Breton. L'entrevue avec celui-ci fait l'objet d'un commentaire dans une lettre à Georgette : « Il a dit des choses très intéressantes sur ma peinture. Il est évident qu'il comprend très bien, qu'il commence à comprendre au point d'en parler avec beaucoup d'intelligence, de là à l'aimer (cette nouvelle peinture) il n'y a plus qu'un pas je crois. »

Revenu à Bruxelles, Magritte adresse deux lettres à Breton justifiant sa manière nouvelle, mais la réponse, violente, n'est en rien celle qu'il espérait : « Soyez assuré qu'aucune de vos dernières toiles ne me donne l'impression du soleil (Renoir oui) : vraiment pas la plus petite illusion. »

Blessé par la réaction de Breton, que partagent beaucoup d'autres surréalistes, Magritte tente de défendre sa position en préparant un manifeste, « Le surréalisme en plein soleil. L'expérience continue », qui s'achève sur cette affirmation : « Il ne faut pas craindre la lumière du soleil sous prétexte qu'elle n'a presque toujours servi qu'à éclairer un monde misérable. Sous des traits nouveaux et charmants, les sirènes, les portes, les fantômes, les dieux, les arbres, tous ces objets de l'esprit seront restitués à la vie intense des lumières vives dans l'isolement de l'univers mental. » Restait à trouver des soutiens : mais de signataires il n'y en eut que parmi les proches, et le tract resta à l'état d'épreuve. À Paris, Breton rendit publique sa condamnation de Magritte en ne l'invitant pas à participer à l'« Exposition internationale du surréalisme » organisée en juillet 1947.

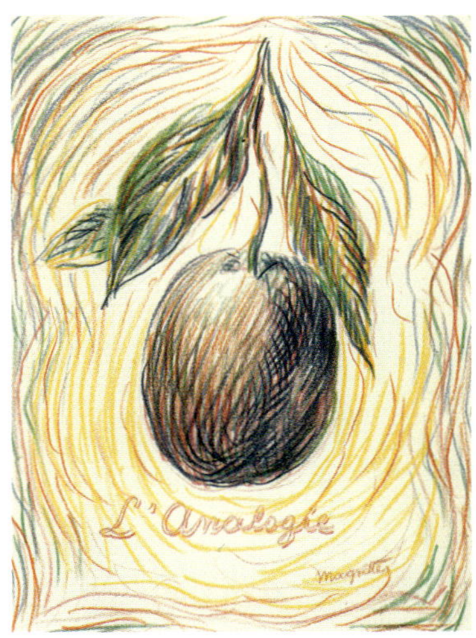

L'Analogie, ***1940, crayons de couleur sur papier, 29,5 × 22 cm.***
Communauté française de Belgique.
Bien que ce dessin relève par sa facture de la période « Renoir », son sujet rappelle l'époque durant laquelle Magritte a introduit l'écriture dans ses tableaux, plus de dix ans auparavant.

< **Alice au pays des merveilles,** ***1952, crayon, gouache et aquarelle sur papier, 17 × 14,6 cm.***
Communauté française de Belgique.

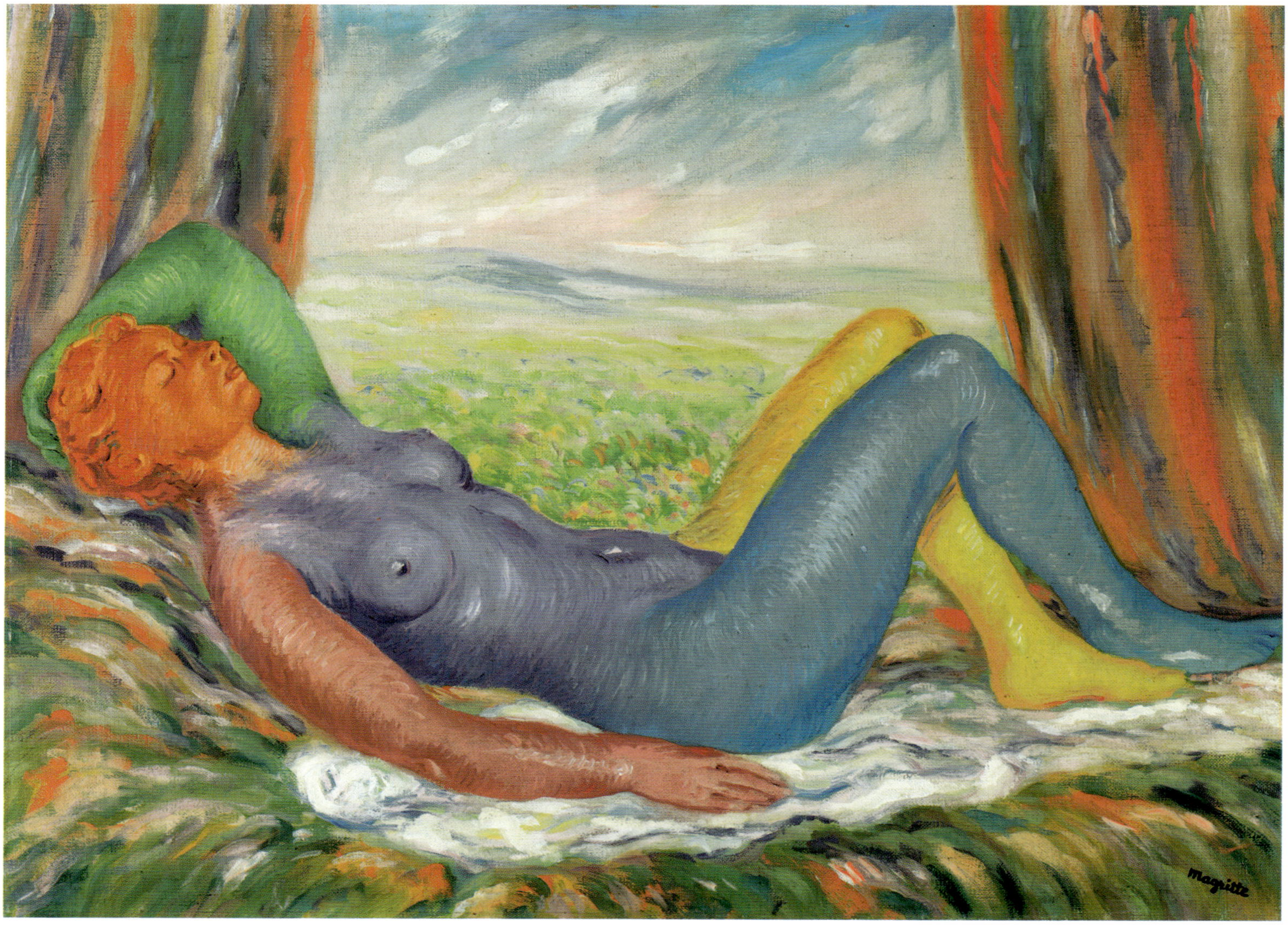

« J'ai vu cet après-midi, en plein soleil, une jeune femme qui attendait le tramway en compagnie de son corps. »

La Moisson, *1943, huile sur toile, 59,7 × 80 cm.*

Marcel Mariën a relaté en ces termes le passage de Magritte à la manière « impressionniste » : « Un jour donc, en feuilletant un ouvrage sur l'impressionnisme, Magritte est conquis par l'idée de représenter une baigneuse de Renoir en montrant chaque partie de son corps sous une couleur différente. Le bras gauche est peint en vert, le bras droit et la tête en rouge, tandis qu'au torse violet sont attachées une jambe bleue et une jambe jaune. » Ce descriptif est celui d'une toile intitulée *Le Traité de la lumière*, dont Magritte donne ici une variante. L'idée d'un corps féminin composé de différentes couleurs sera reprise ultérieurement dans la série de tableaux intitulée *La Magie noire* (voir p. 92).

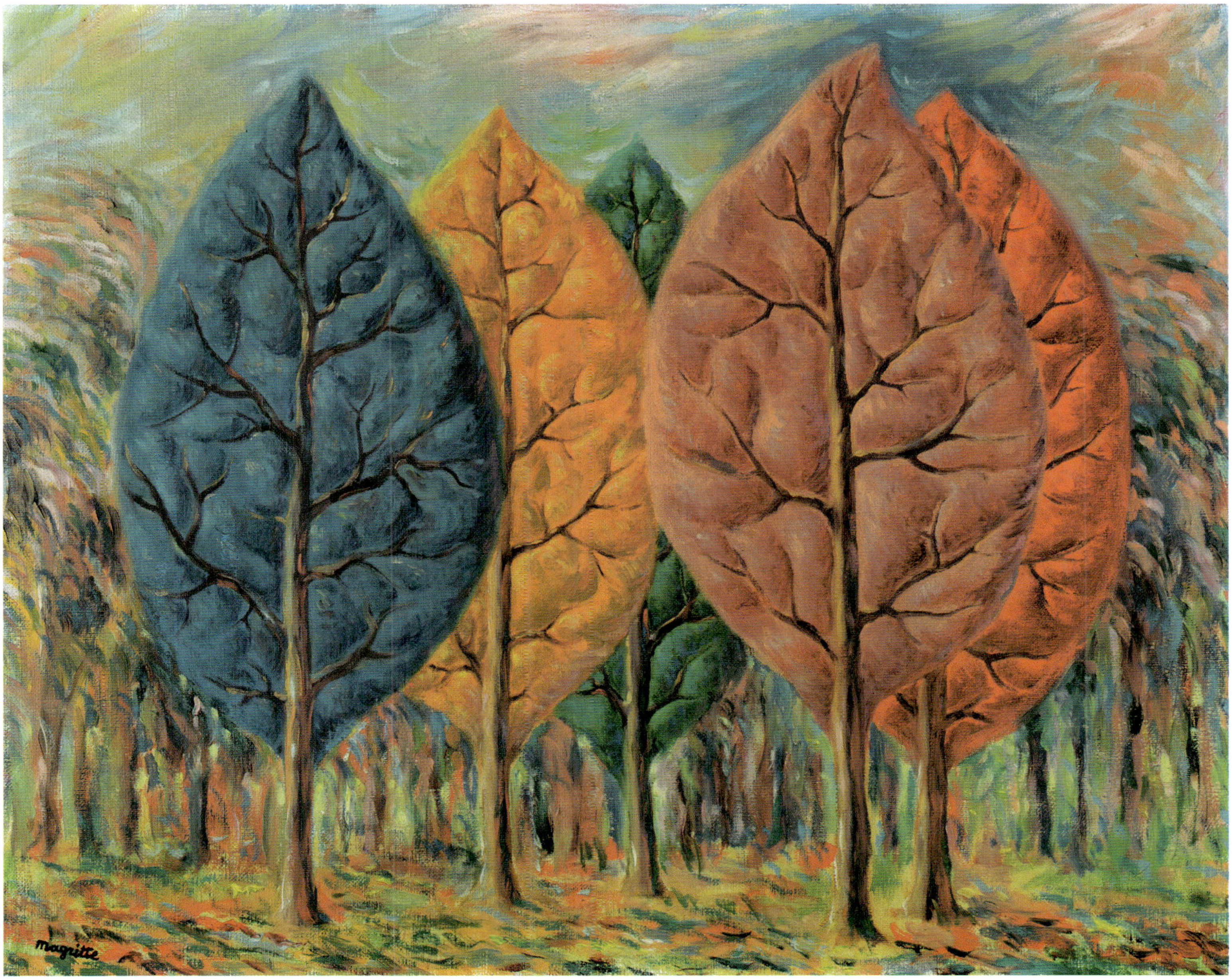

L'Incendie, ***1943, huile sur toile, 54 × 65 cm.***
La métamorphose de feuilles en arbres est un thème typiquement magrittien depuis les années 1930, que le peintre traite ici dans des couleurs particulièrement violentes.

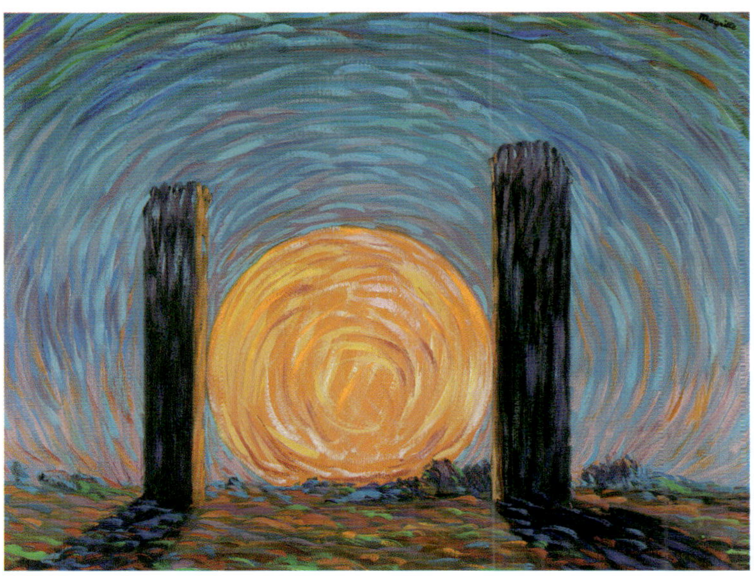

Les Mille et Une Nuits, ***1946, huile sur toile, 50 × 65 cm.***
« Je recommence à lire avec plaisir les 1000 et une nuits, cela continuera-t-il », écrit Magritte à Nougé en 1946. Il est probable que le titre de ce tableau trouve sa source dans sa lecture du moment, l'idée du soleil levant étant peut-être une allusion à Shéhérazade, dont chaque histoire se termine à l'aube. La touche de Magritte, assez particulière ici et tourbillonnante, fait indéniablement songer à certains tableaux de Van Gogh.

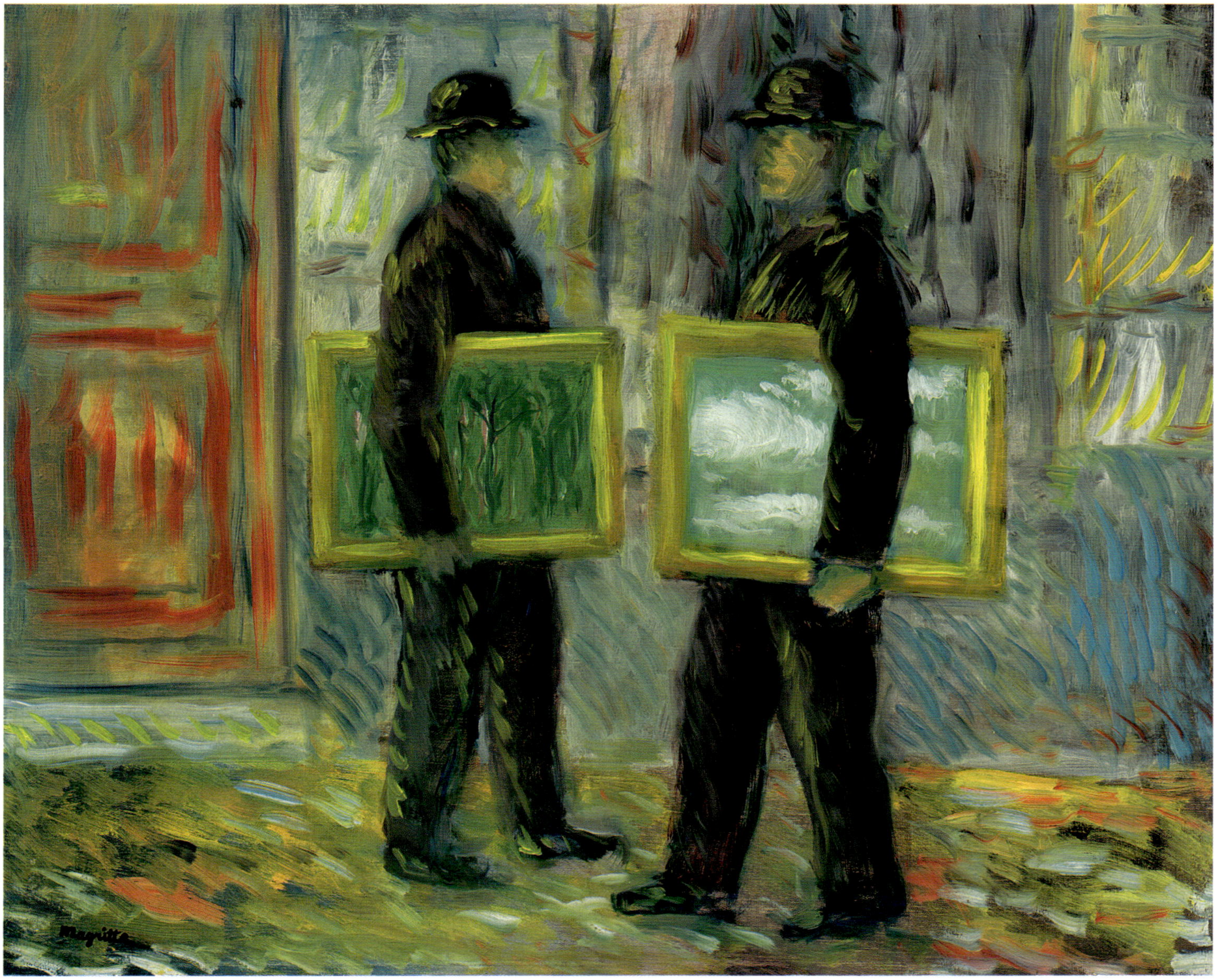

« Sans l'impressionnisme on ne connaîtrait pas, je crois, ce sentiment des choses réelles qui perçoit des couleurs, des nuances, et qui est débarrassé de tout souvenir classique. Le public n'a jamais aimé les impressionnistes, quoi qu'il y paraisse, il voit toujours ces tableaux avec un œil soumis à l'analyse du cerveau – sinon il faudrait admettre que la liberté court les rues. »

La Cinquième Saison, ***1943, huile sur toile, 50,5 × 60 cm.***
« Dans la rue un homme qui porte sous le bras un tableau représentant le ciel rencontre un homme qui porte sous le bras un tableau représentant la forêt. » C'est en ces termes que Magritte a lui-même donné le descriptif de ce tableau. Si l'étrangeté magrittienne persiste dans le sujet, avec cette mise en abyme de la peinture dans la peinture, la facture de la toile, brossée et vigoureuse, ne rappelle en rien celle des œuvres antérieures.

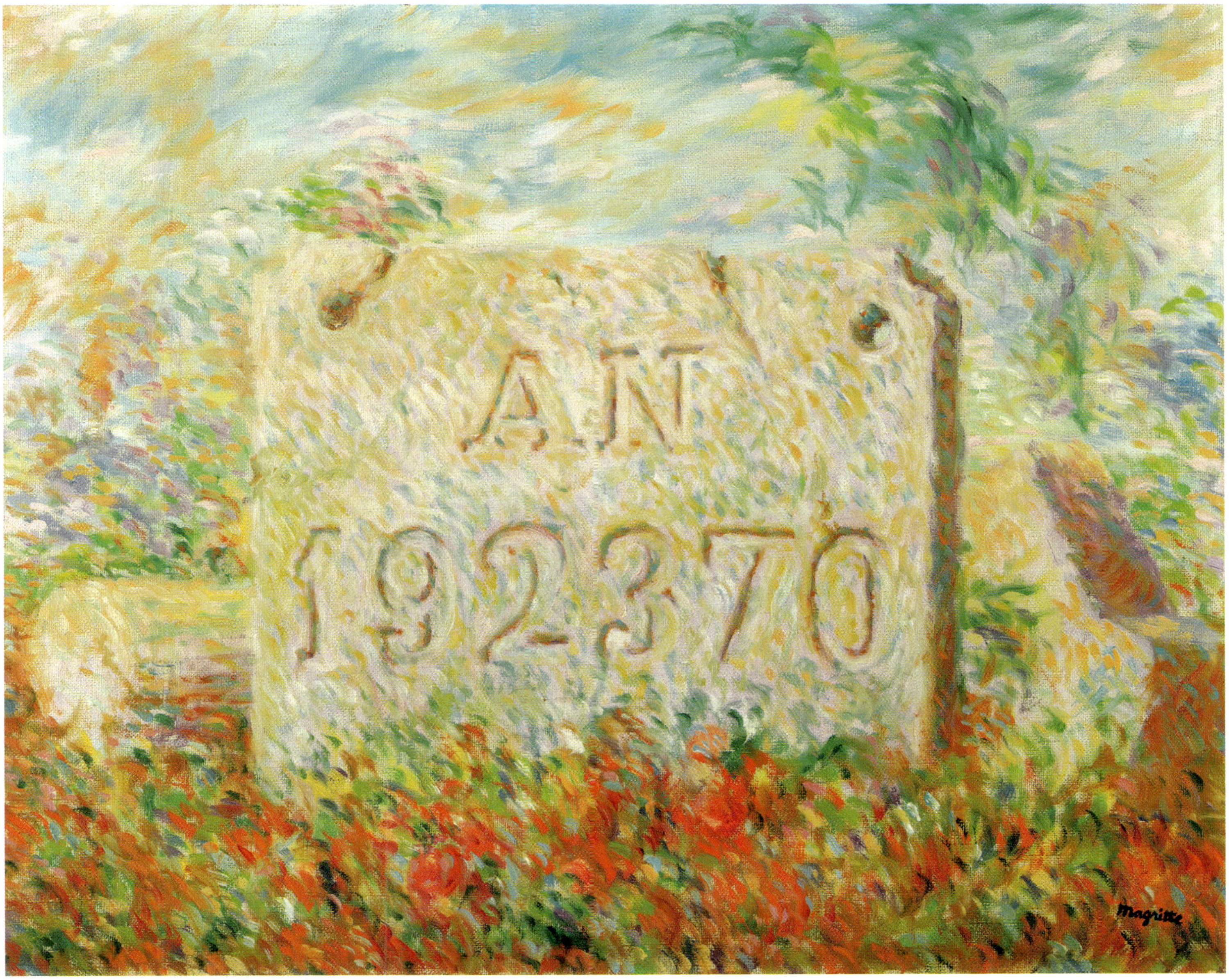

Le Sourire, *1943, huile sur toile, 54 × 65 cm.*

La Reconnaissance infinie, ***1946, gouache sur papier, 58 × 39,6 cm. Communauté française de Belgique***

L'étrangeté de ce tableau provient de la présence dans le feuillage de l'arbre de deux petits personnages, à propos desquels Magritte écrit en 1946, dans *Titres* : « Pour reconnaître le paysage d'une façon plus complète deux promeneurs choisissent un chemin inhabituel. » Si sa facture est « impressionniste », le tableau joue comme auparavant sur la disproportion des différents éléments et sur l'incongruité de leur relation.

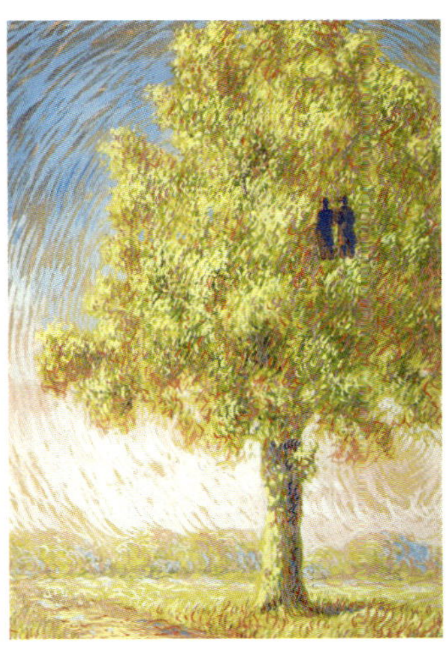

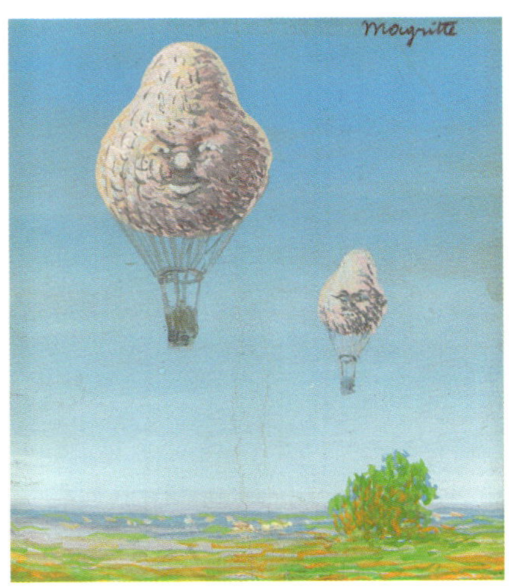

La Bonne Année, ***1947, gouache sur papier collé en plein sur carton, 14,3 × 12,7 cm.***

Ces nuages en forme de poire où s'inscrivent des traits humains caricaturaux seront repris en 1947 dans un tableau intitulé *Le Lyrisme* (voir p. 86). On peut rapprocher cette toile du comique grinçant de la période « vache » qui va suivre. Ici encore, Magritte s'inspire de la touche mouvementée de Van Gogh.

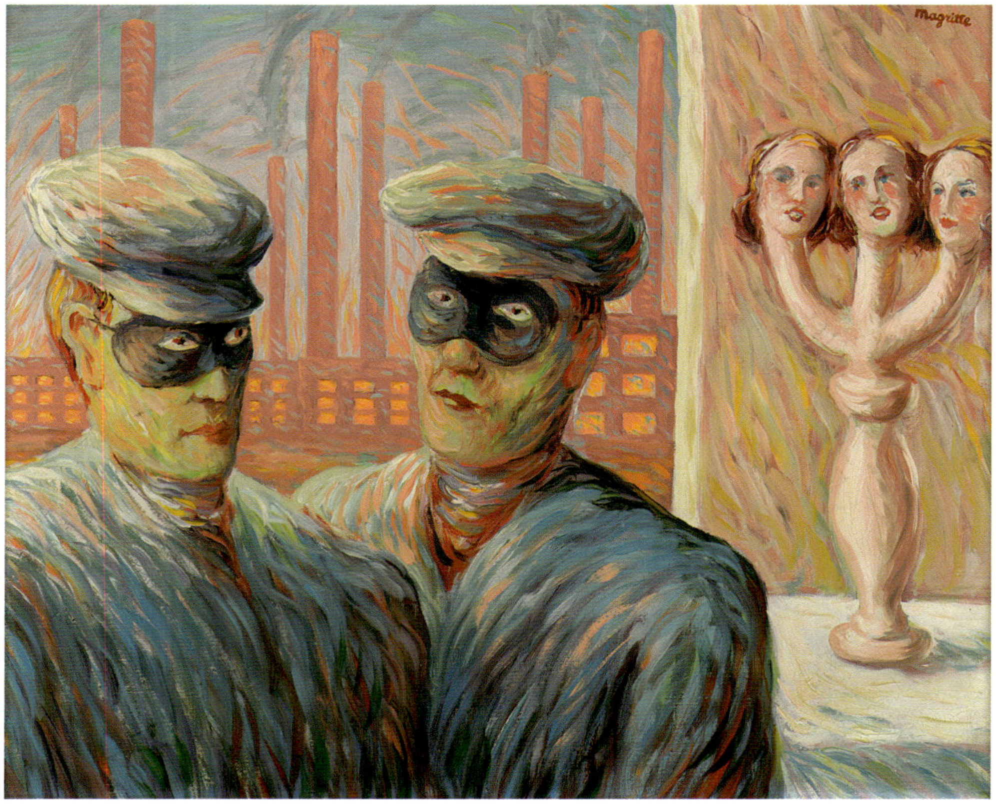

L'Intelligence, ***1946, huile sur carton, 54 × 65 cm.***

Grand amateur de romans policiers, Magritte s'est inspiré pour cette toile de la couverture d'une célèbre série de l'époque, « La bande des Quatre ». Les personnages, réduits à deux, sont ainsi décrits par le peintre : « Deux ouvriers masqués s'entretiennent sous les regards câlins du chandelier à trois têtes de femme. Au loin, les usines travaillent en plein soleil. » Cette veine populaire sera largement développée dans la période suivante de Magritte.

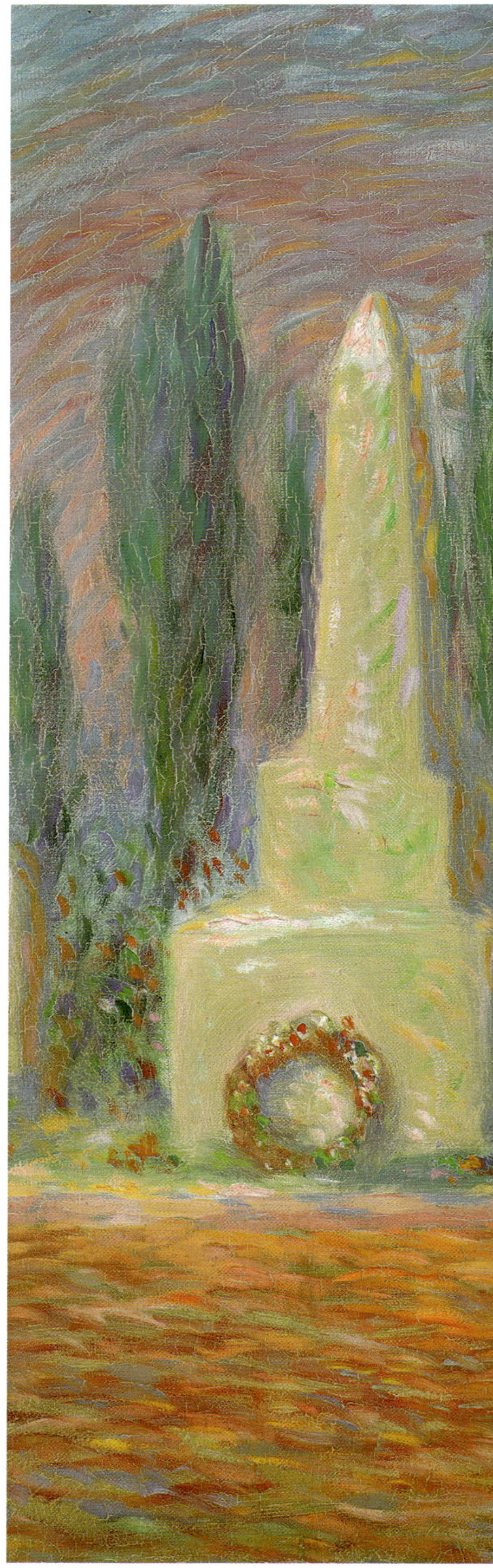

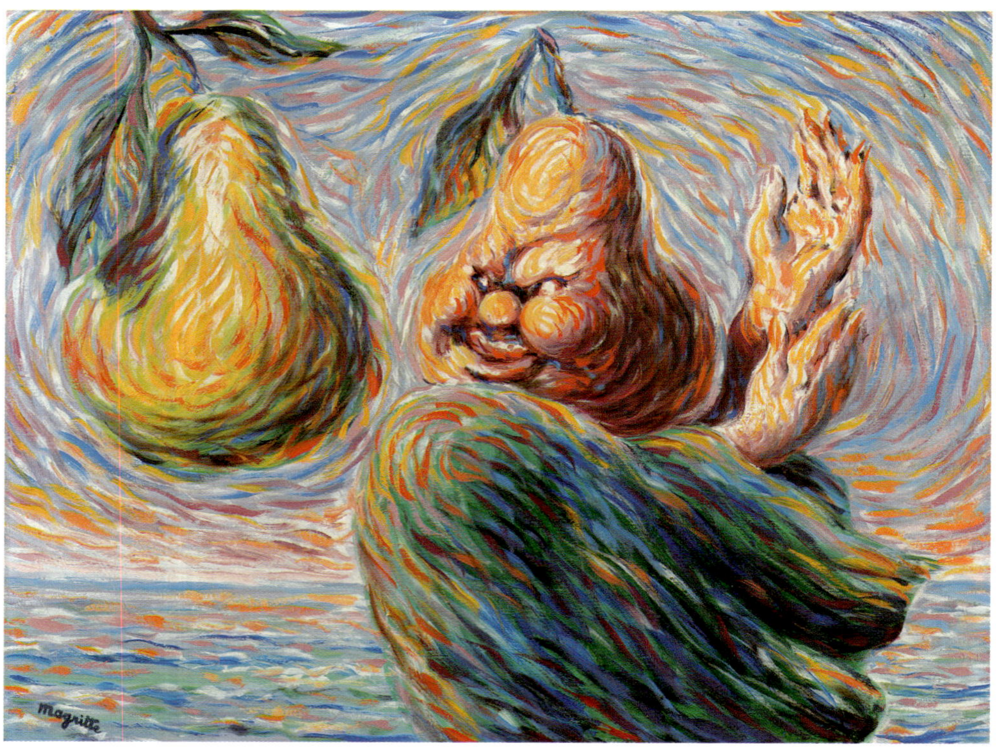

Le Lyrisme, ***1947, huile sur toile, 50 × 65 cm.***

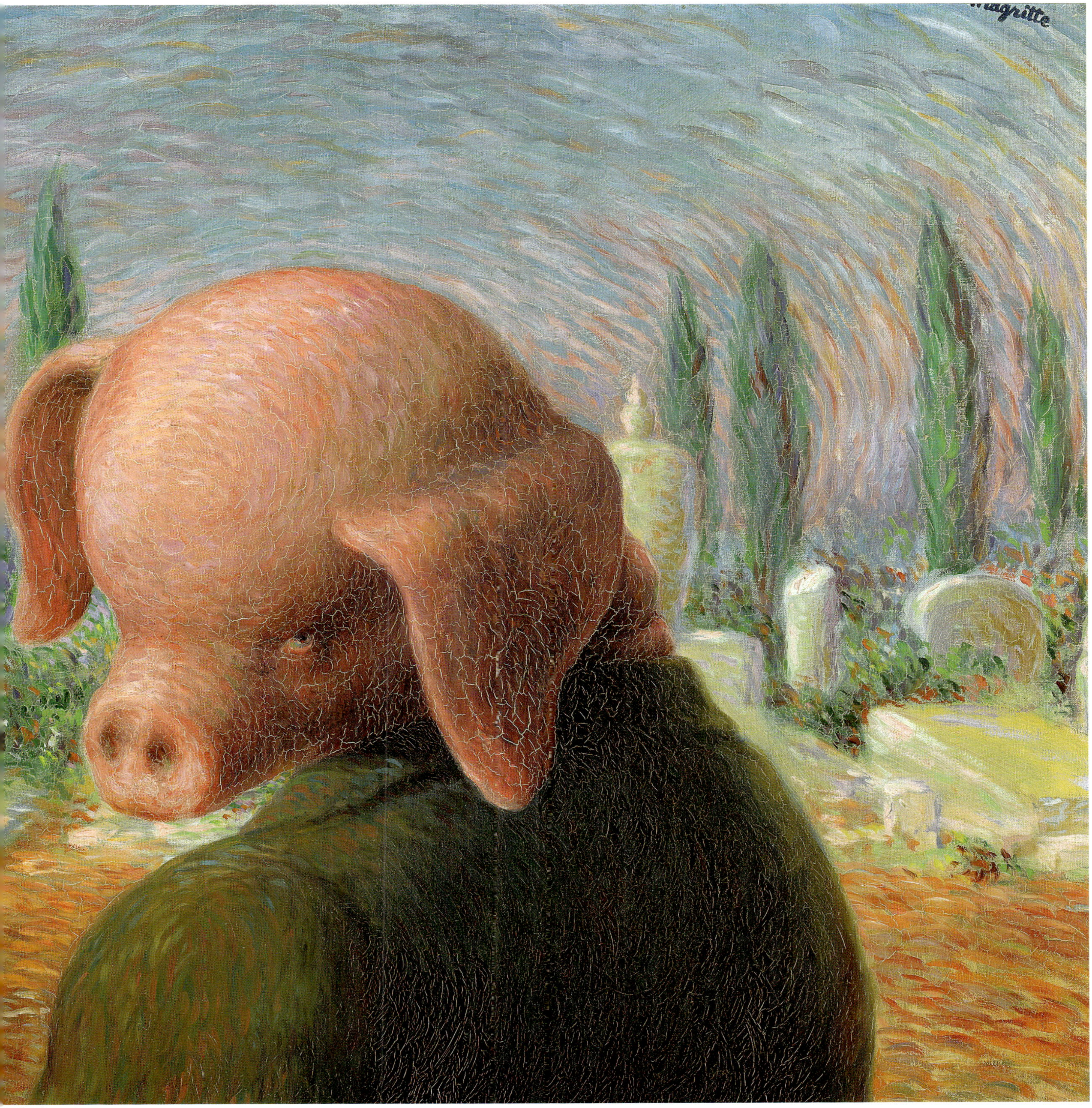

La Bonne Fortune, ***1945, huile sur toile, 60 × 80 cm.***
En 1944, Magritte entreprend une série de portraits d'animaux. De cette gouache existe une version à l'huile, dont Magritte a donné lui-même le descriptif : « Un porc visite un cimetière. Il se présente comme un personnage debout dont on ne voit que le haut du corps. Il a un veston bleu. Le regard sévère, il tourne la tête à demi. » L'aspect caricatural de cette œuvre « impressionniste » annonce la période « vache » de Magritte.

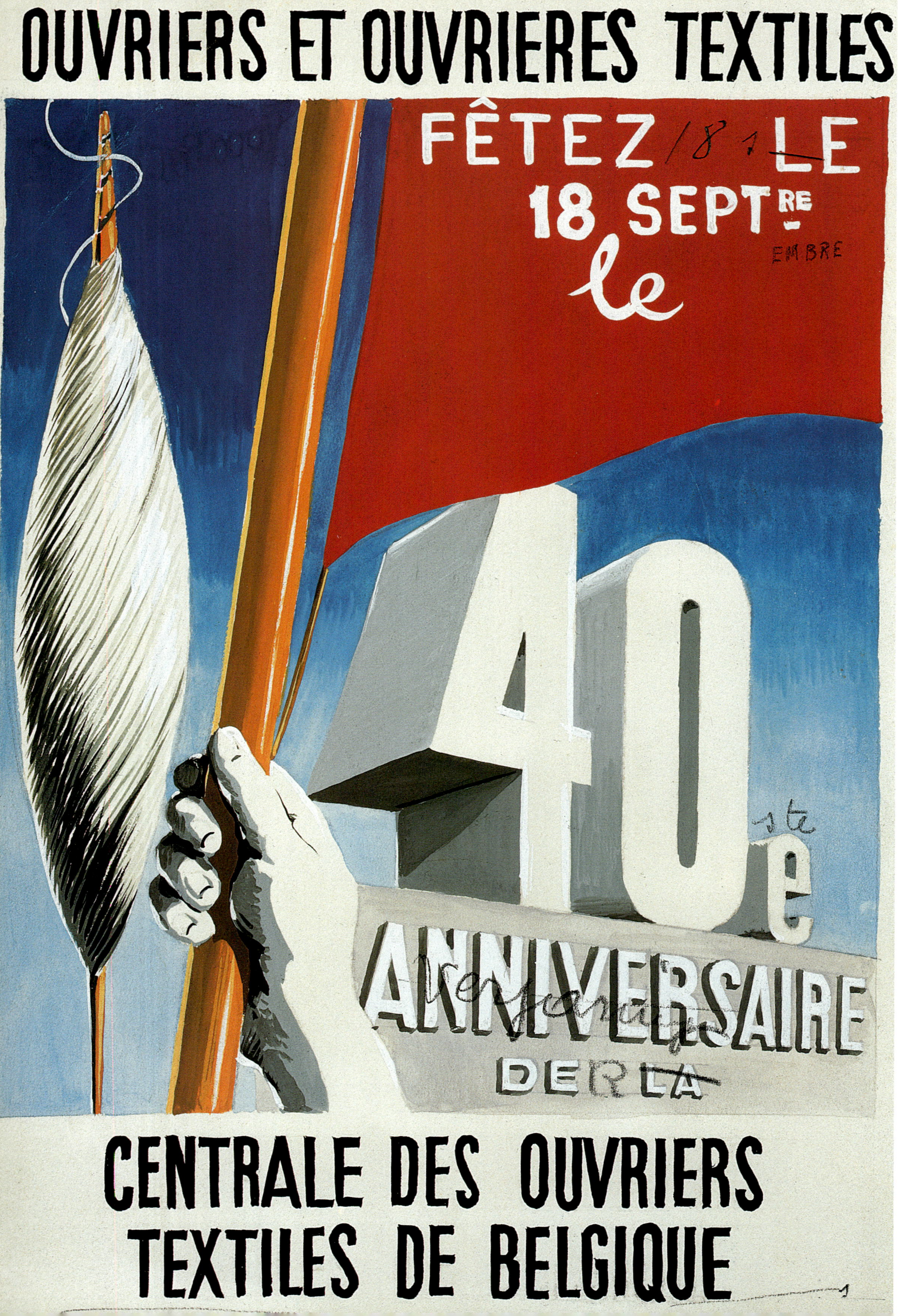
OUVRIERS ET OUVRIERES TEXTILES
FÊTEZ LE
18 SEPTRE
EMBRE
le
40e
ANNIVERSAIRE
DE LA
CENTRALE DES OUVRIERS
TEXTILES DE BELGIQUE

MAGRITTE ET LE COMMUNISME

« Le point de vue communiste est le mien. Mon art n'est valable que pour autant qu'il s'oppose à l'idéologie bourgeoise au nom de laquelle on éteint la vie. »

Mêlé depuis sa jeunesse aux mouvements d'avant-garde, René Magritte en a épousé très naturellement les sympathies politiques. Le surréalisme en particulier issu pour une part du mouvement Dada et par là même enclin à la révolte, n'était pas resté indifférent au grand vent de liberté qui paraissait s'être levé avec la révolution d'Octobre. Aussi nombre de ses membres avaient-ils adhéré au parti communiste, dont ils partageaient la volonté de rupture avec l'ordre bourgeois. Mais ce n'est pas le cas de Magritte, qui s'est longtemps contenté de la position de compagnon de route.

Membre fondateur du parti communiste belge en 1921, Paul Nougé fait partie de la poignée d'intellectuels et d'artistes qui, cinq ans plus tard, constituent le groupe surréaliste de Bruxelles, et dont il devient incontestablement le meneur. Le communisme est donc au cœur du mouvement : chacun de ses membres y est conduit à définir sa position idéologique personnelle et, quand les événements l'imposent, à prendre part au débat qui doit déterminer l'attitude collective.

C'est ainsi qu'en 1935, quand est publié à Paris le tract « Du temps que les surréalistes avaient raison », qui marque le divorce entre les surréalistes français et le parti communiste, Mesens, Nougé, Souris et Magritte font partie des signataires. Néanmoins, le peintre ne se sent guère à l'aise devant les mots d'ordre de Breton. À Paul Éluard, il écrit cette année-là : « Je suis disponible pour ce genre de choses mais je ne trouve aucun moyen d'agir. C'est comme une porte ouverte où l'on ne peut encore ou on ne sait encore entrer. » Cette position sera constante chez Magritte, qui considère le pouvoir révolutionnaire de son art comme bien supérieur à toute activité militante.

Pourtant, en 1945, voici qu'il adhère au parti communiste. La libération, que les surréalistes estiment devoir à la victoire de Stalingrad, a converti beaucoup d'entre eux. À la réception organisée en son honneur, au cours de laquelle lui est remise sa carte, Magritte, « très touché de l'accueil fraternel, remercie en quelques mots et espère continuer à mériter la confiance du Parti », relate le quotidien bruxellois *Le Drapeau rouge*. Mais, rapidement, le peintre mesure l'incompatibilité de sa liberté d'artiste avec les mots d'ordre des instances dirigeantes. Il a ainsi raconté à la fin de sa vie : « Je dus très vite déchanter. Dès la première rencontre, un délégué du Comité central vint nous admonester, s'appuyant sur quelques notions "matérialistes" de cours du soir (...) Les séances suivantes ne furent guère plus encourageantes. Nous avions affaire à des sourds. Deux ou trois projets d'affiches me furent demandés. Tous furent rejetés. Le conformisme était aussi patent dans ce milieu que dans les sphères les plus bornées de la bourgeoisie. Au bout de quelques mois, j'interrompis mes visites et je n'eus plus, dès lors, aucun rapport avec le parti. Il n'y eut ni exclusion ni rupture, mais, de ma part, désaffection totale, éloignement définitif. »

Cet éloignement, toutefois, n'a pas entamé la sympathie de Magritte pour le communisme, ce qu'il manifeste publiquement par la suite à plusieurs occasions. En septembre 1947, il se mêle sans hésiter à l'exposition de soutien au journal *Le Drapeau rouge*, où sont réunis tous les artistes, des compagnons de route aux adhérents, des surréalistes aux abstraits, des plus âgés aux plus jeunes. Deux mois plus tard, il est encore présent à la Conférence nationale des artistes communistes qui se déroule à Anvers. Une conférence importante par son contenu idéologique, puisqu'on y assiste au durcissement des positions communistes officielles et à l'apparition du réalisme socialiste jdanovien à travers les propos de Bob Claessens, historien de l'art et idéologue du parti : « Le mépris du sujet est une conception réactionnaire, une position de combat de la bourgeoisie. Sans imposer un thème au créateur, nous lui offrons le plus exaltant des sujets : la lutte quotidienne, la vie elle-même, l'optimisme dans le sacrifice et dans la construction. » Les conséquences ne se feront pas attendre : une partie de la jeune génération, représentée par le Surréalisme révolutionnaire, adhère à ces propositions – l'éclatement du mouvement suivra pourtant –, tandis que les plus anciens ne craignent pas de manifester leur hostilité. Magritte écrit ainsi au parti communiste de Belgique : « La seule attitude *correcte* que le parti peut avoir à l'égard de la question esthétique, *et qu'il refuse de prendre*, est celle d'exiger d'un artiste qu'il donne à ses œuvres un contenu révolutionnaire. » La rupture est consommée.

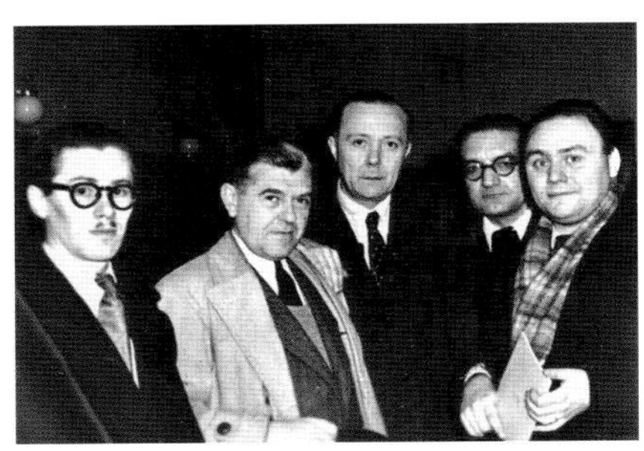

Au Congrès des écrivains et artistes communistes à Anvers en novembre 1947 : Marcel Mariën, René Magritte, Louis Scutenaire, Paul Nougé et Noël Arnaud.

Auprès de la première génération des surréalistes se tient, à l'extrême droite, Noël Arnaud (1919-2003), qui fut pendant la guerre membre du groupe surréaliste parisien La Main à plume, et par la suite du Surréalisme révolutionnaire. Défenseur dans un premier temps du réalisme socialiste, il quittera finalement le parti en 1948.

< ***« Fêtez le 18 septembre », projet d'affiche pour la Centrale des ouvriers textiles de Belgique, 1938, gouache et crayon sur papier, 24,3 × 16,3 cm.***

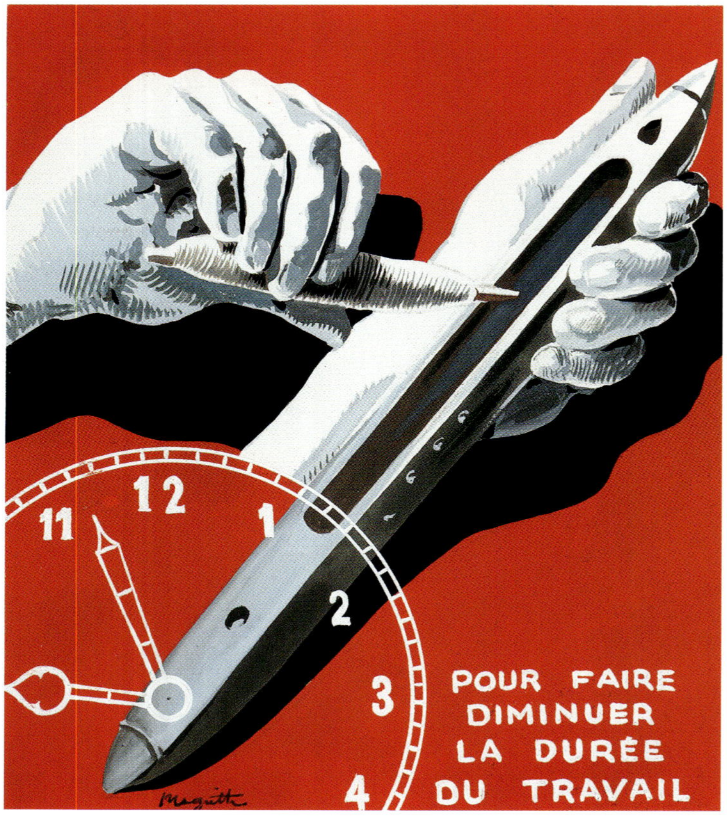

*« Pour faire diminuer la durée du travail »,
projet d'affiche pour la Centrale des ouvriers textiles
de Belgique, 1938, crayon, gouache, encre sur papier
collé sur papier, 17,4 × 15,2 cm.*

« Je ne suis [...] pas un "engagé" comme on l'entend généralement. La seule chose qui "m'engage" c'est le mystère du monde, définitivement, je crois. »

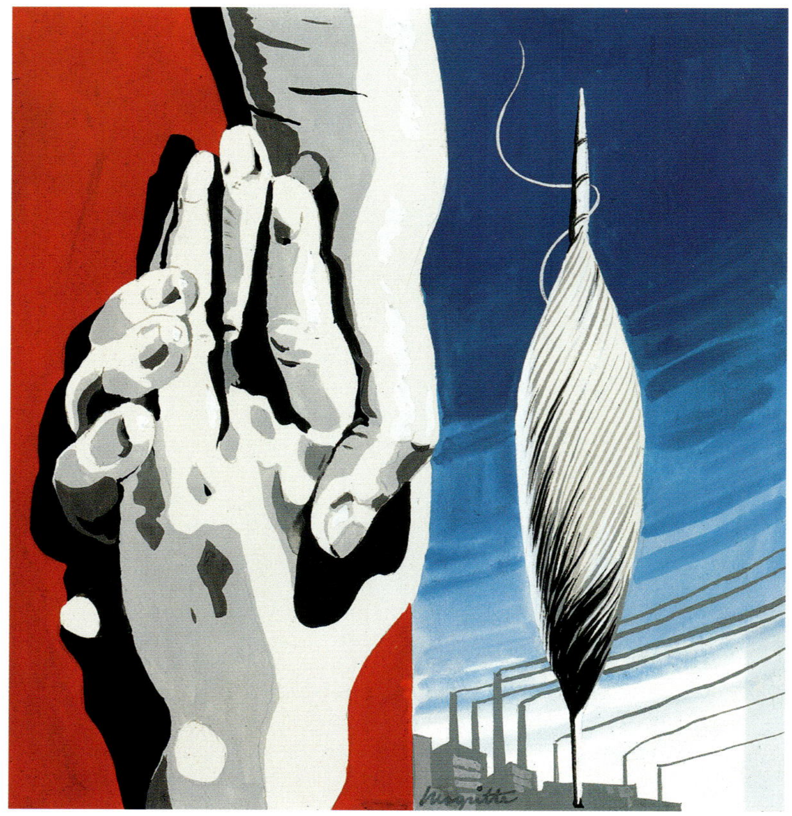

*Projet d'affiche pour la Centrale des ouvriers textiles
de Belgique, 1938, crayon, gouache sur papier collé
sur papier, 16,2 × 15,3 cm.*

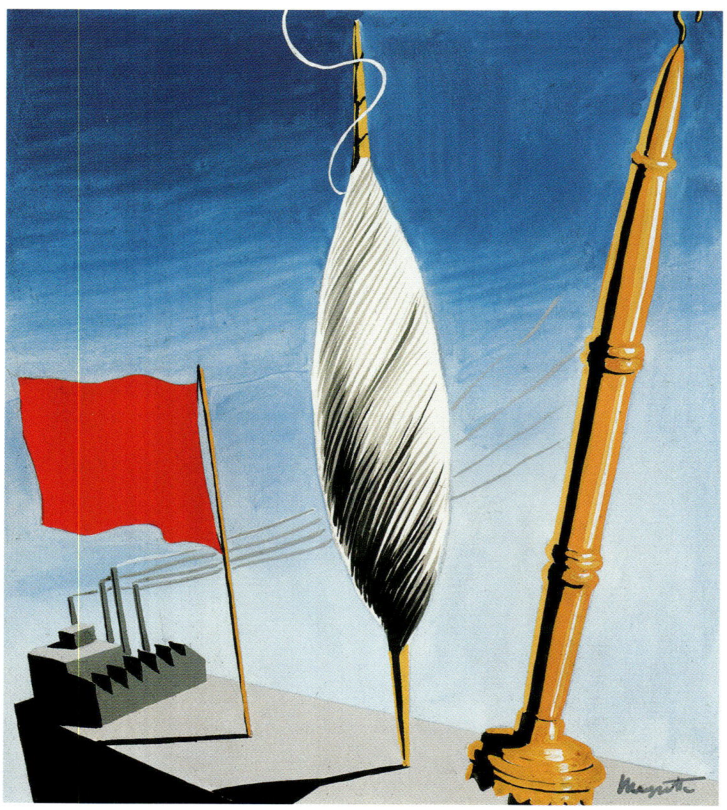

*Projet d'affiche pour la Centrale des ouvriers textiles
de Belgique, 1938, crayon, gouache, encre sur papier,
17,4 × 15,4 cm.*

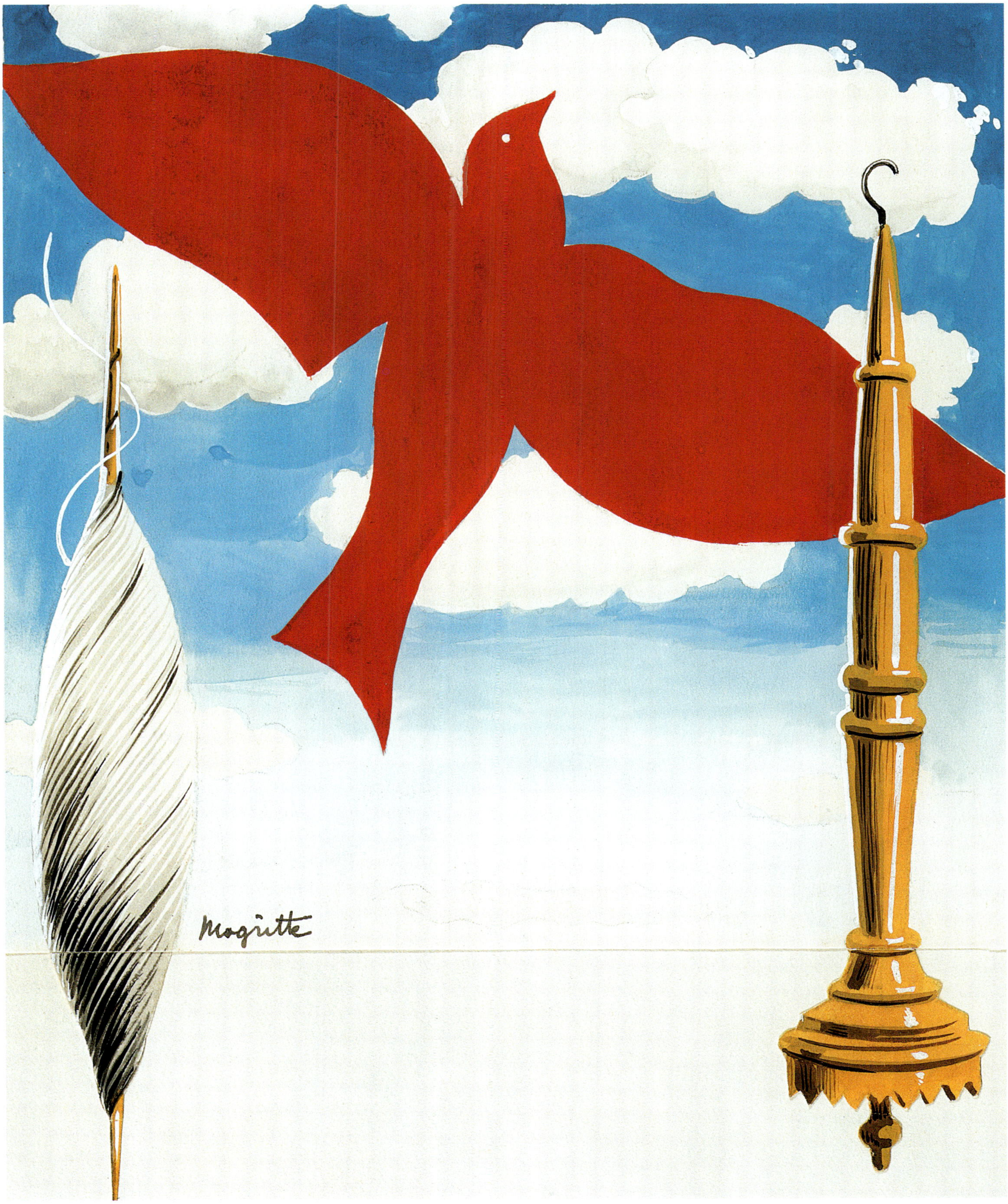

Projet d'affiche pour la Centrale des ouvriers textiles de Belgique, 1938, crayon, gouache, encre sur papier, collage en deux parties, 18,9 × 15,3 cm.

Sollicité par la Centrale des ouvriers textiles, Magritte ne craint pas de s'engager dans la défense du prolétariat, affichant ses sympathies politiques. Proche du parti communiste, le peintre n'y adhérera toutefois – et très brièvement – qu'en 1945.

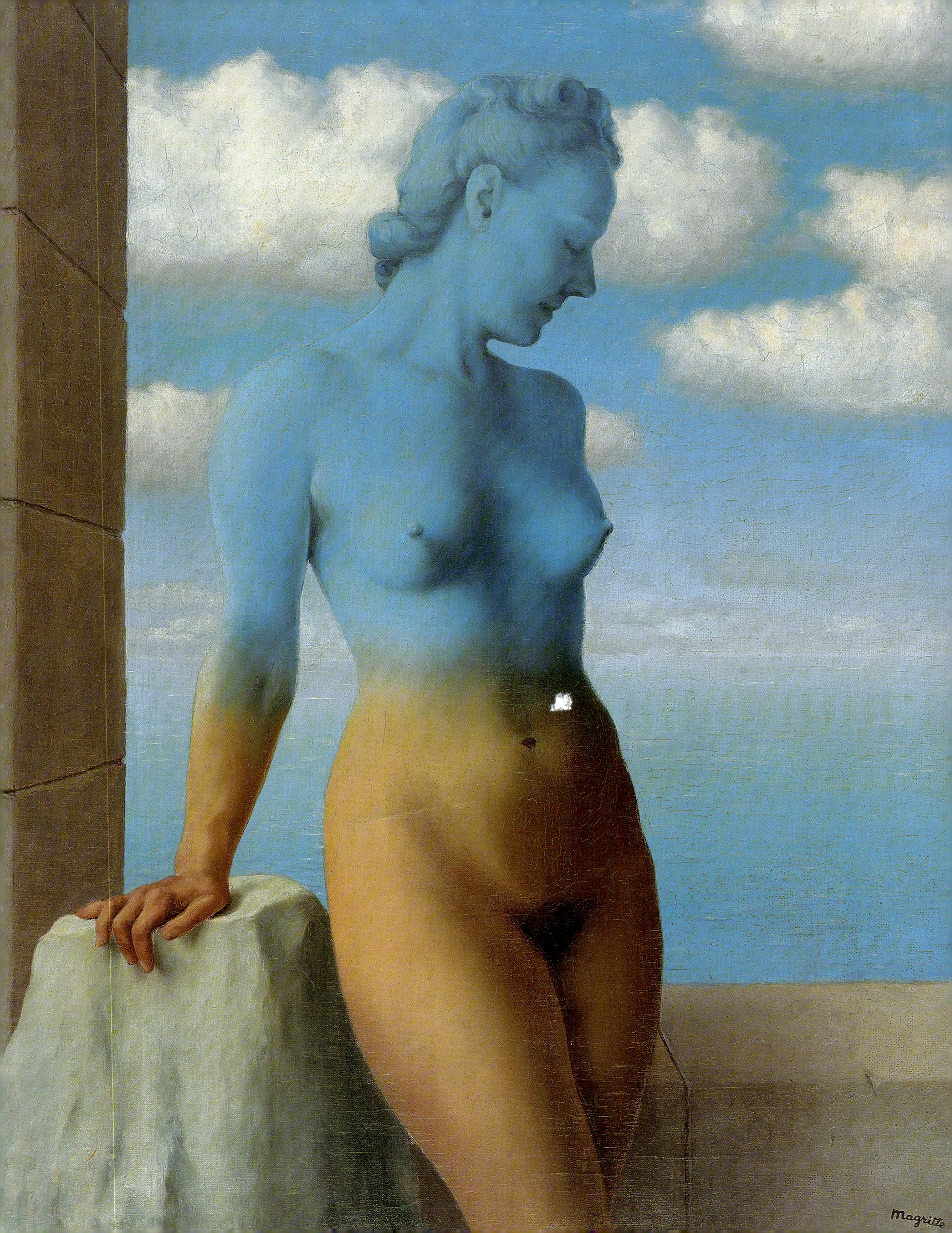
Magritte

LA MAGIE NOIRE

« C'est un acte de magie noire de transformer la chair de la femme en ciel. »

La Magie noire, que Magritte a déclinée dans de multiples versions, est apparue pour la première fois en mai 1934 lors de l'exposition organisée au Palais des beaux-arts de Bruxelles par la revue surréaliste *Minotaure*. Simple et puissante, belle comme un marbre antique, cette image de femme évoque Maillol, dont une sculpture était présentée quelques mois auparavant dans l'exposition « Le Nu dans l'art vivant », organisée dans le même lieu. Si Magritte s'en est peut-être inspiré, ce qui lui appartient indéniablement est cette division du corps en deux couleurs, la tête et le buste bleus se fondant dans un ciel de ton identique, comme s'ils en épousaient la consistance aérienne et la transparence. *La Magie noire*, titre trouvé par Paul Nougé, est une allusion directe à ce phénomène de métamorphose, car, comme l'a écrit le peintre, « c'est un acte de magie noire de transformer la chair de la femme en ciel ».

Cette image séduisante – pour laquelle Georgette a bien sûr servi de modèle – l'était trop peut-être aux yeux de Magritte, qui note en 1934 dans une lettre à André Breton, avec une certaine amertume : « Malheureusement ceux qui achètent mes tableaux sont davantage attirés par des tableaux comme "La Magie noire" par exemple, qui les séduit immédiatement par leurs jolies couleurs ou que sais-je ? » Mais peut-être est-ce en raison de ce succès auprès du public, précisément, que le peintre en a exécuté cinq ou six variantes qui portent le même titre – dont l'une est conservée dans ce musée –, ainsi qu'une douzaine d'autres auxquelles ont été donnés des titres divers. Variantes en effet, car, si la partition du corps en deux couleurs est maintenue, de même que le phénomène d'absorption du buste par l'arrière-plan, la femme est représentée de face ou de profil, les yeux sont ouverts ou fermés, son bras gauche est supprimé ou apparaît tenant une fleur, tandis que le ciel s'orne ou non de nuages blancs.

La femme marmoréenne et chaste de *La Magie noire*, aux gestes précis et rares, cédera la place durant la période « Renoir » de Magritte à des représentations de femmes plus érotiques, invitant au plaisir et au bonheur de vivre. C'est au moment où il amorce ce tournant, au plus noir de la guerre, que Magritte écrit à Paul Éluard : « En gros, c'est le plaisir qui supprime toute une série de préoccupations que je veux ignorer de plus en plus. Pour te faire mieux voir ce que je voudrais, je te rappelle "La magie noire" qui était dans mes choses anciennes un point de départ pour cette recherche du plaisir. » De nombreux dessins préparatoires du début des années 1940 rendent compte de cette recherche des « choses charmantes, les femmes, les fleurs, les oiseaux, les arbres », que Magritte ressent comme une profonde nécessité intérieure, mais qui ne sera pas comprise.

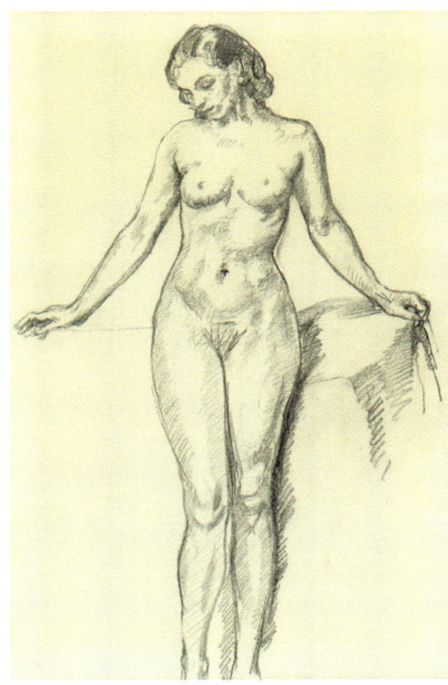

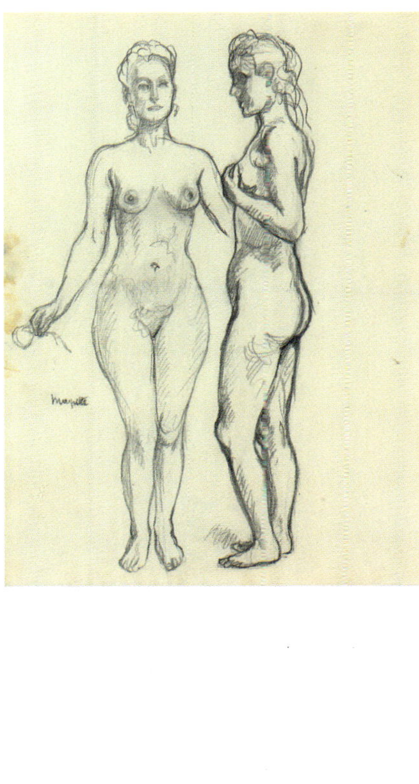

< **La Magie noire, *1945, huile sur toile, 79 × 59 cm.***

Cette version est postérieure d'une dizaine d'années environ à la première *Magie noire* peinte par Magritte. On y retrouve les mêmes caractéristiques – la tête et le buste bleus absorbés par le ciel, la présence de la mer et du rocher –, mais elle en diffère par d'autres détails, comme le visage de Georgette qui est vu ici de profil et non de face. Le peintre a par ailleurs supprimé la colombe posée primitivement sur l'une de ses épaules.

Étude pour* Le Bonheur des images, *1943, crayon sur papier, 48,6 × 36,4 cm.

Sur la toile qui a suivi ce dessin préparatoire, les nus ont été peints selon le même principe que *La Magie noire*, avec une tête bleue, le reste du corps conservant sa couleur chair.

Étude pour* L'Orient, *1941, crayon sur papier, 34 × 22 cm.

Dans une lettre à Éluard datée de décembre 1941, Magritte donne le descriptif de tableaux qu'il vient d'achever : « "L'Orient" représente un vase posé sur une table devant le mur d'une chambre. Le vase est en "gros plan". Dans le vase, une déchirure laisse voir toute la lumière d'une jeune femme nue et de la mer et du ciel. » Pour sa toile, le peintre a repris à l'identique ce nu aux bras écartés posés sur un rocher.

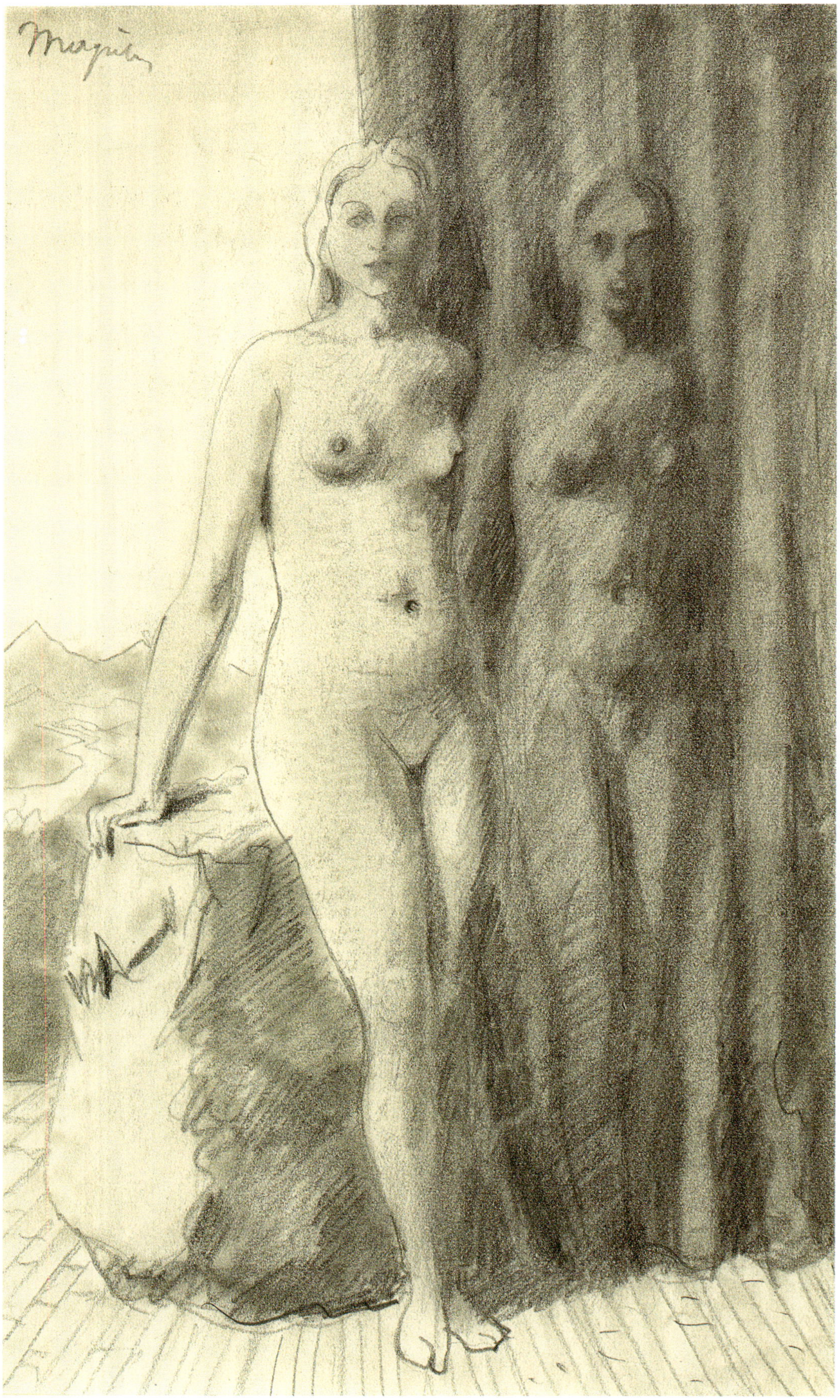

Étude pour **L'Aimant**, *vers 1941, crayon sur papier, 22,3 × 13 cm.*

Le tableau qui a succédé à cette étude préparatoire, daté de 1941, reproduit fidèlement la position de cette femme debout, nue contre un rideau, la main sur un fragment rocheux, mais le visage représenté ici de face se transformera en un profil. C'est aussi la version choisie pour *La Magie noire* de 1945 conservée au musée Magritte.

« Tout ce que je sais de l'espoir que je mets dans l'amour c'est qu'il n'appartient qu'à la femme de lui donner une réalité. »

Lola de Valence, *1948, huile sur toile, 98,2 × 60 cm.*

Exposée hors catalogue à la galerie du Faubourg, cette *Lola de Valence* – proche par son sujet de la très magrittienne *Magie noire* – est la plus paisible des œuvres de la période « vache » de Magritte. Si le peintre emprunte à Manet le titre du tableau, ce sont les vers qu'écrivit Baudelaire à son propos qui l'inspirent : « Mais on voit scintiller en Lola de Valence / Le charme inattendu d'un bijou rose et noir ». La division en rectangles de l'arrière-plan rappelle aussi l'envers quadrillé du décor de scène sur lequel s'inscrit la célèbre danseuse espagnole de Manet. Quant à la facture de cette œuvre, elle est ouvertement inspirée de Matisse.

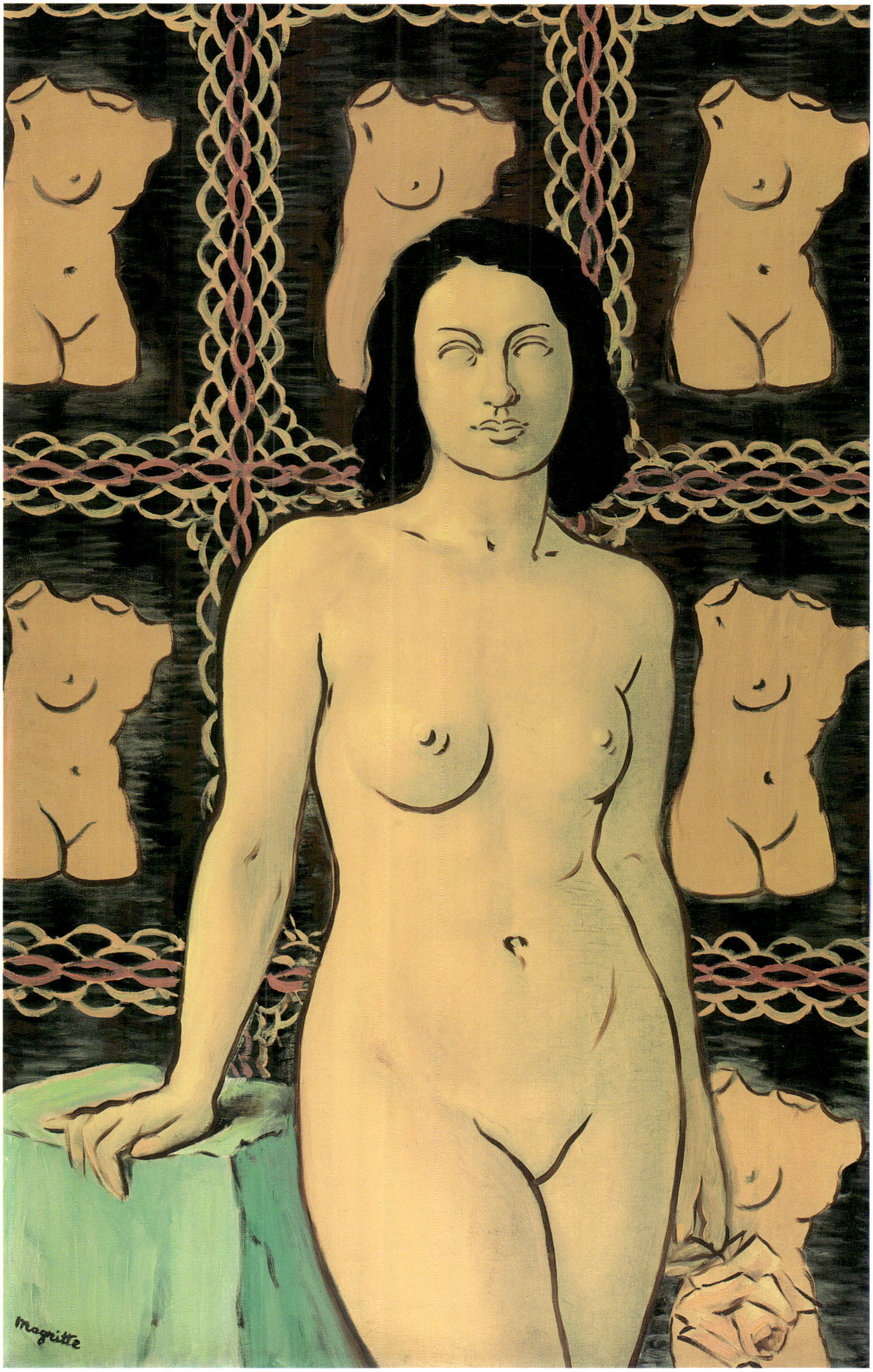
Magritte

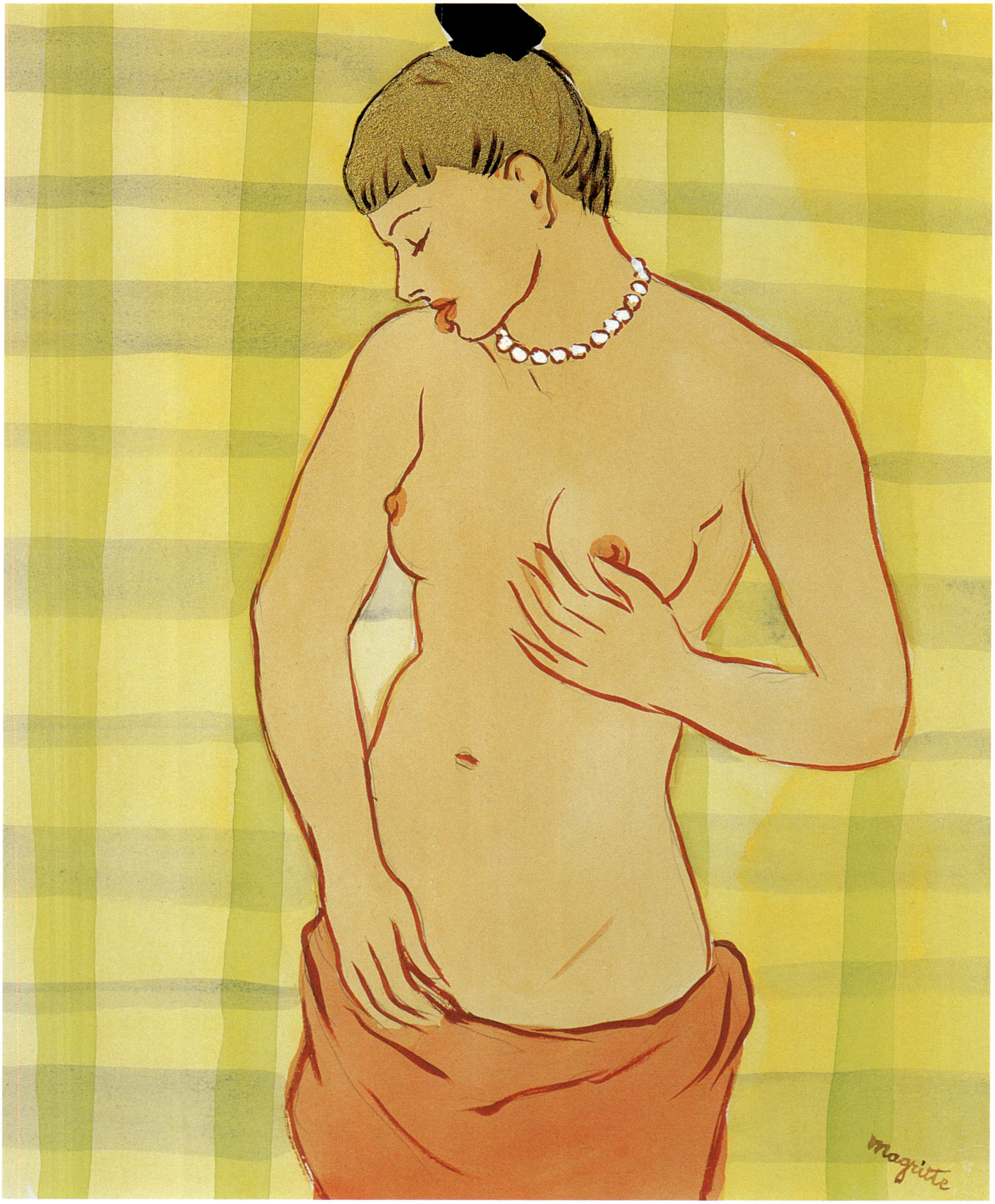

Le Galet, *1948, crayon, aquarelle, gouache or sur papier, 40,8 × 32,8 cm.*
Bien que cette gouache ait été peinte en mars-avril 1948 durant sa période « vache ». Magritte a évacué les composantes grotesques ou comiques de sa production d'alors pour exalter au contraire, dans un dessin très matissien, la douceur et la sensualité féminines. Ce qui est toutefois caractéristique de cette période est l'utilisation pour la chevelure de gouache dorée, couleur qu'on ne retrouve à aucune autre époque dans l'œuvre du peintre.

Les Profondeurs du plaisir, *1948, gouache sur papier, 46 × 32,8 cm.* >
Cette gouache, également exécutée au printemps 1948, durant la période « vache » de l'artiste, s'inscrit cependant dans le prolongement des figures féminines à deux couleurs de *La Magie noire*. La tête et le buste bleutés sont ici prolongés par une couleur rose orangé qui souligne la puissance érotique de l'image.

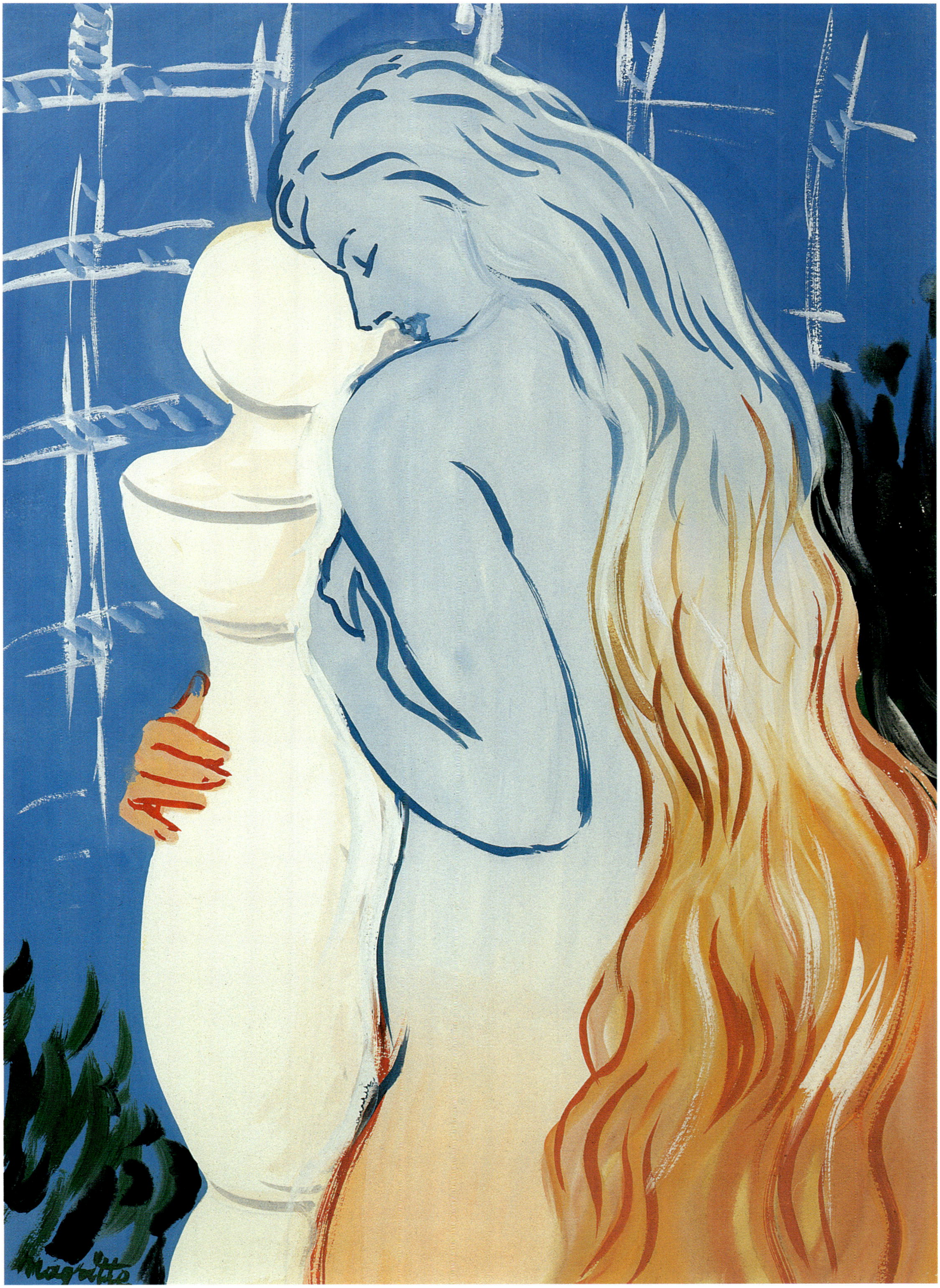
Magritte

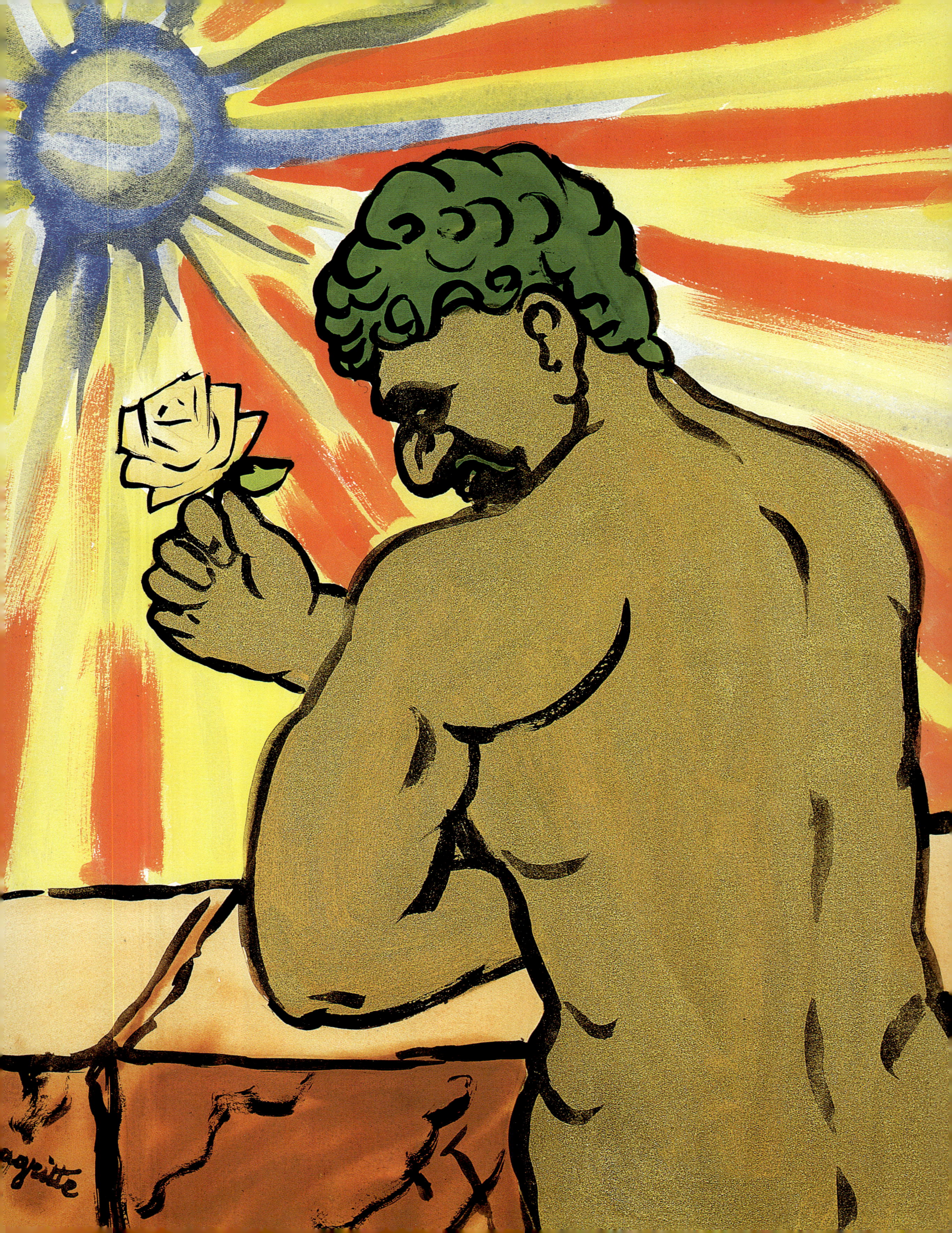

LA PÉRIODE « VACHE »

« Il fallait avant tout ne pas encharter les Parisiens mais les scandaliser [...]. »

Louis Scutenaire, *Les Pieds dans le plat*, 1948

Excommunié par André Breton en 1947, Magritte ne peut compter sur les surréalistes pour lui organiser à Paris l'exposition personnelle dont il rêve depuis longtemps. Aussi, quand lui vient une proposition de la galerie du Faubourg, pourtant peu prestigieuse, il accepte, y voyant l'occasion d'adresser un message vengeur à ses anciens amis parisiens. « C'était le moment de frapper un grand coup, a raconté Louis Scutenaire. Il ne fut pas question une minute de rassembler des peintures exécutées dans l'une ou l'autre des manières qui avaient fait leurs preuves [...]. À la virulence des sujets répondent la vigueur, la rapidité du travail. »
En l'espace de cinq semaines en effet, entre mars et avril 1948, Magritte se met à peindre dix-sept toiles et une dizaine de gouaches dans un style exubérant qui ne ressemble à rien de ce qu'il a fait auparavant – et qu'il ne reprendra jamais par la suite : c'est la période « vache », ainsi désignée par le peintre lui-même. La fébrilité avec laquelle il travaille est confirmée par le témoignage de Marcel Mariën : « À rebours de ses tableaux médités et peints avec patience et rigueur, Magritte, en quelques jours, bâcle quinze toiles, dont certaines de grand format, et une dizaine de gouaches, improvisant une suite d'images échevelées et bouffonnes, reflétant une énergie que l'on pourrait presque qualifier de désespérée. »
Puisant son inspiration dans la culture populaire, dans les caricatures ou les bandes dessinées comme *Les Pieds Nickelés*, Magritte y représente l'espèce humaine avec d'effrayantes déformations, dans des couleurs acidulées, appliquées en aplats et débordant de leur contour. Parodiques, féroces, ces œuvres laissent entendre son rire sarcastique : « On va leur en foutre plein la vue », avait-il annoncé, et il tient promesse.
La préface du catalogue, intitulée « Les Pieds dans le plat » – tout un programme –, est écrite par Louis Scutenaire dans un parfait parallélisme avec le style nouveau de Magritte. Humoristique, agressive et argotique, elle comporte des bribes de dialogues imaginaires entre les deux complices : « Donc, Mag me prend à part (point par les fesses, ne vous abusez tout de même pas, c'est pas parce qu'on crachote ensemble qu'on fout pareil) et me lâche : "L'affaire est dans le sac. On descend à Parure, on va leur montrer du travail en palc, une bonne petite placarde. Moi je ferai l'effort, toi tu boniras". "Colle et glu, que j'y réponds, vis et boulon, confiture de gy ! On descend". Et voilà. On a fait plus fort et en faisant plus fort on a contré. On est content, ça va. »
À l'ouverture de l'exposition, en mai 1948, l'incompréhension des Parisiens est totale, et les injures s'accumulent ensuite sur le livre d'or. Bon nombre des attaques viendront de la « bande à Breton », déjà agacée par l'épisode du « Surréalisme en plein soleil ». Hormis l'ami Paul Éluard, qui note : « Rira bien qui rira le dernier », nul ne reconnaît dans cette exposition ce qu'elle est dans son essence même : un acte profondément surréaliste. Bien entendu, aucune œuvre n'est vendue, et Magritte ne se préoccupe même pas de ramener ses peintures à Bruxelles. Jusqu'à sa mort en 1967, une seule œuvre de cette période sera exposée, et la plupart des rétrospectives qui ont ensuite été consacrées à l'artiste par les musées l'ont quasiment ignorée, jusqu'aux années 1980 où on lui accordera enfin sa juste place.
C'est tout de même avec un certain regret que Magritte renonce à peindre dans l'esprit « vache », comme il s'en ouvre aux Scutenaire : « J'aimerais assez continuer en plus fort la "démarche" expérimentée à Paris. C'est ma tendance : celle du suicide lent. Mais il y a Georgette et le dégoût que je connais d'être "sincère" – Georgette aime mieux la peinture bien faite comme "antan", alors *surtout* pour faire plaisir à Georgette je vais exposer dans l'avenir de la peinture d'antan. » Certes, satisfaire sa femme peut peser dans la balance, mais – et son nouveau marchand, Alexandre Iolas, est formel à ce sujet –, pour trouver des acheteurs, il lui faut retourner au style d'autrefois. Dès lors, Magritte fera du Magritte, se copiant et se répétant, au point de faire de cette répétition même un nouvel art de peindre.

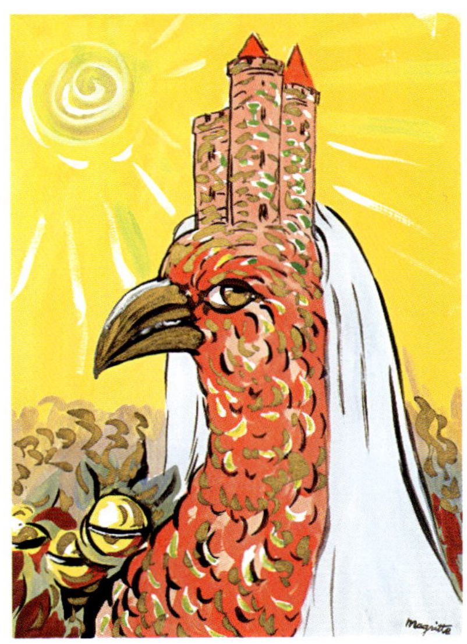

Le Prince charmant, ***1948, crayon, gouache or sur papier, 45,8 × 32,7 cm.***

Exécutée pendant une phase de totale rupture avec son style antérieur, cette gouache reprend pourtant des éléments du style magrittien « classique » : grelots, oiseau, plumes qui deviennent pierres... Le traitement du ciel, en revanche, relève davantage de la période « impressionniste » de l'artiste.

< **Le Psychologue**, ***1948, crayon, aquarelle, gouache, gouache or sur papier, 40,7 × 32,8 cm.***

Dans ses gouaches de la période « vache », et uniquement à cette époque, Magritte a fréquemment utilisé la couleur or. Elle recouvre ici le torse du personnage pour suggérer qu'il est bronzé par le soleil. Dans la version peinte à l'huile, exécutée la même année, l'homme est peint en vermillon.

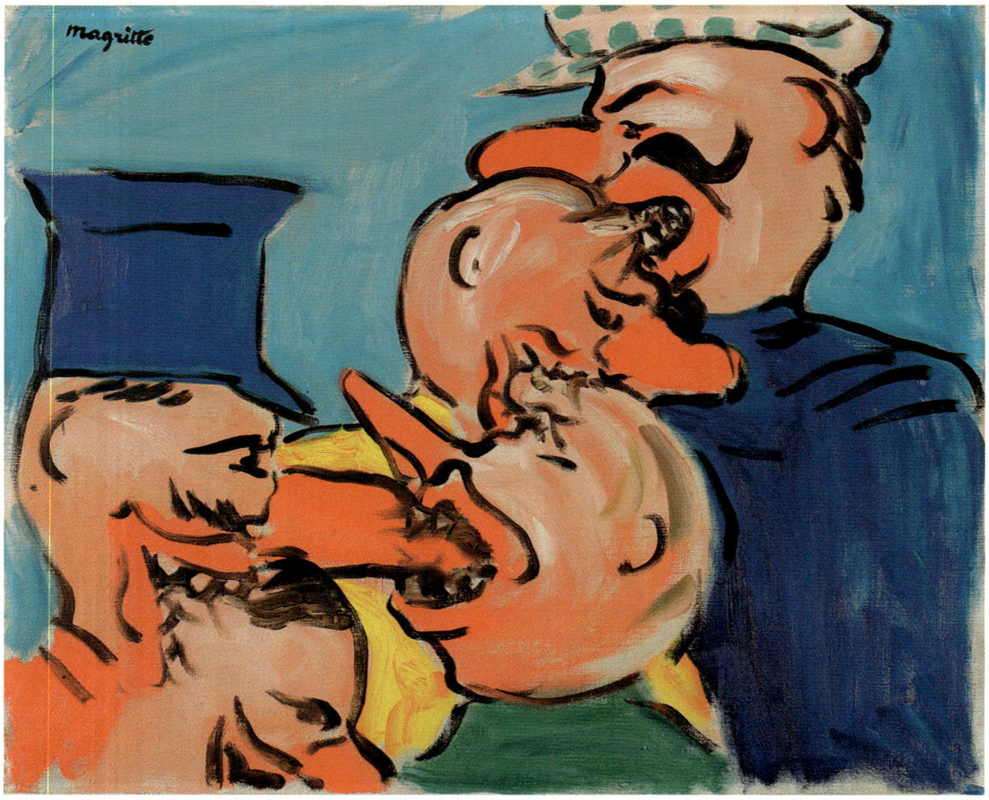

La Famine, ***1948, huile sur toile, 46,5 × 55,5 cm.***
La référence au peintre James Ensor est perceptible dans de nombreuses œuvres de la période « vache ». Ces personnages masqués qui semblent dévorer quelque chose – ce que confirme le titre de l'œuvre –, de même que la composition, sont extrêmement proches de ceux qui apparaissent dans le tableau d'Ensor intitulé *Deux squelettes se disputant un hareng saur.*

« Rendez-vous compte dites, de l'exagération des formes et des nuances, on ne retrouverait pas son bout si qu'il tombait là-dedans ni son petit anus. Vivement le Général pour y fourrer son nez et de l'ordre. C'est du politique, voyons, cette picture. Nous, on ne veut pas du politique, on ne veut plus. Vive Franco Pança, vive Proutman, vive Foster Dudule, vivent Saletzariste et le Grand Turc, mais à bas la politique, pas vrai mon chichi ? Oui ma chichitte, retournons à nos pissotières et à nos calvaires. »

Louis Scutenaire, *Les Pieds dans le plat*, 1948

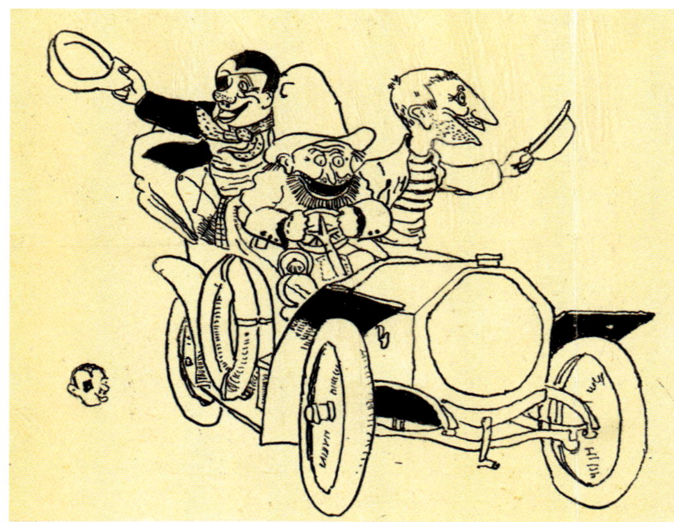

Les Pieds Nickelés, ***1940, encre de Chine, plume sur papier calque collé en plein sur papier, 18 × 17,3 cm.***
La mise en page comme la silhouette des personnages de ce tableau sont visiblement inspirées des bandes dessinées dont Magritte était un grand lecteur. Publiés dans *L'Épatant*, *Les Pieds Nickelés* de Louis Forton – qui fut également l'auteur de *Bibi Fricotin* – faisaient partie de ses favoris. Ces personnages populaires un peu louches, qui parlaient l'argot, tranchaient sur la production habituellement bien-pensante des bandes dessinées de l'époque.

Titania, ***1948, aquarelle et gouache sur papier, 75,4 × 56,8 cm.***
La représentation d'un corps d'où surgissent des visages caricaturaux a été reprise dans deux autres œuvres de la période « vache ». Celle-ci, la plus importante par son format, est aussi la plus extravagante de la série.

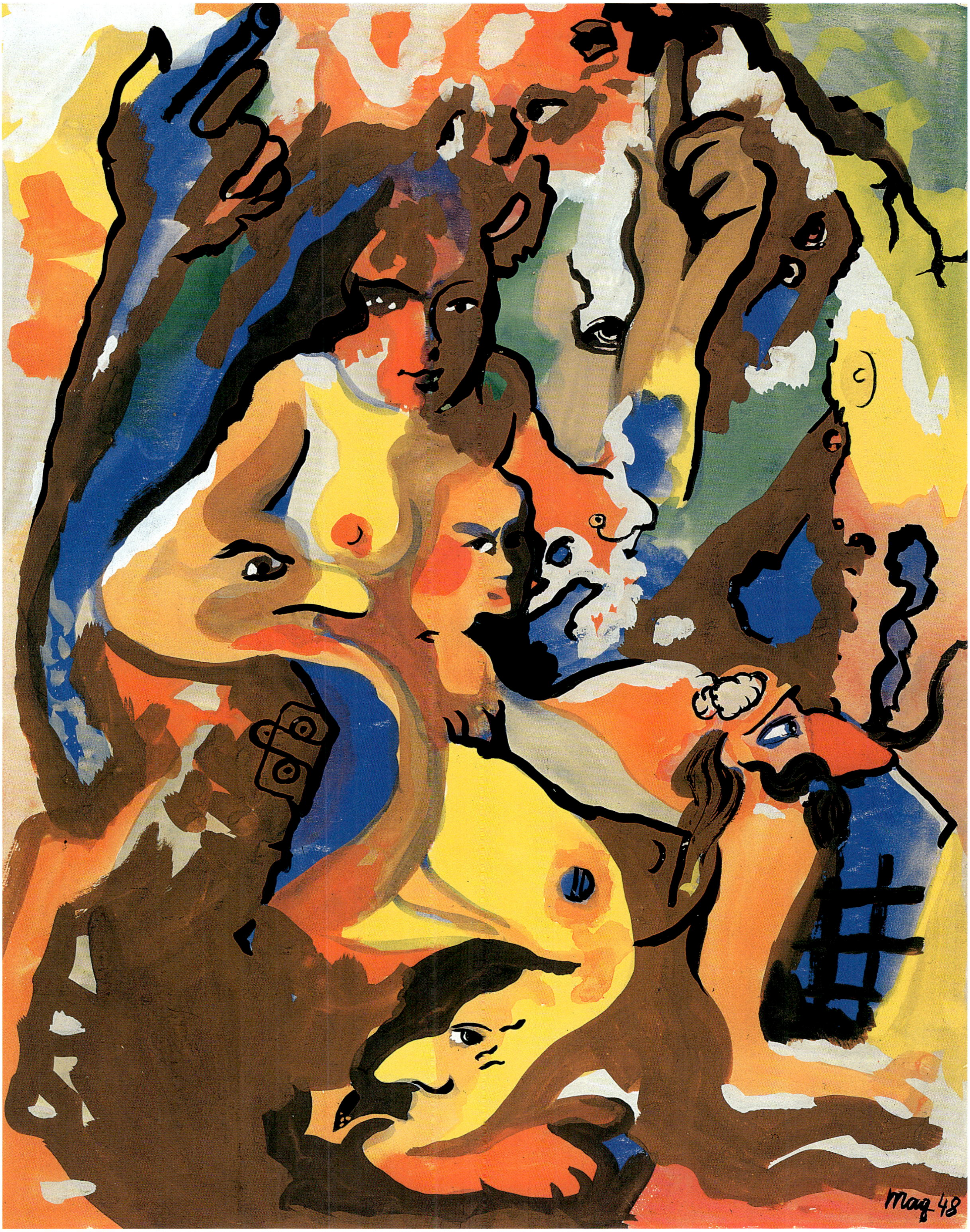
Mag 48

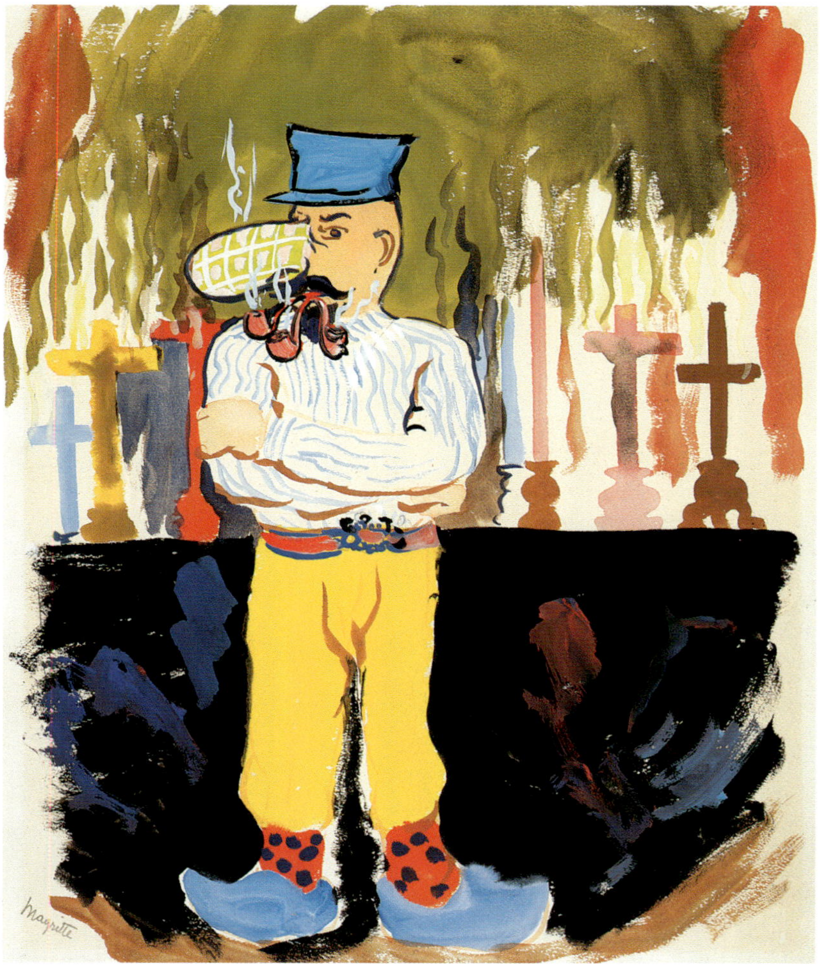

Le Crime du pape, *1948, crayon, aquarelle, gouache sur papier, 46 × 37,8 cm.*

Le Goujat, *1938, encre de Chine au pinceau sur papier brun, 50,5 × 19,5 cm.*

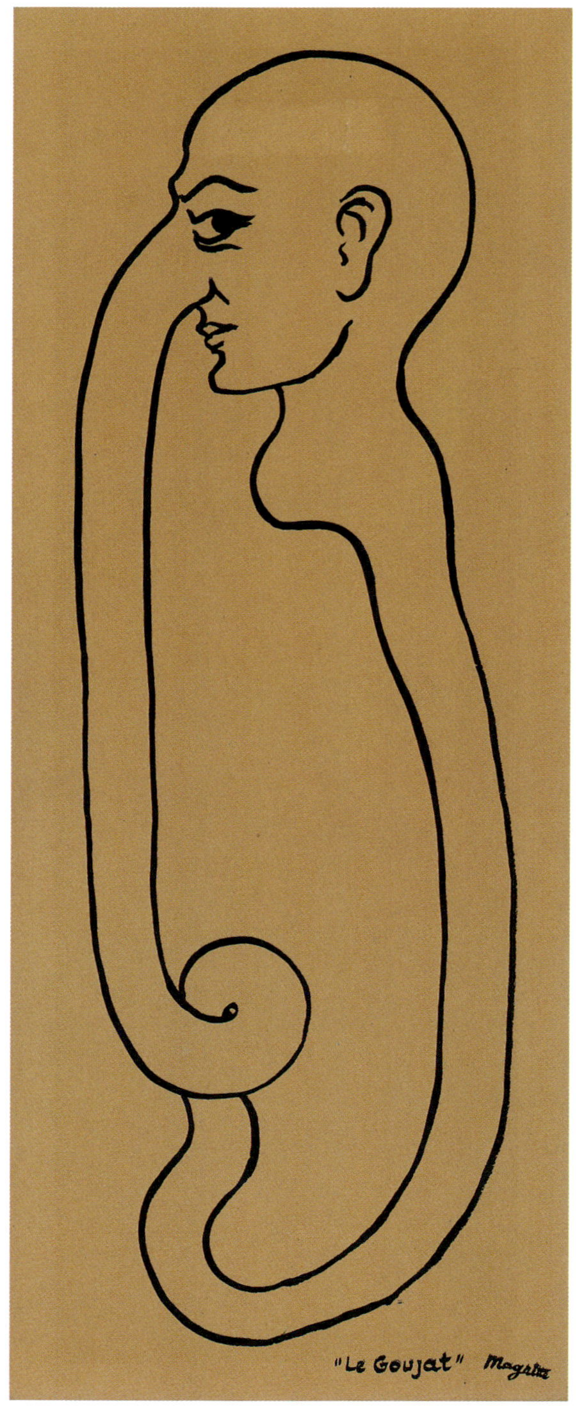

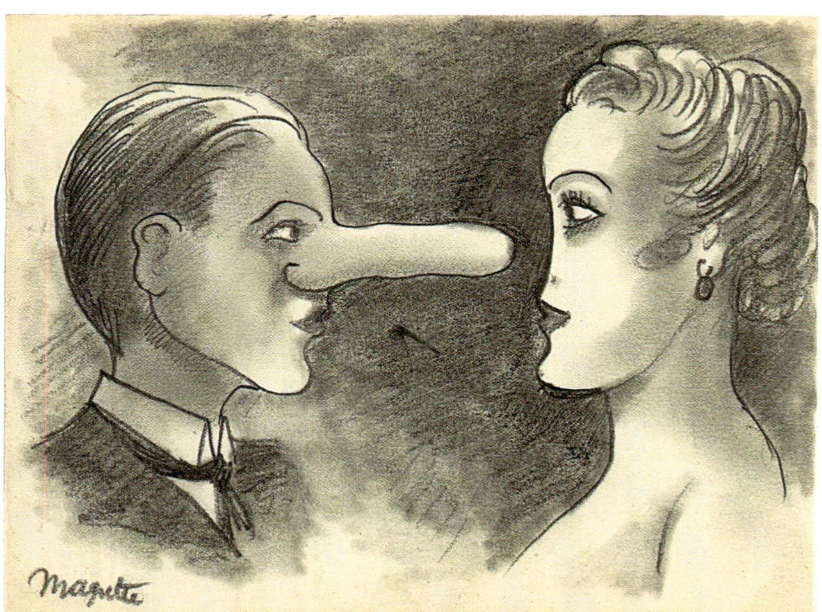

Sans titre, *1948, crayon, grattage sur papier, 14,4 × 19,1 cm.*

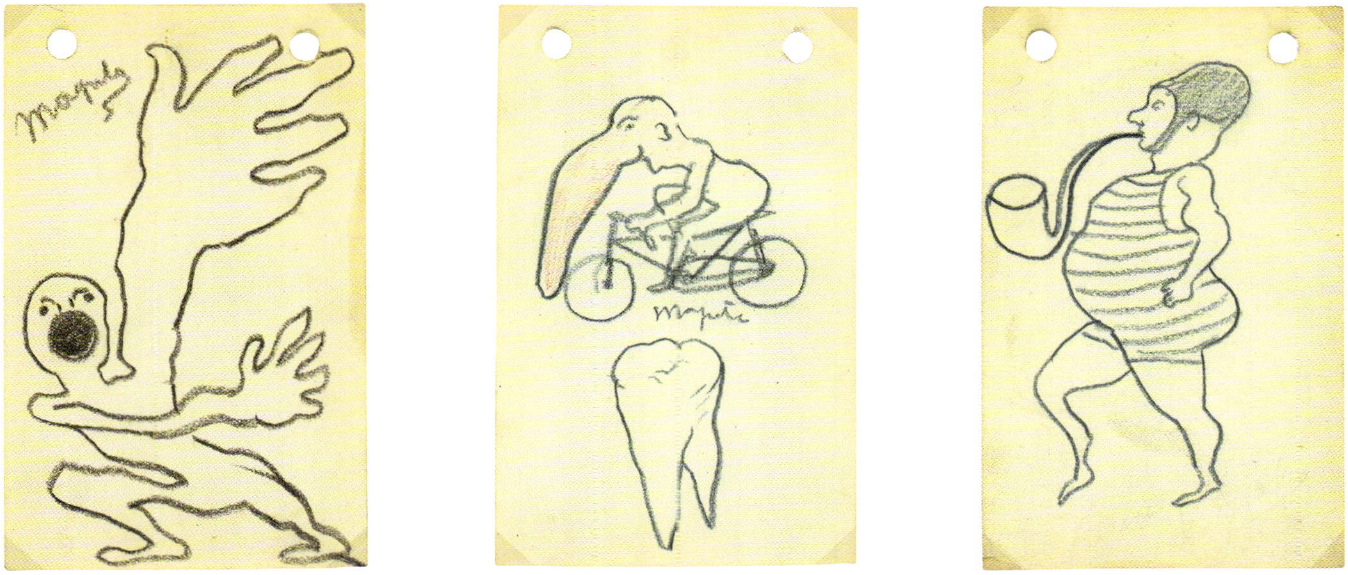

Trois croquis, vers 1935, crayon et crayon de couleur sur petites fiches perforées, 12 × 7,4 cm.

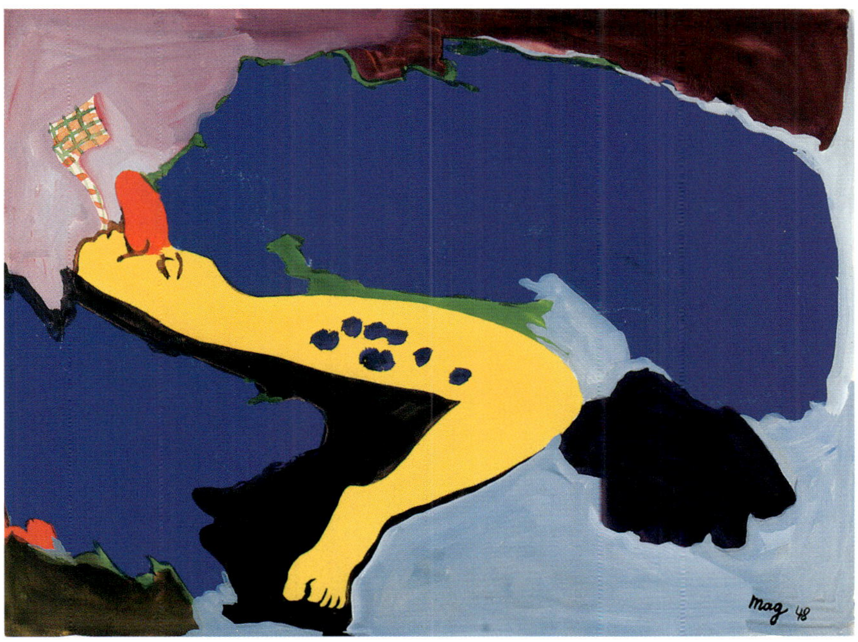

L'Art de vivre, *1948,*
gouache sur papier, 57,2 × 74,1 cm.

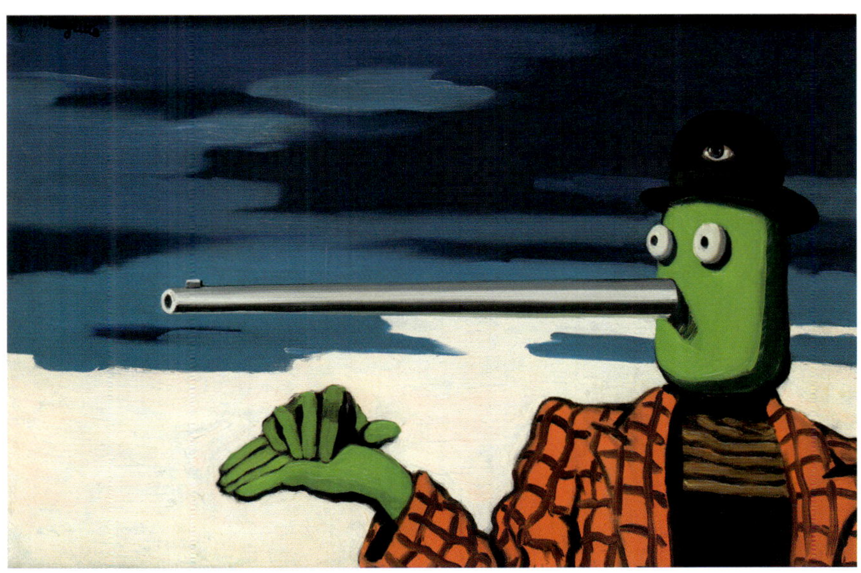

L'Ellipse, *1948,*
huile sur toile, 50,3 × 73 cm.

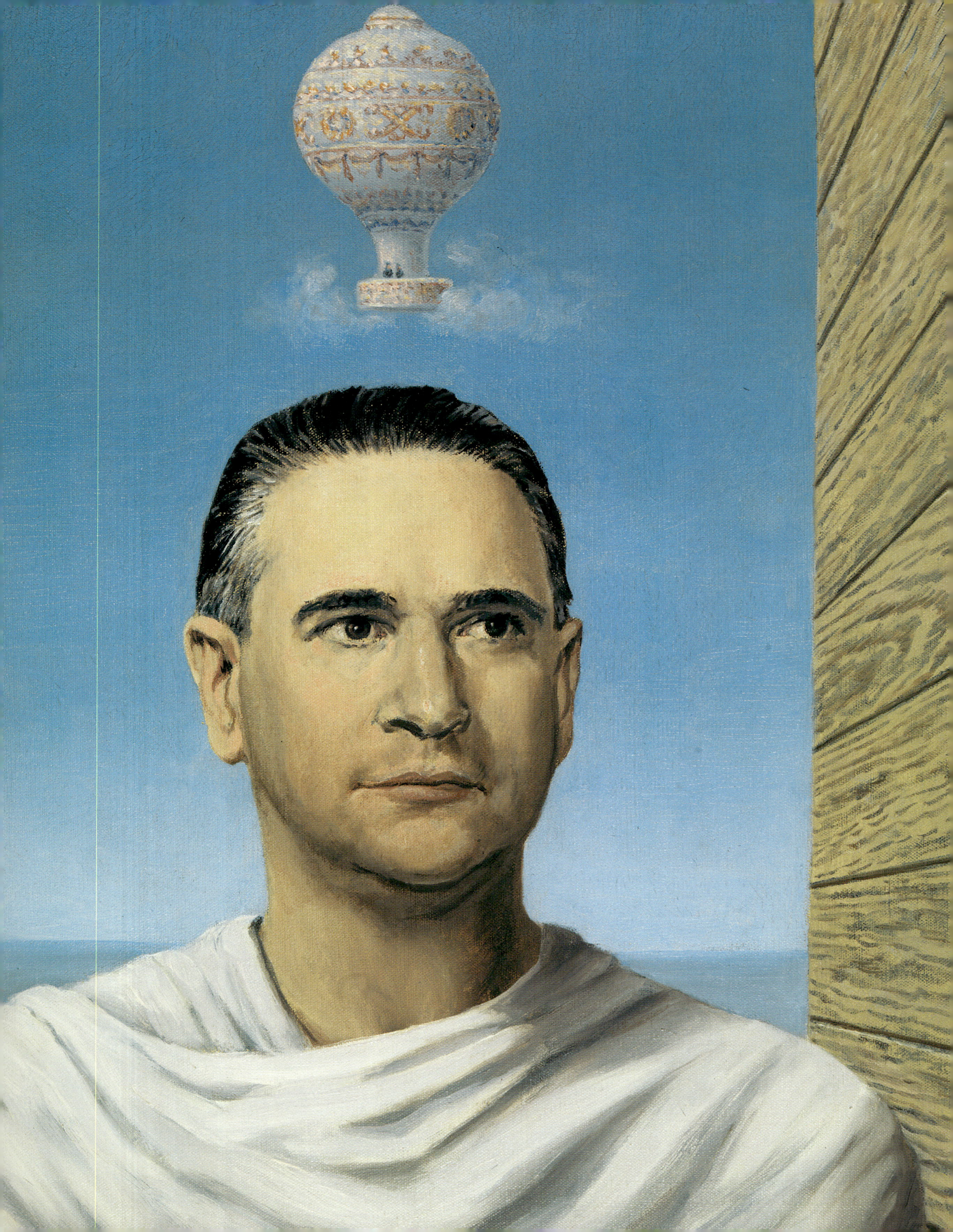

MAGRITTE ET LA COMMANDE

« Mon seul désir est de m'enrichir de nouvelles pensées exaltantes. »

La hâte mêlée de désinvolture avec laquelle Magritte a peint les œuvres de sa période « vache » s'explique aussi par l'intense travail fourni à la même époque pour Alexandre Iolas, qui lui prévoit pour mai 1948 une exposition personnelle dans sa galerie de New York. Ce sera la deuxième d'une série qui s'est prolongée jusqu'à la mort de l'artiste.

C'est en février 1946 que le premier contact entre les deux hommes avait eu lieu. Si Iolas se manifeste auprès de Magritte à cette époque, c'est en raison de l'intérêt nouveau que les Américains portent au surréalisme, qui a largement bénéficié de l'action menée par la diaspora surréaliste à New York pendant la guerre. Malgré les réserves de Mesens vis-à-vis de Iolas – un ancien danseur d'origine grecque converti en marchand d'art, qui bénéficie du soutien d'Elizabeth Arden et de la famille De Menil –, un accord s'établit, et, en avril 1947, les œuvres de Magritte sont présentées à New York à la Hugo Gallery. Une partie relève de la période « plein soleil » – leur accueil sera glacial –, les autres de sa manière ancienne : ces dernières rencontrent en revanche un réel succès. Iolas en tire une conclusion abrupte : c'est clairement dans cette voie que Magritte devra s'orienter pour ses prochaines œuvres, en renonçant à ses égarements « renoiresques ».

L'abondante correspondance entre le peintre et son galeriste permet de constater que la leçon a été entendue, bien que Magritte rappelle à plusieurs reprises qu'il refuse de céder à des préoccupations uniquement marchandes : « il m'est impossible de n'avoir qu'un seul souci "commercial", au contraire, ma préoccupation essentielle n'est pas abandonnée : il s'agit toujours de réelle densité poétique de la recherche d'une certaine substance mentale qui est nécessaire à l'homme vivant actuel ». Sa production montre pourtant qu'il s'est souvent plié, tout en protestant, aux demandes de Iolas : il puise dans son répertoire ancien, exécute parfois un nombre considérable de variantes d'une même œuvre, et sa production s'accélère, en particulier celle des gouaches, qui trouvent facilement preneur et sont d'une exécution plus rapide.

Cette répétition confine parfois au mécanique et pèse à Magritte, qui se plaint souvent à ses amis d'ennui et de fatigue. Mais sa correspondance témoigne dans le même temps d'une volonté réelle d'expliciter ses œuvres, d'en détailler le processus de composition, d'en affiner les spécificités. De là, il passe parfois à des questions d'ordre philosophique et aborde la relation du langage au néant, l'impossibilité d'épuiser le sens d'une représentation et d'en donner une signification définitive. Tandis que ses activités s'industrialisent, le peintre insiste sur le sens de sa démarche globale, qu'il veut irréductiblement poétique.

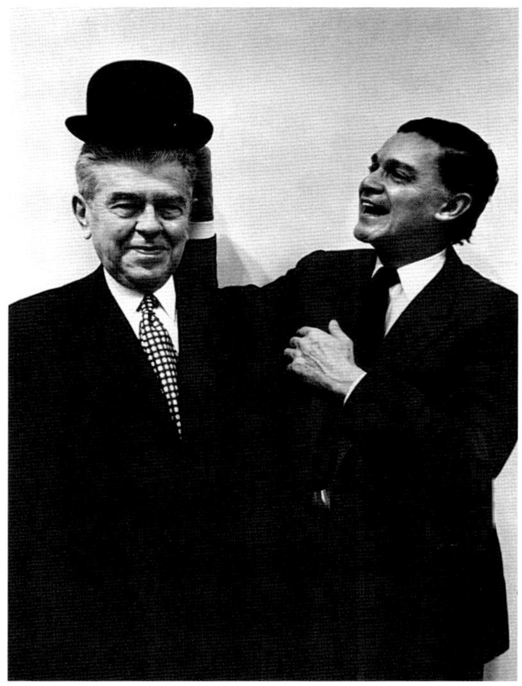

Magritte et Alexandre Iolas, 16 décembre 1965 (photo Steve Shapiro pour Life*).*

En décembre 1965 a lieu une importante rétrospective consacrée à Magritte au Museum of Modern Art de New York, comprenant des œuvres venant de collections américaines et européennes. L'exposition partira ensuite à Waltham, Chicago, Pasadena et Berkeley. Magritte se rend au vernissage de New York, puis séjourne à Houston. Présent à ses côtés sur cette photo, Alexandre Iolas s'occupe activement de la promotion de son œuvre aux États-Unis comme en Europe.

< **Harry Torczyner, ou Justice a été faite,** ***1958, huile sur toile, 40 × 30 cm.*** ***Belgian American Educational Foundation.***

Magritte a fait la connaissance en 1957 de Harry Torczyner, un avocat new-yorkais originaire d'Anvers qui deviendra son conseiller juridique. Collectionneur, celui-ci est aussi l'auteur d'une monographie consacrée à Magritte.

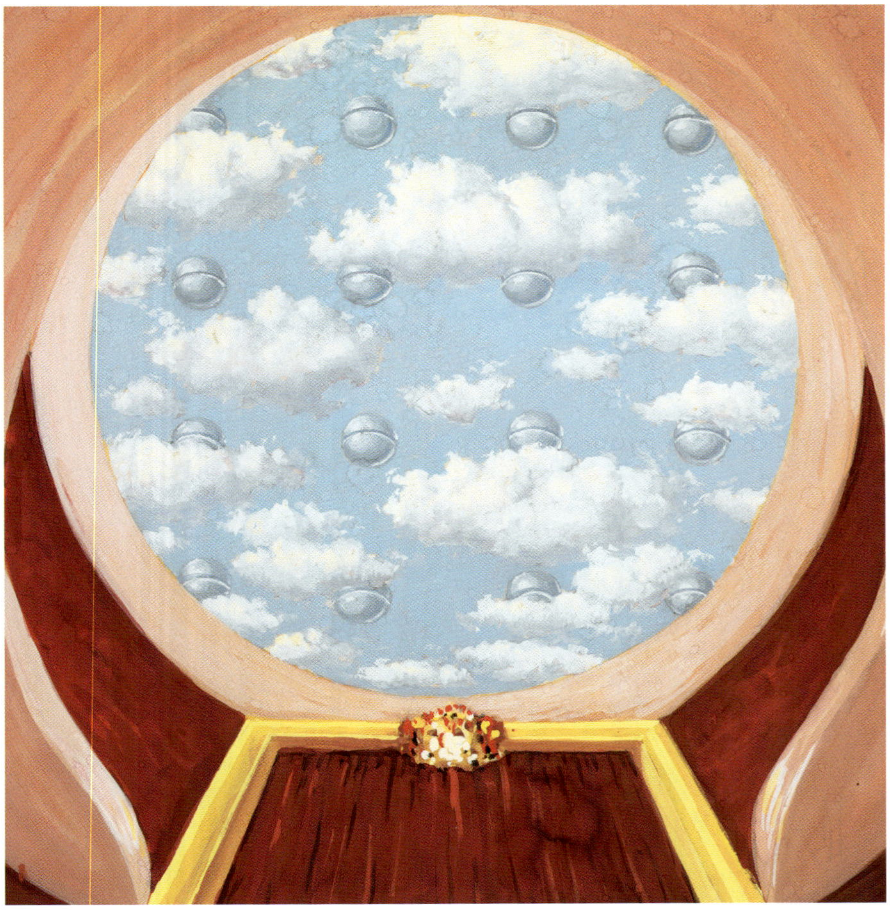

Décoration de plafond pour le Théâtre royal des Galeries (projet), ***1951, gouache sur papier, 35,7 × 35 cm, collection privée.***

La première commande de peinture murale reçue par Magritte fut le décor du plafond du Théâtre royal des Galeries à Bruxelles, qui venait d'être rénové. Magritte présenta cette gouache où figurent des nuages et des grelots, mais le projet ne fut pas accepté sous cette forme par la direction, qui demanda la suppression des grelots. Le décor fut donc réduit à un ciel, que l'artiste peignit lui-même, sans assistant professionnel, mais avec l'aide de Marcel Mariën qu'il avait sollicité.

Golconde, ***1953, gouache sur carton, 15,8 × 18,4 cm.***

Cette gouache semble avoir été une première version pour une célèbre toile qui porte le même nom, exécutée la même année, et aujourd'hui conservée à la Menil Collection à Houston. Tandis que sur la gouache les personnages sont suspendus au-dessus d'un paysage, dans la version à l'huile ils survolent une ville. On ne sait en réalité si ces hommes, tout droits, tous identiques, sont en train de tomber ou s'ils s'élèvent. Magritte s'est expliqué sur ses deux modes de conception des images, qui soit lui venaient spontanément à l'esprit, soit procédaient d'une recherche approfondie au sujet d'une question soulevée par tel ou tel aspect de la réalité. Si *Golconde* est issu d'une vision instantanée, aux dires de l'artiste, il a toutefois considéré que le tableau « aurait pu être le résultat d'une recherche partant de la "question espace" ».

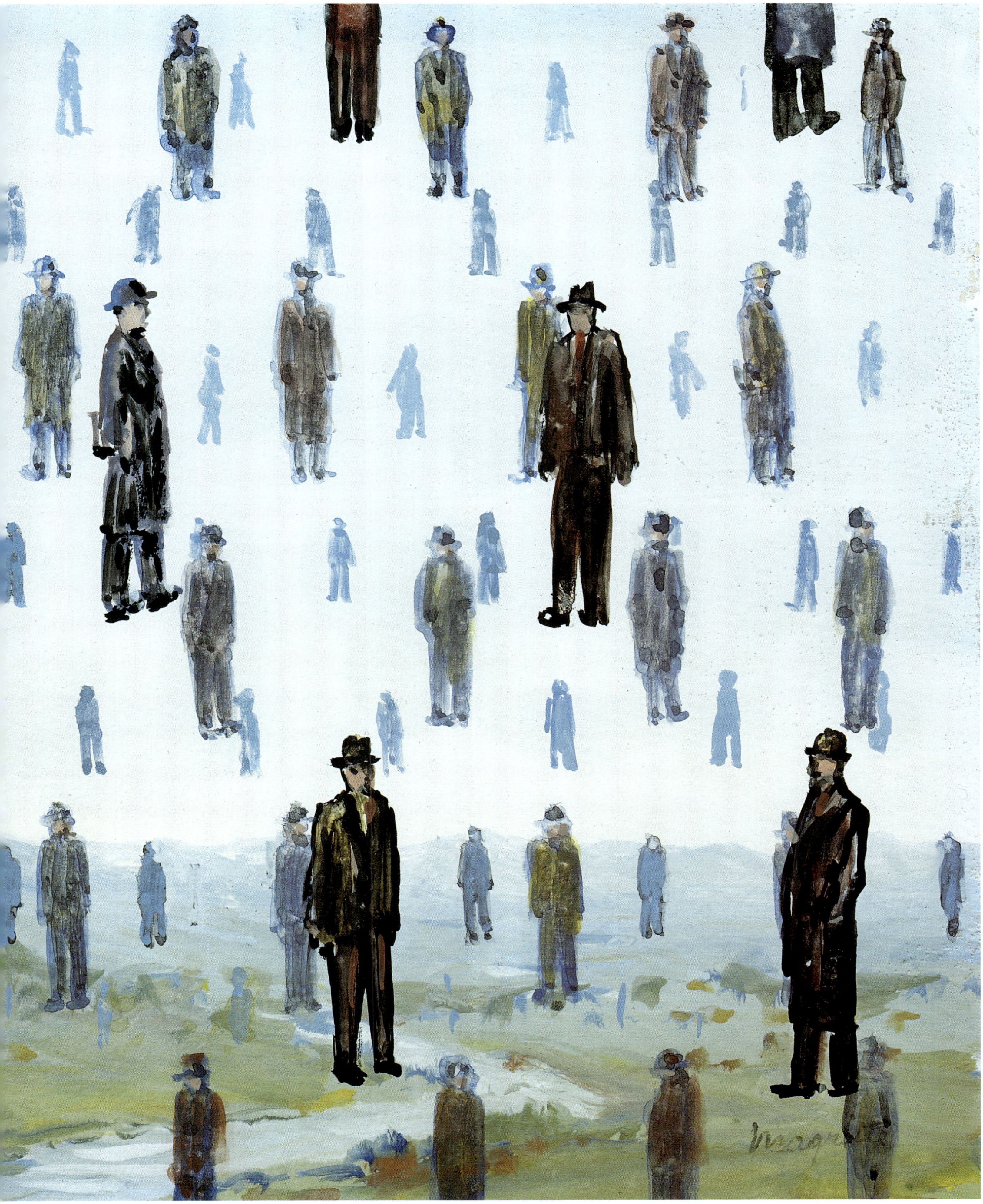
Magritte

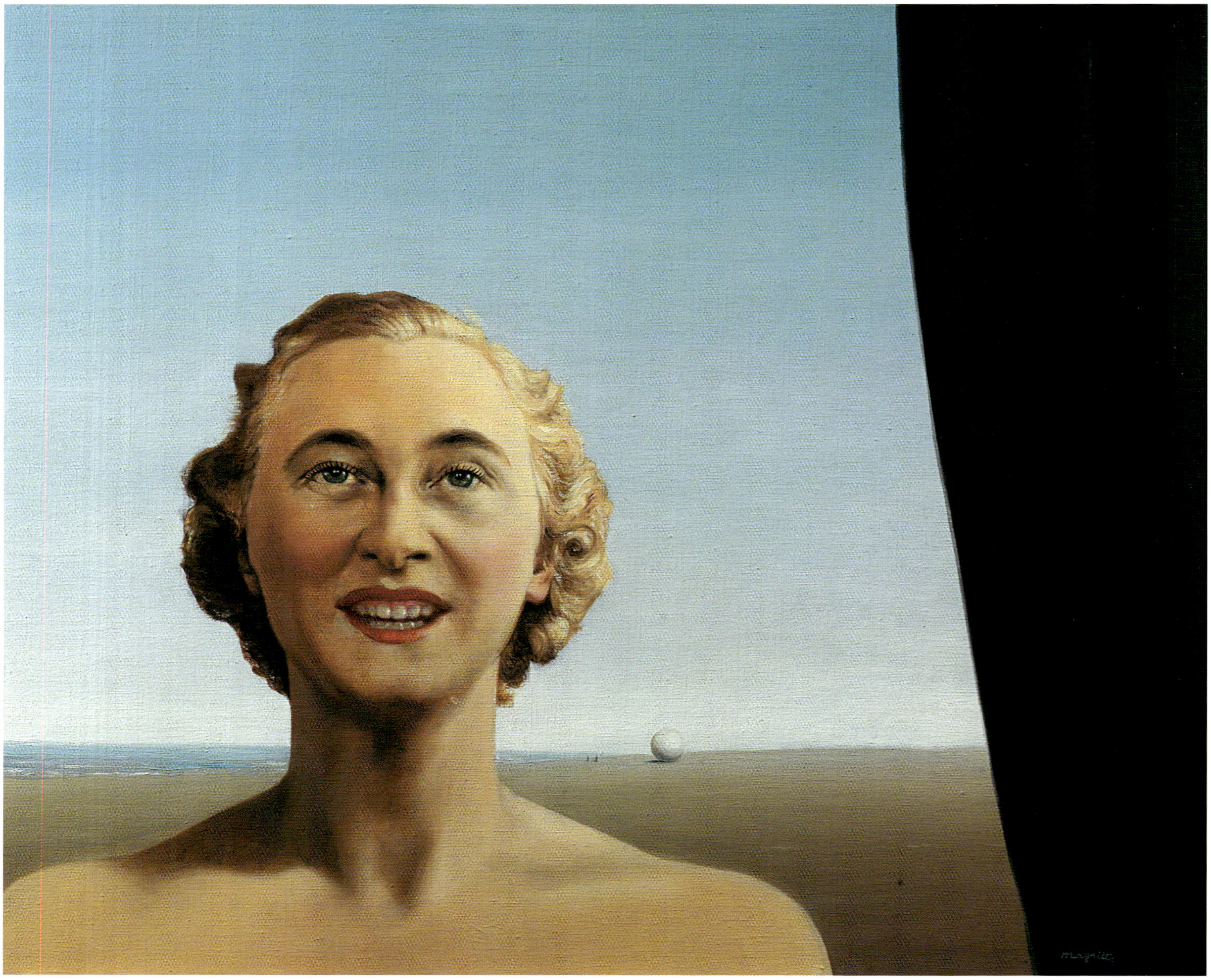

« Le monde et son mystère ne se refait jamais, il n'est pas un modèle qu'il suffit de copier. »

Portrait d'Adrienne Crowet, ***1940,*** ***huile sur toile, 54 × 65 cm, collection privée.***

Le modèle de ce tableau peint en 1940, juste avant la déclaration de guerre, est l'épouse de Pierre Crowet, Adrienne. La comparaison avec le portrait de sa fille Anne-Marie, exécuté seize ans plus tard, permet de voir dans le second tableau une reprise partielle de cette composition, présentant une femme aux épaules nues dont le visage se découpe sur le ciel, avec, à droite, une draperie, et au loin un grelot. Malgré la similitude des motifs, l'atmosphère est radicalement différente : ici lumineuse et sans ambiguïté, elle devient énigmatique et inquiétante dans le portrait d'Anne-Marie.

Anne-Marie Crowet, ***1955, huile sur toile, 20,5 × 15,5 cm, collection privée.*** >

Magritte a exécuté trois portraits d'Anne-Marie Crowet. Celui-ci, commandé par son père Pierre Crowet, est le premier ; le troisième, daté de 1960, le fut par le mari de la jeune femme, pour célébrer leur premier anniversaire de mariage. Conformément au dessin préparatoire au crayon, on ne trouve ici aucun élément étranger au visage, qui apparaît cadré en gros plan. Le modèle a raconté plus tard que Magritte avait comparé ce portrait à un masque.

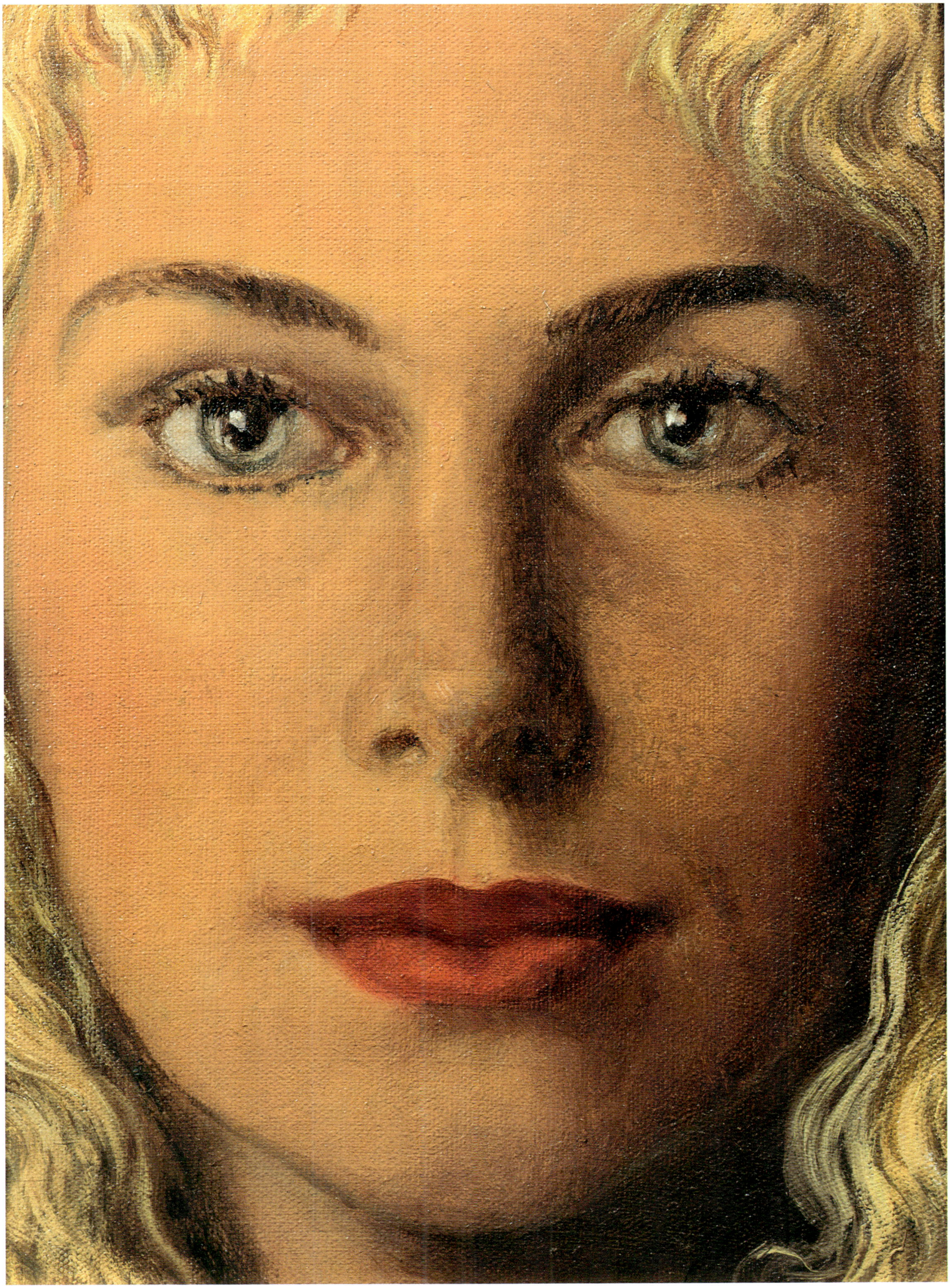

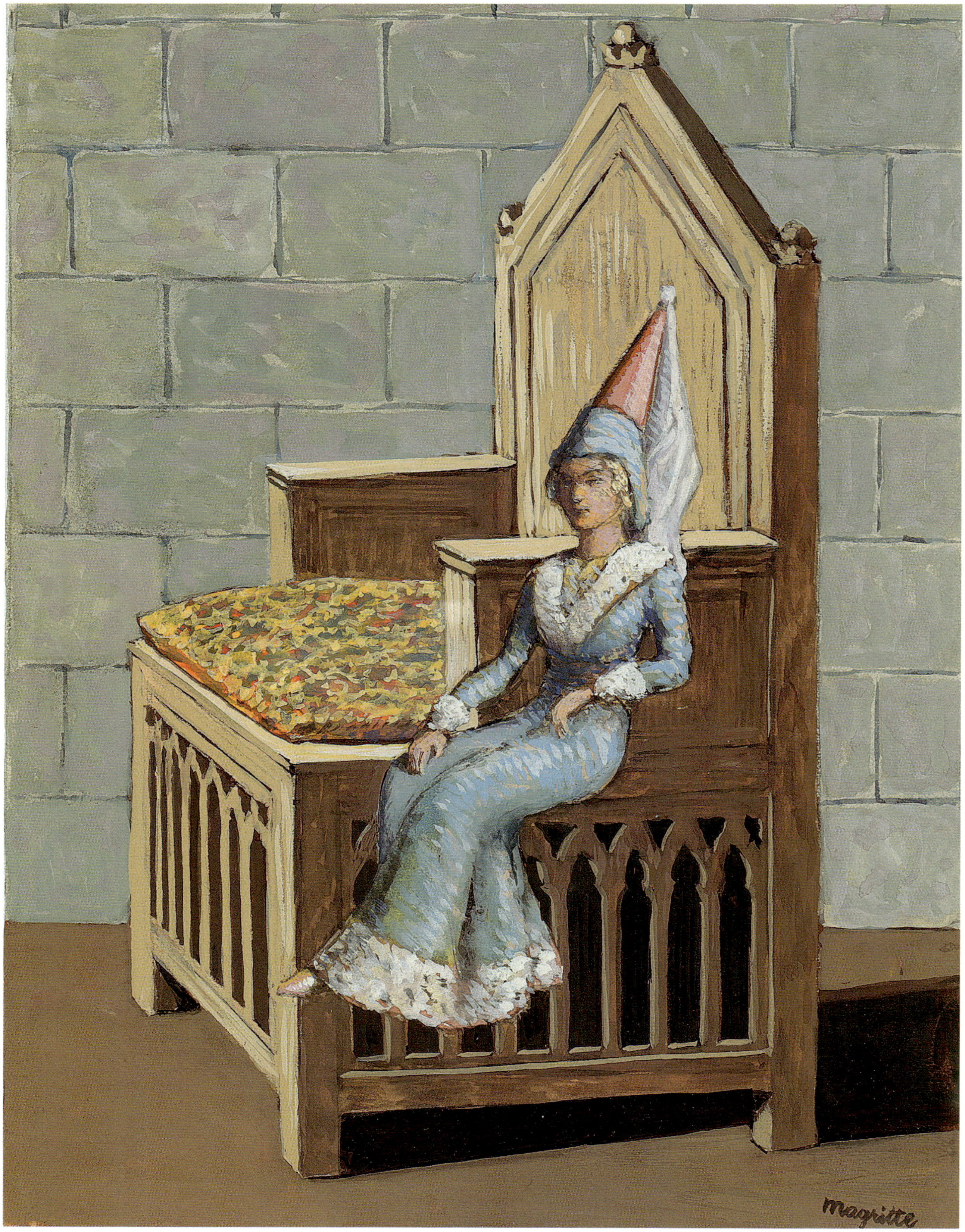

La Femme assise. La Place au soleil III, ***1956, gouache sur papier collé sur carton, 24,2 × 18,6 cm.***

En 1956, Magritte exécute une série de gouaches sous le titre *La Place au soleil*, qui lui permet d'analyser avec méthode son univers imaginaire lorsqu'il réinterprète un motif. C'est ici celui d'une femme assise, « sur » un fauteuil et non « dans », comme l'a précisé l'artiste dans sa correspondance. Magritte fait donc de l'image un jeu de mots en prenant au pied de la lettre l'expression d'usage. Il s'agit non pas de nier la convention du langage, mais d'en faire surgir la part de merveilleux.

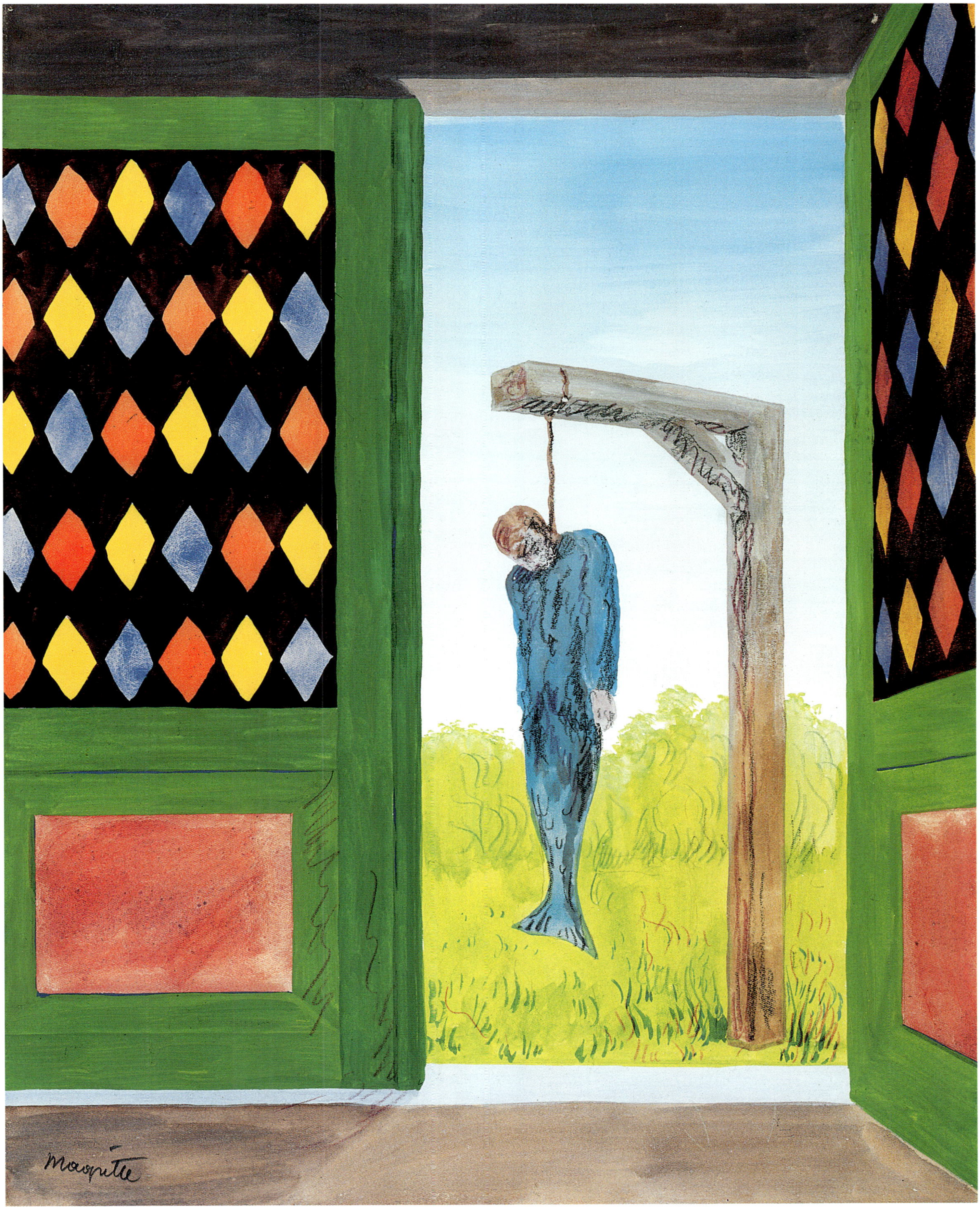

Le Chant d'amour, *1946,*
crayon, gouache, aquarelle, crayon
de couleur sur papier, 41,5 × 32,4 cm.

« Mes tableaux ont été conçus pour être des signes matériels de la liberté de la pensée. »

Le mystère à l'ouvrage

1951 > 1967

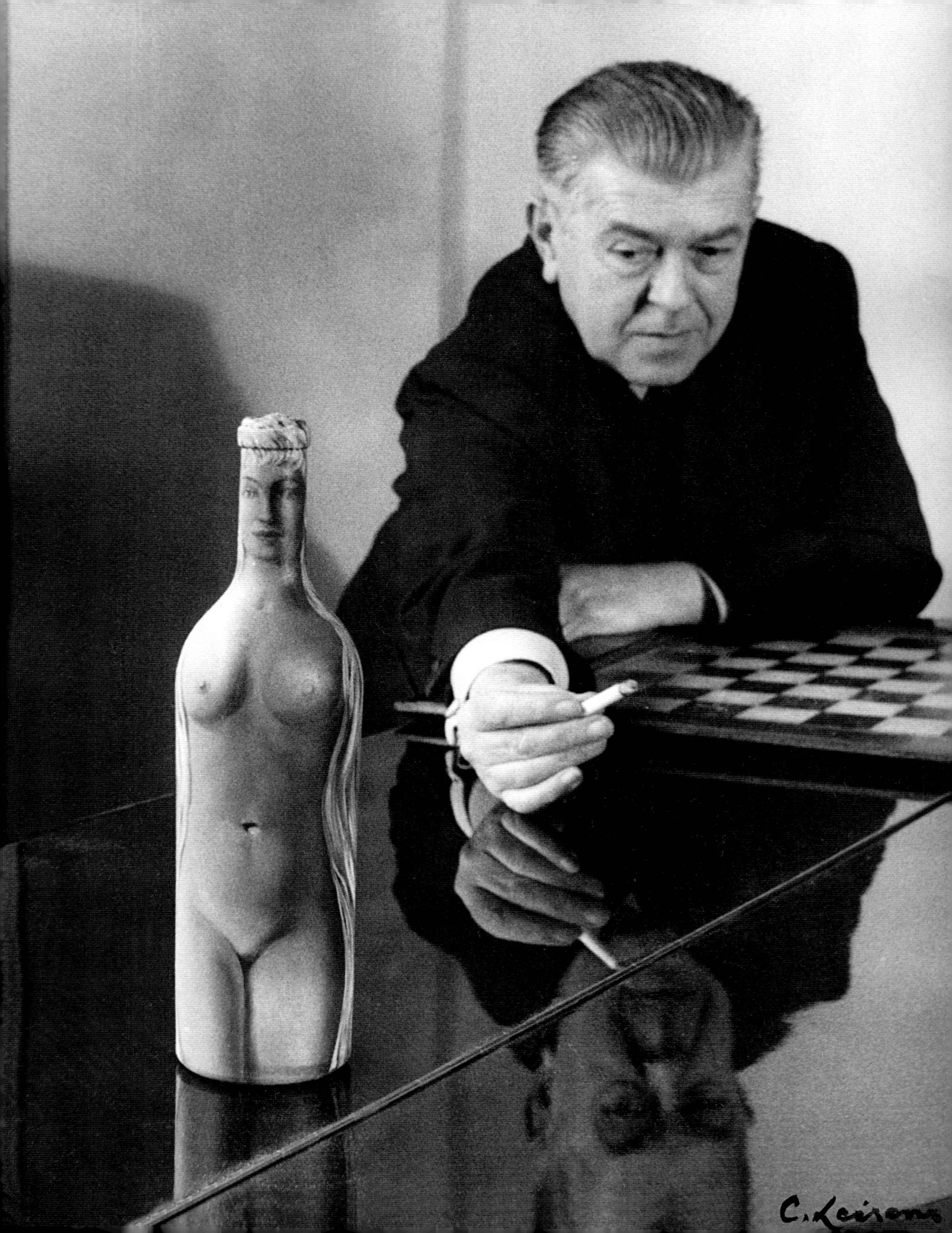
C. Leirens

LA LIGNE DE VIE

« J'aime l'humour subversif, les taches de rousseur, les genoux, les longs cheveux de femme, le rêve des jeunes enfants en liberté, une jeune fille courant dans la rue. »

Les quinze dernières années de René Magritte sont celles où il accède enfin à la notoriété internationale et à l'aisance financière. À partir de 1951, en effet, pas une année ne s'écoule sans que soit organisée une exposition présentant un choix de ses œuvres, anciennes ou récentes, en Belgique ou à l'étranger. Certaines de ces expositions constituent des étapes symboliquement importantes, comme la première organisée en Italie, en 1953, à la Galleria dell'Obelisco de Rome ; un an plus tard, grâce à une initiative de ELT Mesens, la Sidney Janis Gallery de New York présente sur ses cimaises des « peintures à mots » des années 1928-1930, qui font découvrir une facette inconnue de Magritte aux critiques américains, ainsi qu'à des artistes d'avant-garde comme Robert Rauschenberg, Jasper Johns ou Andy Warhol, lesquels se portent acquéreurs de quelques œuvres. Au Palais des beaux-arts de Bruxelles a lieu en cette même année 1954 la première rétrospective majeure du peintre, avec une centaine d'œuvres. Deux ans plus tard, c'est aussi une rétrospective qui est organisée à Charleroi, puis, en 1959, au musée d'Ixelles. Londres l'accueille pour des expositions personnelles en 1961, tandis qu'une rétrospective itinérante a lieu aux États-Unis, au Dallas Museum for Contemporary Art et au Museum of Fine Arts de Houston. En 1966, un an avant sa mort, Magritte a les honneurs d'une rétrospective au Museum of Modern Art de New York, comprenant des œuvres venues de collections américaines et européennes, exposition qui circule ensuite dans plusieurs grandes villes du pays. Un hommage de grande ampleur est également rendu au peintre en 1967 à travers une rétrospective organisée au musée Boijmans Van Beuningen de Rotterdam, et reprise quelques mois plus tard au Moderna Museet de Stockholm.

Cette réputation grandissante est le fruit d'un travail acharné. Aux commandes toujours contraignantes d'Alexandre Iolas, le marchand new-yorkais de Magritte, s'ajoutent celles de galeries qui veulent exposer ses œuvres récentes, de musées, d'institutions ou de particuliers. Le peintre reçoit notamment des commandes pour des fresques murales : la première, en 1951, émane du Théâtre royal des Galeries à Bruxelles, qui souhaite un décor de plafond ; deux ans après, Gustave Nellens, propriétaire du casino de Knokke-le-Zoute, le charge de couvrir les murs de la vaste salle du Lustre d'un décor panoramique ; puis c'est au tour du nouveau Palais des beaux-arts de Charleroi de le solliciter, en 1956, pour une peinture murale destinée à la salle des Congrès ; en 1961, enfin, il reçoit une commande de fresque pour le Palais des congrès de Bruxelles.

Parallèlement à ces œuvres de grand format – qu'il n'a pas exécutées lui-même, hormis la première –, Magritte se consacre à une intense production de toiles et surtout de gouaches. Destinées pour une grande part à Iolas, qui veut satisfaire sa clientèle américaine, celles-ci répondent aussi à des demandes directes d'acheteurs – ce dont Magritte n'informe pas toujours son marchand. Parmi ses admirateurs figurent de nombreux collectionneurs étrangers, dont l'un, Barnet Hodes, avocat de Chicago et passionné de surréalisme, se singularise par l'importance de ses commandes à l'artiste : plus de cinquante gouaches et papiers collés.

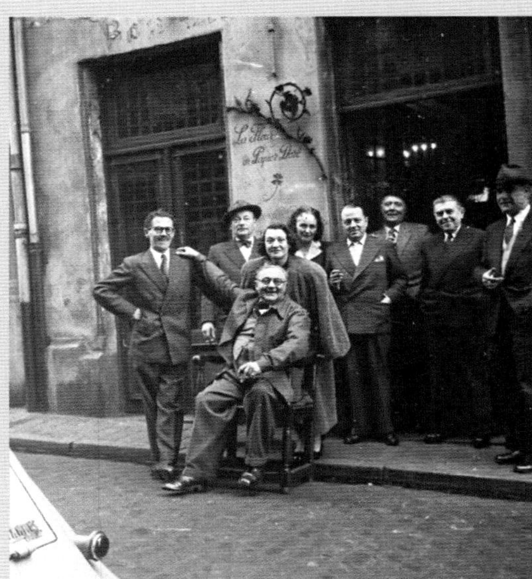

Le groupe surréaliste chez Geert Van Bruaene, à La Fleur en papier doré, en mars 1953 : Marcel Mariën, Camille Goemans, Geert Van Bruaene, Irène Hamoir, Georgette Magritte, ELT Mesens, Louis Scutenaire, René Magritte et Paul Colinet.

La Fleur en papier doré – qui porte aujourd'hui encore sur sa façade le branchage fleuri en fer forgé que l'on voit sur cette photographie – était une sorte de cabaret à vocation artistique dirigé par Geert Van Bruaene (1891-1964), compagnon de route des surréalistes bruxellois. Personnage truculent, esprit frondeur et volontiers mystificateur, il y organisait périodiquement des expositions originales, ainsi qu'en témoigne Louis Scutenaire : « Que je dise tout de même, à l'époque où tout le monde tenait ça pour des croûtes innommables, Gérard vendait les expressionnistes allemands, que c'est lui qui a répandu – on peut dire en Europe et, peut-être dans le monde, des gens comme Klee, comme Schwitters, comme Kokoschka, et quelques autres, et Arp probablement aussi. »

< *Magritte, grand joueur d'échecs, par Charles Leirens, 1959 ou 1961.*

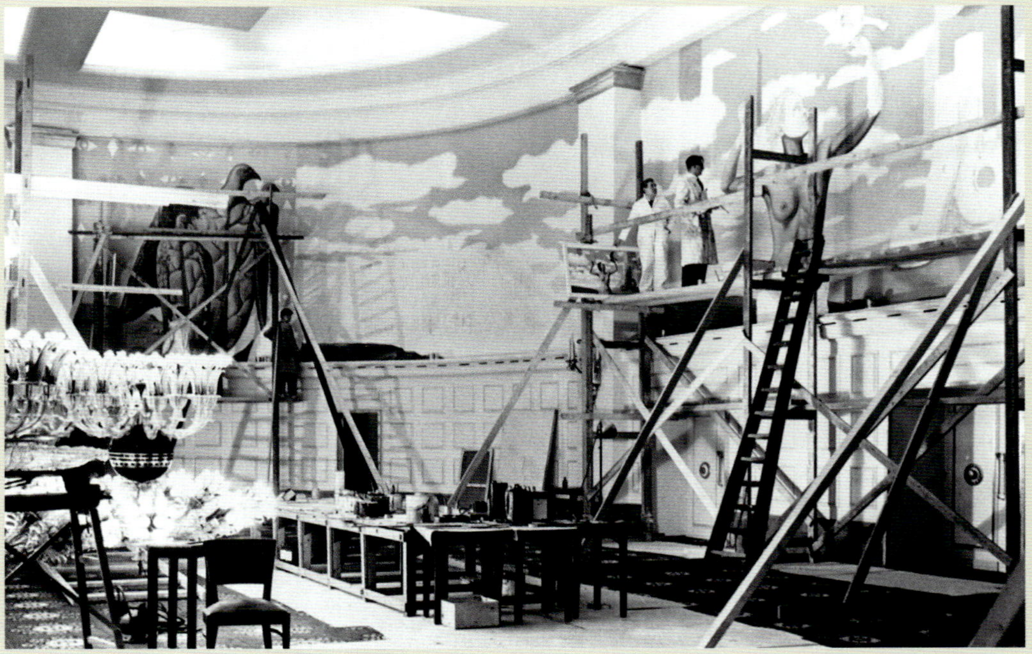

René Magritte sur le chantier de la fresque* Le Domaine enchanté *au casino de Knokke-le-Zoute, 1953.
En avril 1953, Magritte reçoit de Gustave Nellens, le propriétaire du casino de Knokke-le-Zoute, la commande d'une décoration murale panoramique pour la salle du Lustre. En mai, huit maquettes à l'huile sont exécutées et en juin commence le chantier. En dépit de ce que laisse supposer cette photographie, l'exécution du décor n'a pas été réalisée par Magritte, mais confiée à une équipe de peintres placée sous la responsabilité de Raymond Art, l'artiste se limitant à superviser les travaux. L'ensemble constitue un impressionnant catalogue des motifs de Magritte, restitués à une échelle monumentale.

Marcel Broodthaers et René Magritte en 1967 (photo Maria Gilissen).
Poète, photographe, réalisateur de films, plasticien, ces étiquettes ne parviennent guère à rendre compte de l'activité de Marcel Broodthaers, dont le principal projet a été précisément de remettre en cause le système d'échange entre l'art – comme institution à la fois muséographique, politique, économique – et le public. Pendant les années 1940, poète encore inconnu, il se mêle au milieu surréaliste de Bruxelles. C'est ainsi qu'en 1946 il rencontre Magritte, pour lequel il éprouve une immense admiration et qui exerce une influence importante sur son travail. Il lui sera fidèle jusqu'à la fin de sa vie.

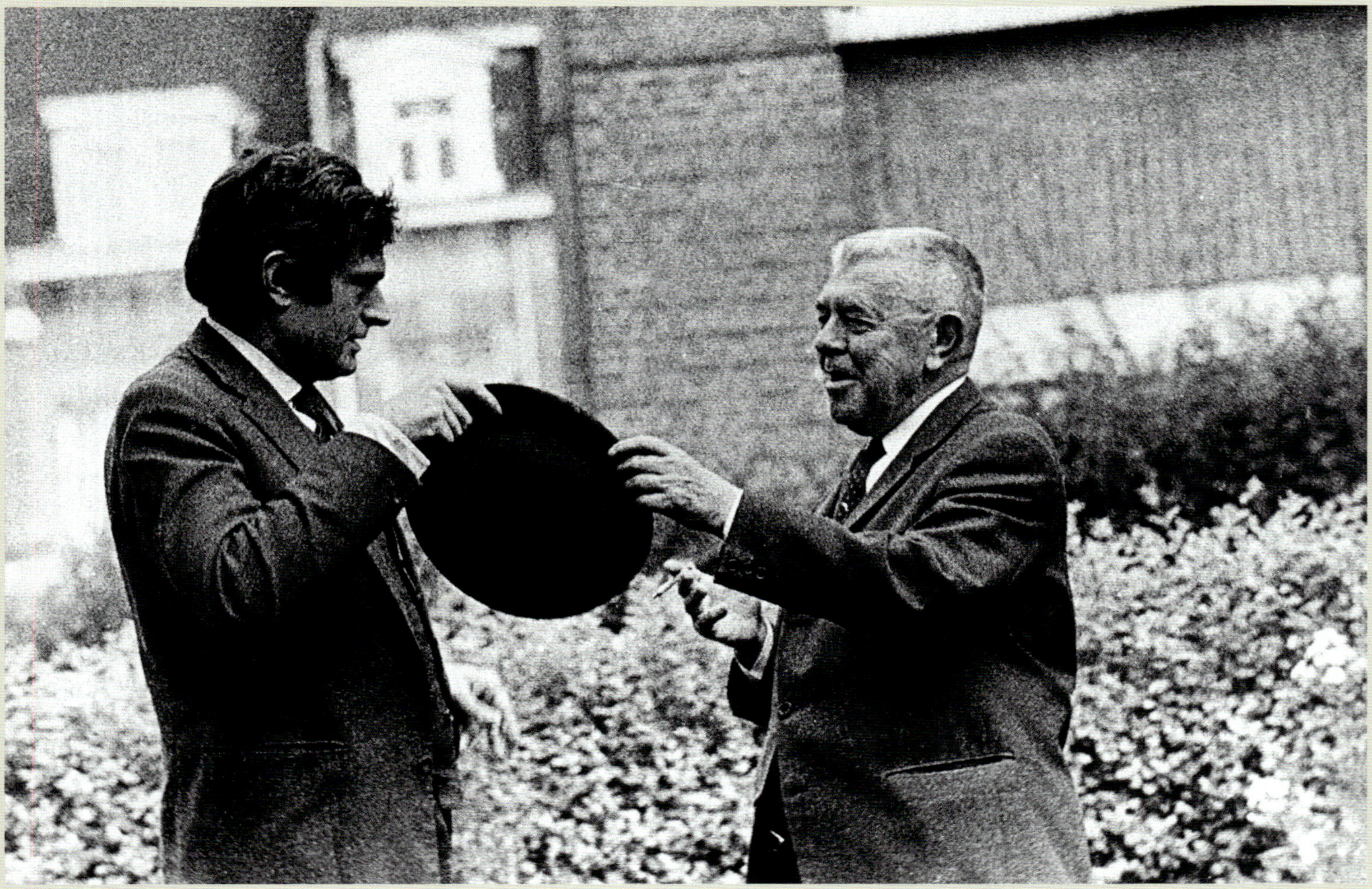

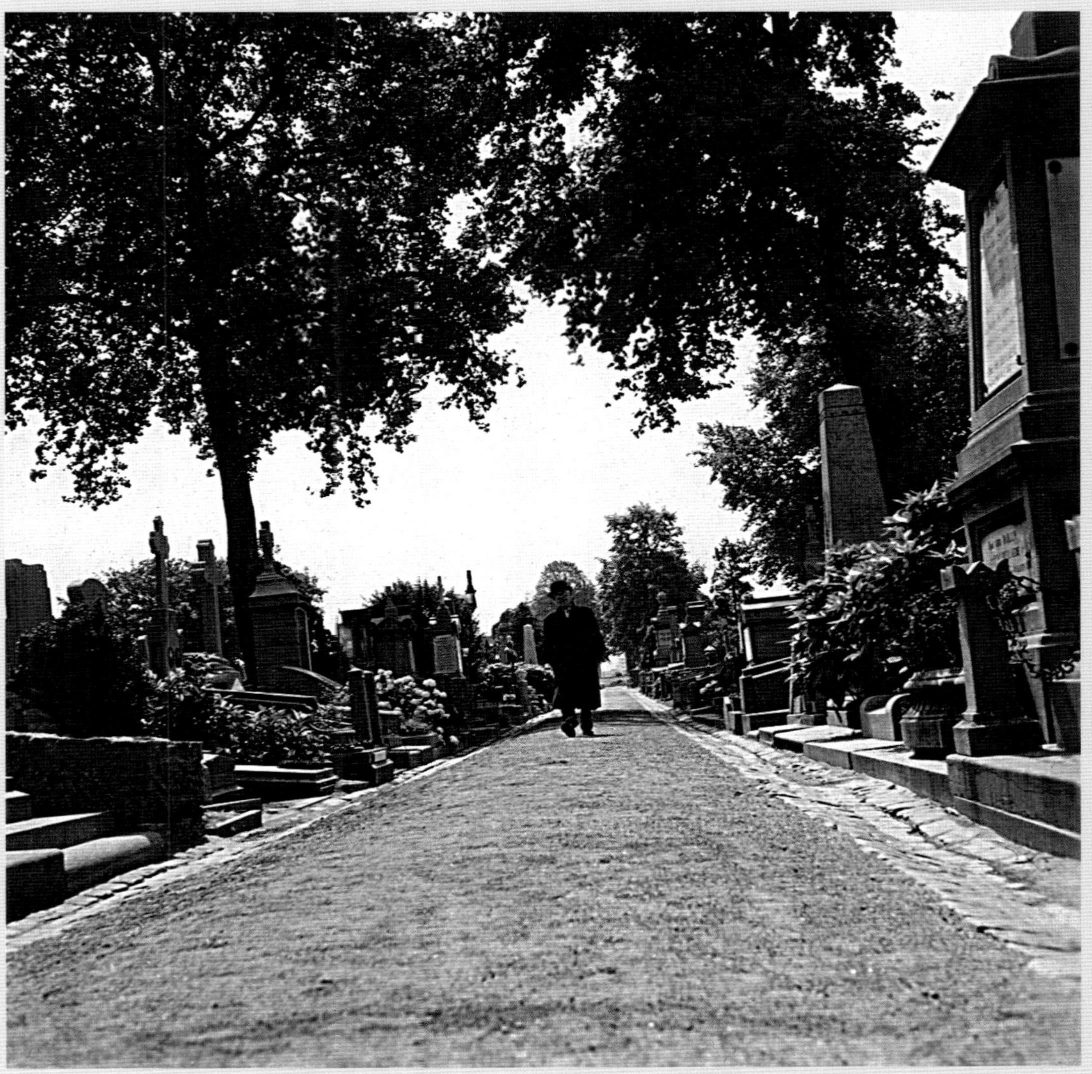

René Magritte (?) au cimetière de Schaerbeek (photo extraite du tournage du film* La Leçon de choses *de Luc de Heusch, 1959).

Dans le film de Luc de Heusch figure une séquence tournée en 1959 dans le cimetière de Schaerbeek, où est lu en voix *off* un extrait du texte autobiographique de Magritte, *La Ligne de vie*. Il y évoque un épisode de son enfance : ses jeux avec une petite fille dans un cimetière où venait peindre un artiste séduit par le charme des allées, et la fascination qu'il exerça sur le petit garçon qu'il était alors. C'est dans ce même cimetière de Schaerbeek que l'artiste sera enterré en 1967.

Les retombées financières de l'activité de Magritte lui permettent d'améliorer sensiblement son existence quotidienne : Georgette et lui quittent ainsi leur appartement exigu de la rue Esseghem pour deux adresses successives sur le boulevard Lambermont, avant de s'installer définitivement au 97 de la rue des Mimosas à Bruxelles-Schaerbeek en 1957. Par ailleurs, l'un des luxes que s'autorise enfin le peintre, en 1956, est l'achat d'une caméra, grâce à laquelle il tourne des courts-métrages avec ses proches (voir p. 154-157).

Toutefois, l'entourage de Magritte, dans ses dix dernières années, n'est plus tout à fait celui de l'avant-guerre. Certains amis partent vivre à l'étranger (ELT Mesens à Londres, André Souris à Paris), d'autres rompent les liens. Le premier à s'éloigner du peintre est Claude Spaak, pour des motifs qu'il ne donnera jamais ; puis c'est au tour de Paul Nougé, avec lequel les relations deviennent de plus en plus conflictuelles, jusqu'à la brouille définitive en 1952. Deux ans plus tard a lieu la rupture avec Marcel Mariën, quand celui-ci lance une revue trimestrielle, *Les Lèvres nues*. Les divergences de vues avec Magritte, qui dirige depuis 1952 *La Carte d'après nature* – une toute petite revue, parfois réduite à une carte postale, qui connaît douze numéros –, deviennent patentes, et les deux hommes s'éloignent définitivement l'un de l'autre.

Aux ruptures s'ajoutent les décès, celui de Paul Colinet en 1957, de Camille Goemans en 1960.

Mais aux fidèles amis d'autrefois, Louis Scutenaire et Irène Hamoir, se sont en revanche ajoutés des admirateurs et surtout des disciples : Jacques Wergifosse, un jeune poète liégeois ; Maurice Rapin et Mirabelle Dors, membres de l'entourage surréaliste de Breton, qui publient la correspondance échangée avec le peintre ; Suzi Gablik, jeune critique américaine qui lui consacre une monographie ; ou encore André Bosmans, peintre et poète qui manifestera un dévouement sans faille à Magritte jusqu'à sa disparition.

La gloire dont a bénéficié l'artiste à la fin de sa vie ne semble guère lui avoir procuré de satisfaction véritable, aux dires de Louis Scutenaire, qui rapporte qu'il en éprouvait même une sorte de culpabilité : « Magritte avait peint à ses débuts, lorsqu'il a commencé à faire des choses surréalistes, dans la même intention que les surréalistes, pour que son œuvre change le monde et non pas pour que son œuvre lui rapporte de l'argent ni des honneurs, ni des visites, ni de la considération. »

Sans avoir véritablement modifié sa vie, régulière et discrète, René Magritte s'est éteint le 15 août 1967 à son domicile des suites d'un cancer du pancréas. Trois jours plus tard, il fut enterré au cimetière de Schaerbeek.

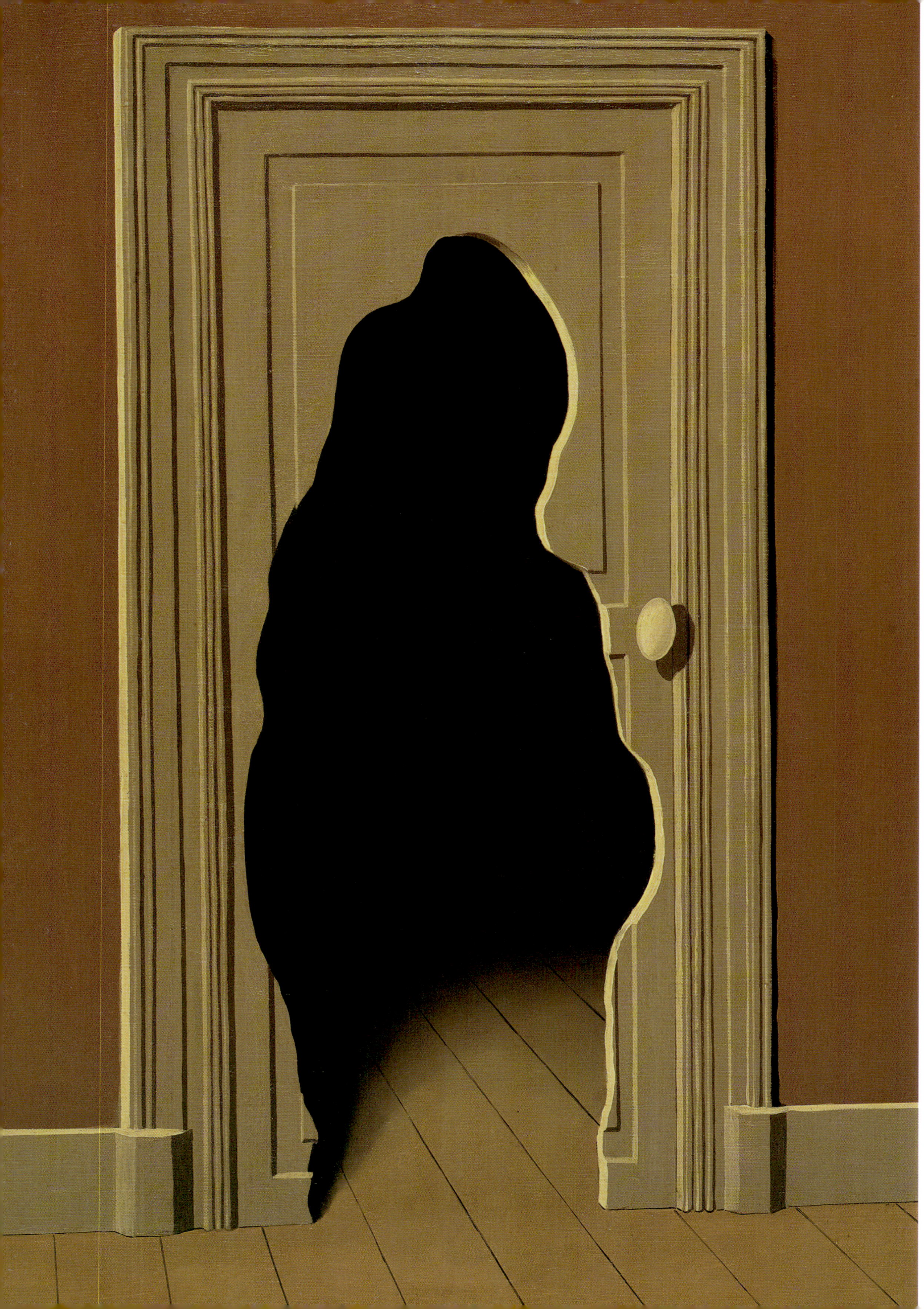

LE DOMAINE ENCHANTÉ

« Je n'ai pas le sentiment "d'ajouter" quelque chose au monde, où irais-je prendre ce que j'ajoute sinon dans le monde ? »

« Il est inutile d'envoyer en Amérique des tableaux qui sont tous nouveaux. Il en faut quelques-uns car il y a une faible chance qu'ils trouvent acheteurs. Ce qu'il faut surtout, ce sont des répliques de tableaux connus et digérés. » Écrites en 1950 et adressées par Magritte à Iolas, son marchand new-yorkais, ces réflexions résument la politique qu'il compte mener à ses côtés pour conquérir le marché américain, et, durant les années qui suivent, il produit en effet avec une extraordinaire énergie un nombre considérable de copies et de variantes de toiles et de gouaches antérieures, puisant dans ses œuvres anciennes ou plus récentes. C'est donc à une véritable industrie que le peintre a accepté de se plier, souvent avec lassitude, parfois aussi avec une indéniable excitation. « J'ai repeint d'anciens tableaux avec plaisir en "gouaches" », confesse-t-il à la fin des années 1950 à son ami Harry Torczyner. De fait, cette activité apparemment mécanique ne s'effectue pas fatalement au détriment de la qualité de ses œuvres, car nombre de variantes se révèlent plus abouties que l'original. Céder à des impératifs commerciaux ne signifie pas cesser d'être peintre, c'est-à-dire, pour l'artiste, rester toujours en quête de « l'idée » dont la présence dans un tableau constitue à ses yeux la marque de sa réussite.

Si l'on excepte les répliques véritables, généralement exécutées pour répondre à une commande précise, les variantes engagent en effet une confrontation nouvelle entre les objets : par le changement de leurs proportions, par la modification de l'échelle que le peintre établit entre eux, par un jeu inédit des couleurs ou la transformation d'un arrière-plan. Autant de déclinaisons qui ne sont pas étrangères aux recherches que Magritte effectuait dans les années 1930, période cruciale pendant laquelle il a cherché à comprendre la relation secrète entre les choses, ces fameuses « affinités électives » qui l'ont conduit à réutiliser jusqu'à satiété certains motifs. Une « méthode » qu'il a résumée en ces termes en 1952 : « Cet élément à découvrir, cette chose entre toutes attachée obscurément à chaque objet, j'avais acquis au cours de mes recherches la certitude que je la connaissais toujours d'avance, mais que cette connaissance était comme perdue au fond de ma pensée. Comme ces recherches ne pouvaient donner pour chaque objet qu'une seule réponse exacte, mes investigations ressemblaient à la poursuite de la solution d'un problème dont j'avais trois données : l'objet, la chose attachée à lui dans l'ombre de ma conscience et la lumière où cette chose devait parvenir. »

La dimension commerciale que Magritte introduit délibérément dans son œuvre d'après-guerre ne relève pas non plus d'une démarche totalement nouvelle, puisqu'en 1935 déjà, lors de sa première exposition à New York organisée par Julien Lévy, quinze œuvres sur les vingt-huit présentées étaient des variantes ou des répliques de toiles exécutées depuis 1926, réalisées dans de petits formats. La stratégie de la répétition et de la variation était donc déjà mise en place, mais la qualité médiocre de ces versions, le caractère mécanique de leur reproduction et la réduction excessive de leur format n'avaient pas permis d'atteindre le but escompté. L'étape se révèle pourtant importante, puisque Magritte abandonne alors la formule de la réduction peinte au bénéfice de la gouache.

Dorénavant, la gouache jouera un grand rôle dans le phénomène magrittien de la répétition. Sa rapidité d'exécution autorise la « manipulation » de thèmes et de motifs déployés dans les toiles, elle permet de tester

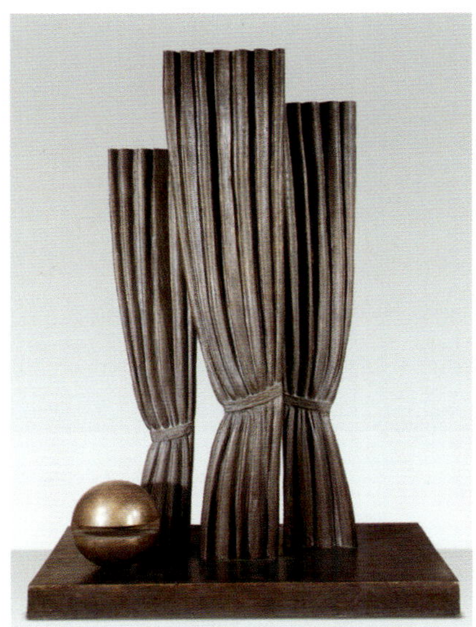

La Joconde, *1967, bronze, 248 × 177 × 99,5 cm, collection privée.*

Au début de l'année 1967, à l'instigation de son marchand Alexandre Iolas, Magritte décide de transposer certaines de ses œuvres en trois dimensions, et il exécute les dessins d'après lesquels seront fondues ses sculptures.
Ces dessins sont confiés à la fonderie Gibiesse, à Vérone. Se trouvant en Italie avec Georgette et les Scutenaire, Magritte se rend à la fonderie, où il retrouve Iolas, et apporte des modifications aux modèles en cire. Les fontes en bronze n'ont pu être achevées qu'après sa mort.

< **La Réponse imprévue**, *1933, huile sur toile, 82 × 54,4 cm.*

Ce tableau date d'une époque où Magritte tente de mettre au point une méthode pour créer, à partir des objets les plus ordinaires, un climat susceptible de dépayser le spectateur, de le plonger dans la perplexité et de le conduire à la réflexion. Détaché de son contexte, l'objet doit susciter, dit-il, une « réalité poétique bouleversante ». Et, selon l'artiste, de la juxtaposition d'objets qui n'ont en principe aucun lien entre eux naissent des « affinités électives », car chaque objet est lié à un autre avec lequel il entretient un rapport qu'il faut découvrir. Louis Scutenaire, l'ami de toujours, donne la clé de cette utilisation inattendue des objets quotidiens : « Entreprise ardue mais nécessaire que cette illumination d'une idée obscurcie par les brumes de l'indifférence et de l'habitude. Car la raison d'être de la porte n'est pas de se trouver rectangulaire et de bois, mais, si jeu libre nous est laissé, de nous livrer passage. Que le peintre y creuse un trou et l'évidence éclate : la porte a retrouvé le sens qu'elle avait perdu. »

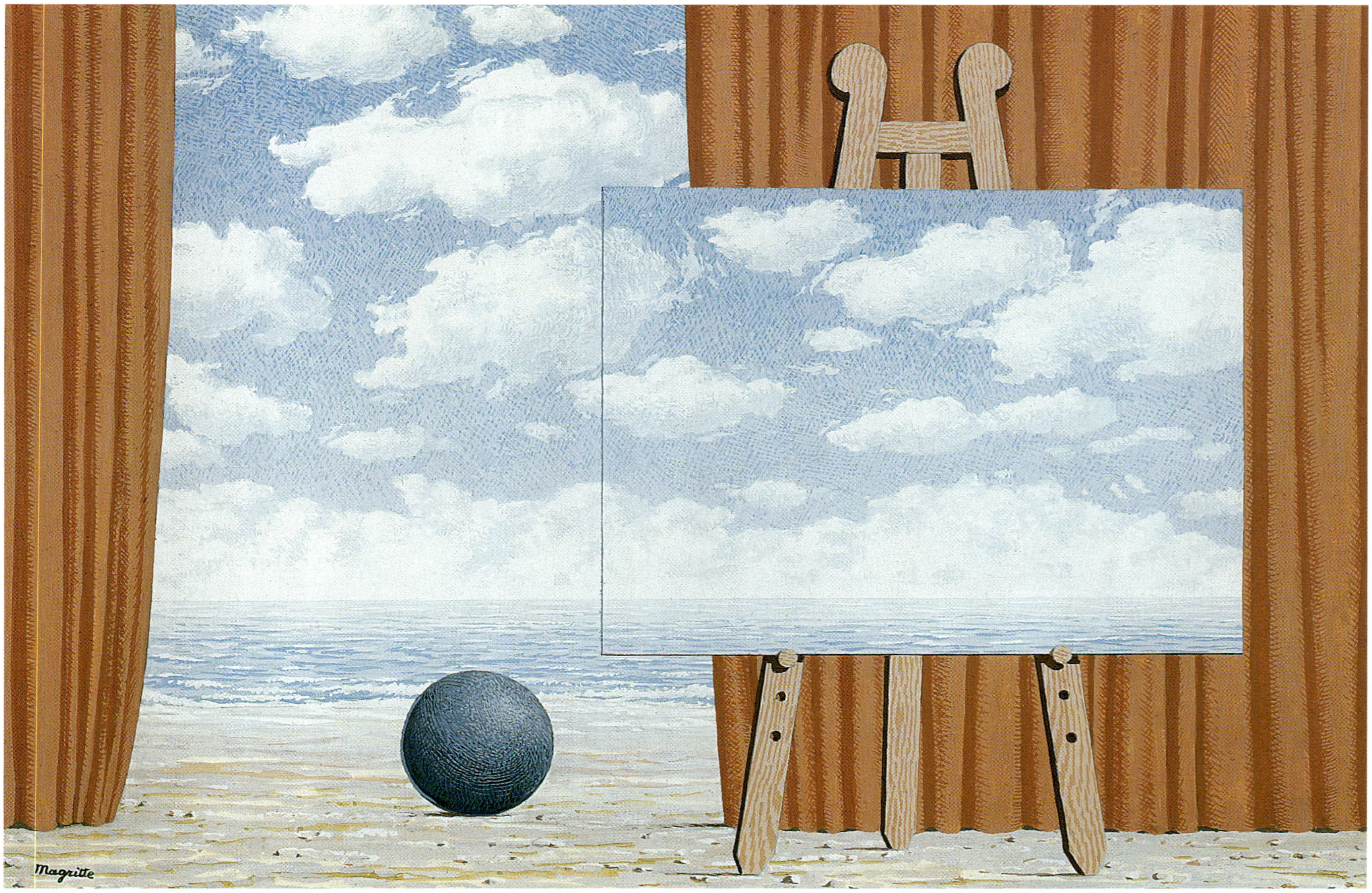

La Belle Captive, ***1967, gouache sur papier, 29,8 × 45,2 cm.***
Communauté française de Belgique.

Magritte a décliné dans de nombreuses toiles ou gouaches le thème de la fenêtre ou de la porte qui ouvre sur le monde extérieur, qu'il transcrit parfois par la présence d'un tableau dans le tableau. Cet artifice, qui a connu de nombreuses variantes, lui permet d'introduire une confusion entre l'espace réel et l'espace représenté et de souligner l'ambiguïté de la relation entre ces deux univers.

La Joconde, ***vers 1962, gouache sur papier, 35,2 × 26,2 cm.***
Communauté française de Belgique.

Le rideau, avec ou sans embrasse, fait partie des motifs les plus anciens utilisés par Magritte, puisqu'il apparaît dès 1925 dans ses premières œuvres surréalistes. Repris dans de multiples variantes jusqu'à la fin de la vie de l'artiste, isolé ou comme motif dans une composition, il a connu une version sculptée portant ce même titre, également présentée dans le musée (voir p. 119).

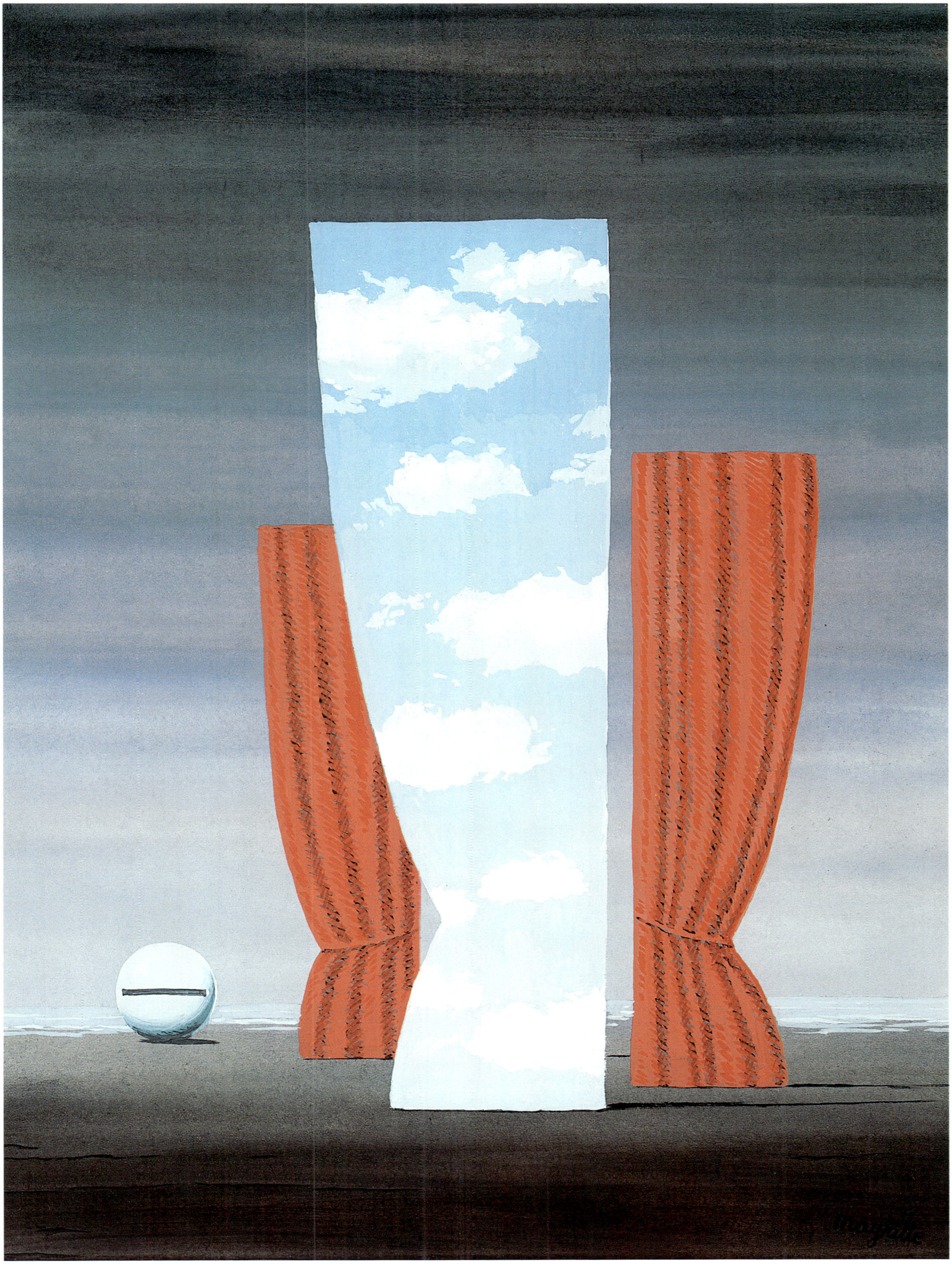

« Je ne peux montrer que du visible par la peinture. L'invisible, c'est-à-dire ce que la lumière ne peut éclairer, n'a pas d'apparence que la peinture puisse représenter. »

de nouvelles configurations, d'autres cadrages, d'assembler des éléments, en somme de jouer des possibles. Elle devient ainsi le vecteur d'un travail de copie qui ne vise jamais totalement l'identique, bien que l'artiste procède par la recherche du même, dans une démarche qui relève de la rationalisation de l'« art de peindre » tout en maintenant sa dimension poétique. En 1939, la rétrospective présentée au Palais des beaux-arts de Bruxelles met en évidence l'importance qu'a prise la gouache dans le laboratoire imaginaire de Magritte puisque, sur les vingt-quatre gouaches présentées, quinze sont des variantes d'œuvres antérieures.

À partir des années 1950, la production de ces gouaches s'accélère. Magritte transforme et varie ses images anciennes et se livre aussi à l'exercice de la copie « froide » : aux toiles peintes répondent de plus en plus de gouaches exécutées parallèlement. Mais l'artiste dénonce régulièrement dans sa correspondance les accusations de copie, justifiant ses variations par les nouvelles idées qu'elles suscitent. Et à cet argument il s'en ajoute un autre : elles constituent un canal essentiel pour la diffusion de son œuvre. Son travail ayant bénéficié de peu de reproductions dans les livres et dans les catalogues, Magritte, en publiciste averti, est conscient de l'utilité de ces gouaches, même s'il rechigne à la répétition et se plaint régulièrement de devoir céder aux demandes de Iolas, qui le ramène inlassablement vers des images du passé.

La conception que se fait Magritte de la répétition est singulièrement illustrée par sa relation, entamée en 1956, avec le collectionneur américain Barnet Hodes, qui souhaite reconstituer le parcours pictural de l'artiste par des copies de ses œuvres antérieures. Celui-ci accepte le défi et exécute une soixantaine de gouaches reproduisant des tableaux dont les plus anciens remontent aux années 1920. Le caractère représentatif voulu par le collectionneur conduit à décliner les thèmes majeurs que le peintre va reprendre à la suite les uns des autres, mais, si l'opération a un aspect mécanique, elle révèle aussi une mutation sensible de la peinture à la gouache. Malgré l'intérêt pris à ce projet, Magritte est gagné par une certaine lassitude, et il écrit à Hodes en 1960 : « Au sujet de mes prochains travaux, je dois vous dire qu'il me devient difficile de refaire des variantes de peintures déjà anciennes : il faut que j'arrive à concevoir des variantes qui apportent une nouvelle jeunesse à des idées d'un temps déjà passé pour moi. Je ne puis placer mon 'inspiration' dans ce sens, étant préoccupé à découvrir de nouvelles idées de tableaux. Il est évident que si je repeins toujours les mêmes tableaux, je pourrais penser que je n'ai plus rien d'autre à peindre ! » Lassitude, certes, mais qui n'exclut pas chez le peintre un certain plaisir à approfondir sa propre démarche lorsqu'il s'agit d'expliciter dans ses lettres telle image à son admirateur, ou d'éclairer le sens profond de tel objet.

La production en série de l'œuvre de Magritte, déclinée en variantes de tout type et de tout format, n'est pas sans susciter des commentaires acerbes chez ses détracteurs, ce dont l'informe en 1962 André Blavier, l'animateur de la revue *Temps mêlés*. La réaction du peintre rend compte de son agacement : « Ce que vous n'exprimez ni ne pensez est en effet significatif : 'mon habitude de variantes d'un même thème sous un même titre'. Il faut être 'frappé' (afin de ne pas faire les réserves d'usage) par les quelque cinquante ou à peu près 'variantes' que j'ai peintes. Grâce à cette réserve, le concept de 'thème' est là pour également réduire les choses à une mesure moins frappante. » Magritte, de toute évidence, minimise la part que représentent les copies dans l'ensemble de sa production. À ses yeux, chaque variante induit un approfondissement de l'idée initiale, lorsqu'il ne s'agit pas d'une réelle réorganisation du propos. Les copies intégrales sont pour lui secondaires, car la valeur d'une image ne se mesure pas à son statut d'œuvre unique, mais à l'imaginaire qu'elle laisse surgir au terme de sa construction. En soi, l'image n'est rien, elle ne constitue que le véhicule visible de l'idée.

Cette démarche s'inscrit dans l'air du temps. En 1966, Magritte s'intéresse à un procédé nouveau de reproduction en série, la kamagraphie, fondée sur une invention du chimiste Henri Cocard. L'hebdomadaire *Paris Match* se fait l'écho de l'innovation : « Une toile 'préparée' dont le dos est une plaque en plastique revêtue de plots conducteurs est mise à la disposition de l'artiste. Celui-ci la peint, sans aucune restriction de technique : à l'huile, à la colle, au pinceau, au couteau, par glacis, en pleine pâte, etc., bref, comme il en a l'habitude. Quand le tableau est sec, il est soumis à quarante-deux opérations qui vont l'homogénéiser avec une couche de résine spéciale, filmogène et translucide, puis il va rester pendant vingt-quatre heures à la température de 180 °. Il ne reste alors absolument rien de l'original qui est détruit, mais la machine enfante deux cent cinquante toiles strictement identiques à l'original. » Magritte réalise selon ce procédé une variante d'une œuvre intitulée *Le Musée du roi*, dont les multiples sont reproduits dans *Paris Match*. La technique l'enthousiasme, d'autant qu'elle ne perturbe pas son mode d'expression. Sacrifiée, l'œuvre favorise une diffusion ample du principe de répétition, dont elle ne constitue, finalement, qu'une incarnation.

Le procédé est abandonné au moment où l'œuvre de Magritte, la reconnaissance venant, fait l'objet de reproductions de plus en plus nombreuses et de plus en plus variées. Exploité par la publicité, son imaginaire connaît après son décès une diffusion de masse qui va de l'affiche à la carte postale, du livre à l'objet commercial. Toutefois, même démultipliée à l'infini, la charge poétique de l'image demeure irréductible.

Bel Canto, *1938, huile sur toile, 73,5 × 54,7 cm.*

L'idée de ce tableau serait venue à Magritte, selon ses propres dires, d'un rêve dont il a fait part à Edward James, accompagnant sa lettre d'un croquis : « J'ai été moi-même visité une nuit par un ambassadeur de ce pays où les salons sont éclairés avec des bougies, c'était un curieux personnage composé de plaques irrégulières de marbre de nuit sur lesquelles était gravé en calligraphie le mot 'Bel Canto' et il était très grand et cachait une grande partie d'un paysage d'hiver, où au-dessus de toits couverts de neige, il y avait un ciel bleu très lumineux. » Scutenaire, qui acheta ce tableau à l'époque où il a été peint, en donne une version différente : « Un matin d'hiver qu'il était sorti pour acheter du lait, il vit brusquement se dresser entre lui et les maisons couvertes de neige un énorme édifice de formes noirâtres, de plateaux sombres collés les uns aux autres ou les uns sur les autres et qui portaient une inscription, 'Bel Canto'. Il a fait de cette vision un tableau fidèle qui s'appelle 'Bel Canto'. »

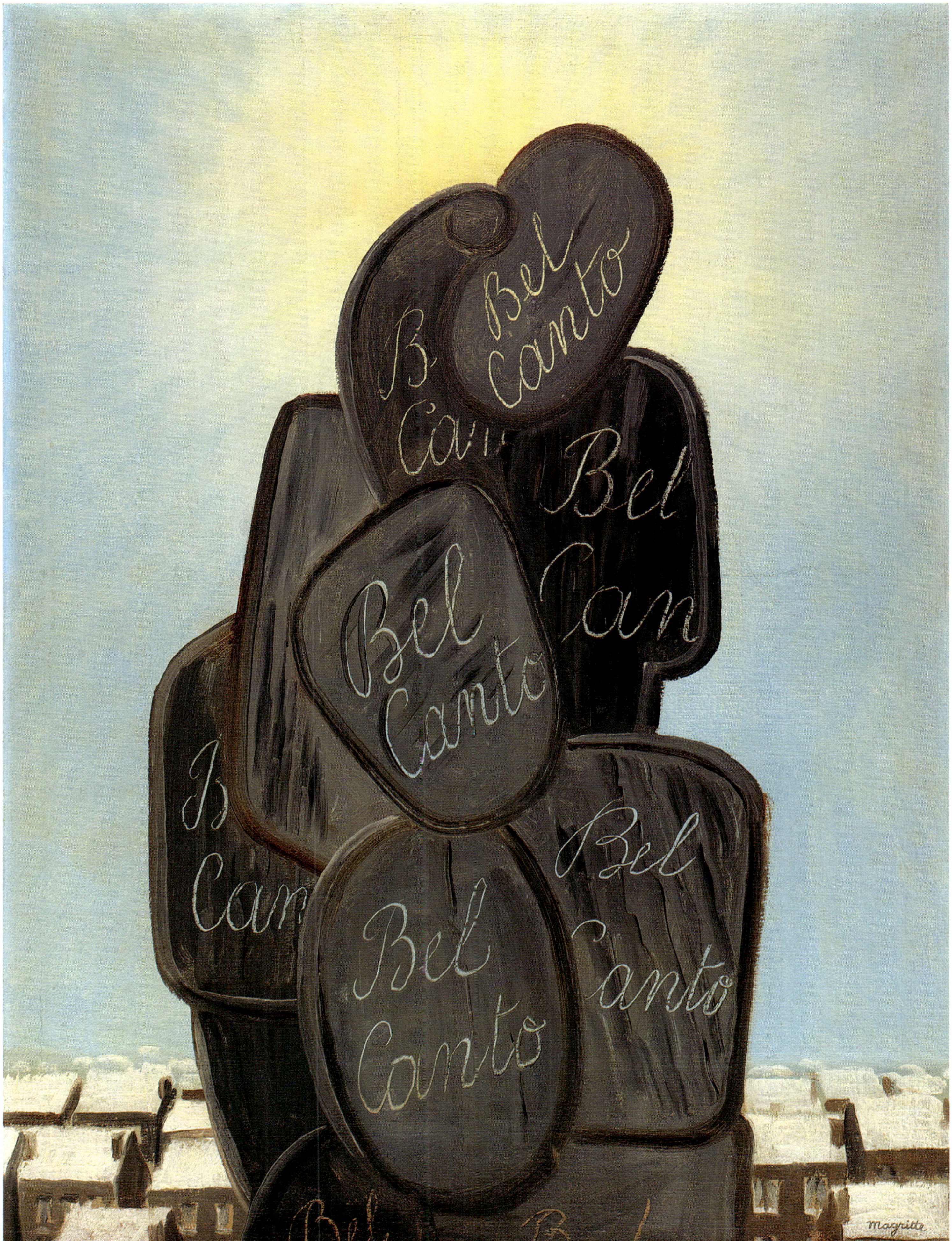
Bel
Canto
B
Can
Bel
Can
Bel
Canto
B
Can
Bel
Canto
Bel
Canto
Bel
Bel
magritte

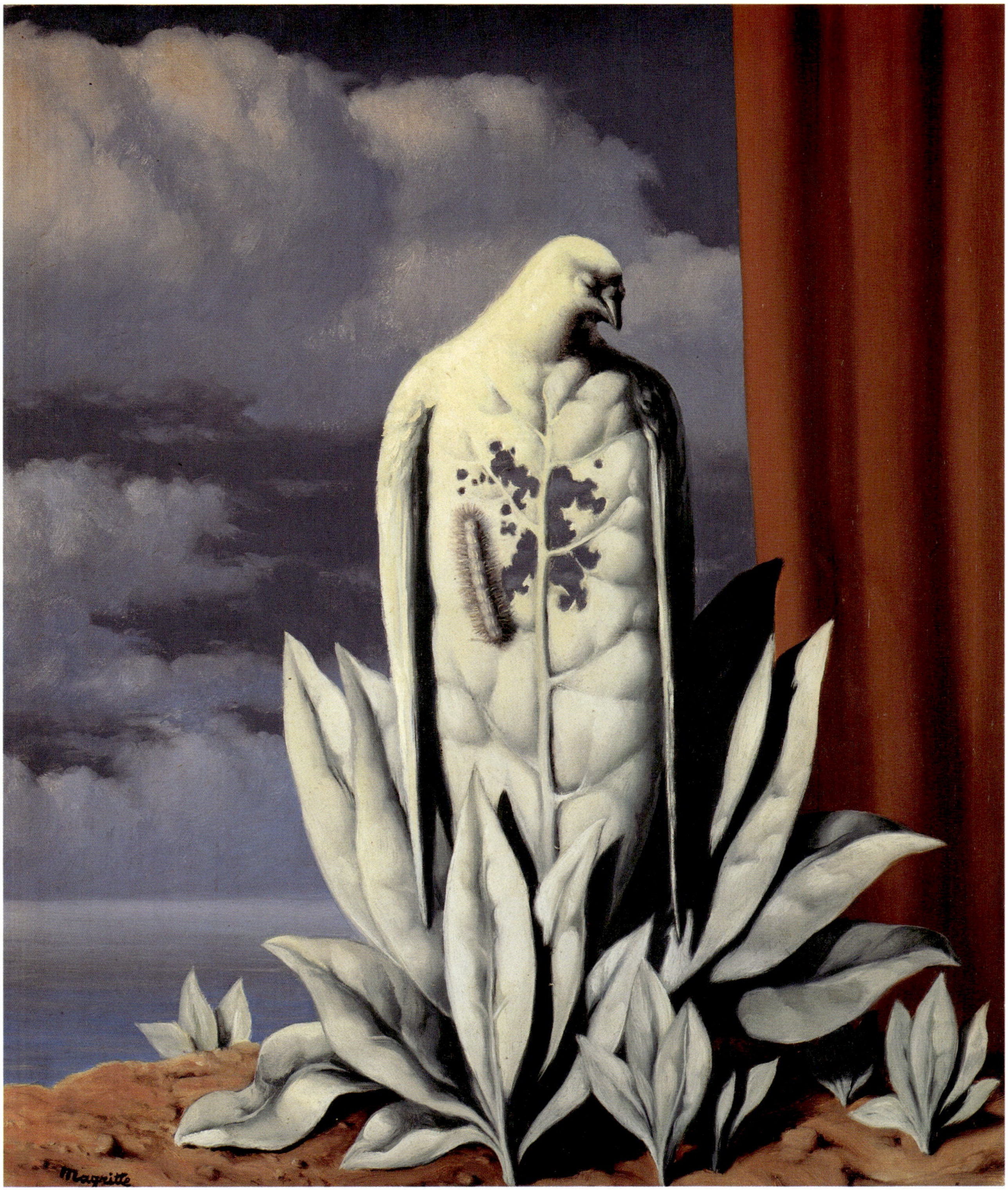

La Saveur des larmes, *1948, huile sur toile, 60 × 50 cm.*

La Saveur des larmes constitue une exception dans l'œuvre de Magritte, car c'est le seul tableau dont il existe une réplique exactement identique : mêmes dimensions, même date, même signature en bas à gauche, même mention du titre et de la date au revers. Le cas est si particulier que Marcel Mariën lui consacra un texte intitulé « Le jumeau d'Amérique » quand l'une des deux toiles fut mise en vente à New York en 1983 – elle fut acquise par le Barber Institute de Birmingham –, et qu'on découvrit l'existence de cette paire. Personne n'a jamais su ce qui avait poussé Magritte à ce redoublement : est-ce par goût de la mystification ? par lassitude ? Il faut se souvenir que l'artiste sort à cette époque de sa période « plein soleil », si mal reçue, et qu'il revient sans grande joie à son style précis et méticuleux, poussé par la nécessité matérielle. C'est peut-être ce qui explique la tonalité mélancolique de ce tableau où apparaît un grand oiseau-feuille, rongé par une chenille qui annonce sa destruction.

Le Présent, *1938-1939, gouache sur papier, 48,3 × 32,4 cm, collection privée.*

À l'exposition personnelle de Magritte au Palais des beaux-arts de Bruxelles, en mai 1939, figuraient dix toiles et vingt-quatre gouaches, auxquelles une salle avait été consacrée. Sur ces gouaches, une dizaine présentaient des compositions originales, dont certaines n'ont jamais été transposées à l'huile : *Le Présent* compte parmi celles-ci. On a parfois expliqué l'intérêt de l'artiste pour la gouache, à cette époque, par la nécessité d'une production rapide en vue de l'exposition, mais il semble que la meilleure réponse vienne de Magritte lui-même. Dans une lettre à Marcel Mariën où il exprime sa lassitude de peindre, en avril 1939, il ajoute : « je suis tellement blasé de la peinture que pour me stimuler il faut une association d'idées pas nécessairement sensationnelle, mais qu'un je ne sais quoi parvient à isoler et à lui donner comme une qualité précise : celle de me faire marcher, ainsi l'aigle au veston ».

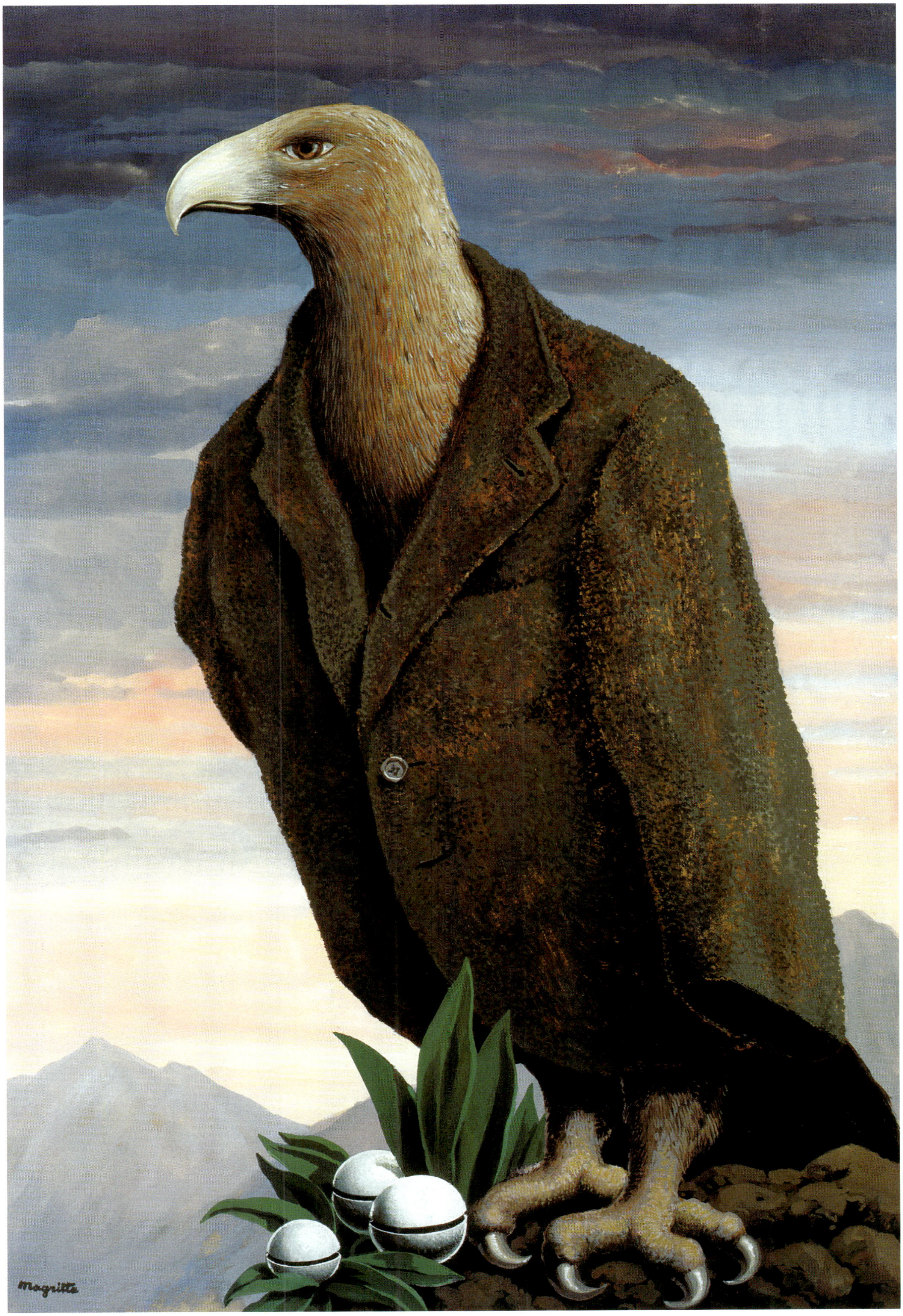
Magritte

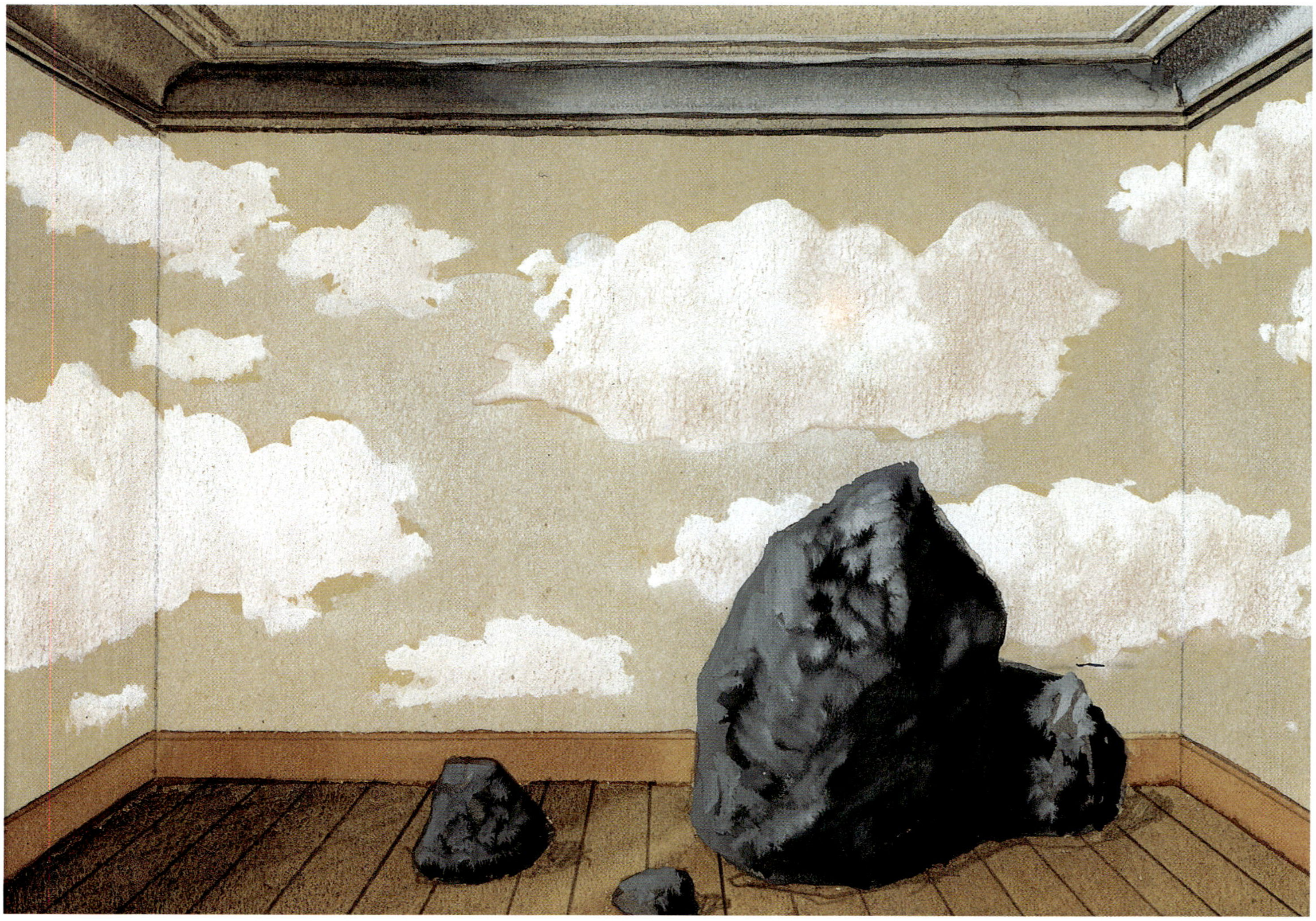

[Quatre rochers dans un intérieur], *vers 1952, gouache et crayon sur papier, 12,7 × 18 cm. Communauté française de Belgique.*

« D'un autre point de vue, l'existence dure de la pierre, bien définie – "un sentiment dur"–, et le système mental et physique d'un être humain ne sont pas sans liens. »

Le Domaine d'Arnheim, *1962, huile sur toile, 146 × 114 cm.* >

Légué par Georgette Magritte aux Musées royaux des beaux-arts, ce tableau de dimension exceptionnelle a été exécuté en 1962 spécialement à son intention, en remplacement d'une autre peinture qui lui appartenait et que l'artiste avait finalement vendue. Il existe trois versions sur ce thème, abordé par Magritte pour la première fois en 1938. Il écrivait alors à Edward James : « Je travaille à présent à un tableau (…) C'est "Le domaine d'Arnheim", en souvenir de ce conte de Poe qui peut selon moi donner lieu à des pensées comme celle-ci : on déplace des montagnes pour que le soleil apparaisse selon un désir déterminé. » C'est en effet dans les *Histoires grotesques et sérieuses* d'Edgar Allan Poe, traduites par Baudelaire, que Magritte a puisé son sujet, inspiré par les paysages fantastiques qui y sont décrits et par sa complicité avec Ellison, le personnage central de l'histoire, « un poète dans le sens le plus large et plus noble et qui aurait pu être peintre ». Si, dans la première version, le paysage était vu à travers une fenêtre au mur de pierre bien visible, celle-ci a disparu dans la reprise, laissant toute son ampleur à cette majestueuse montagne-aigle.

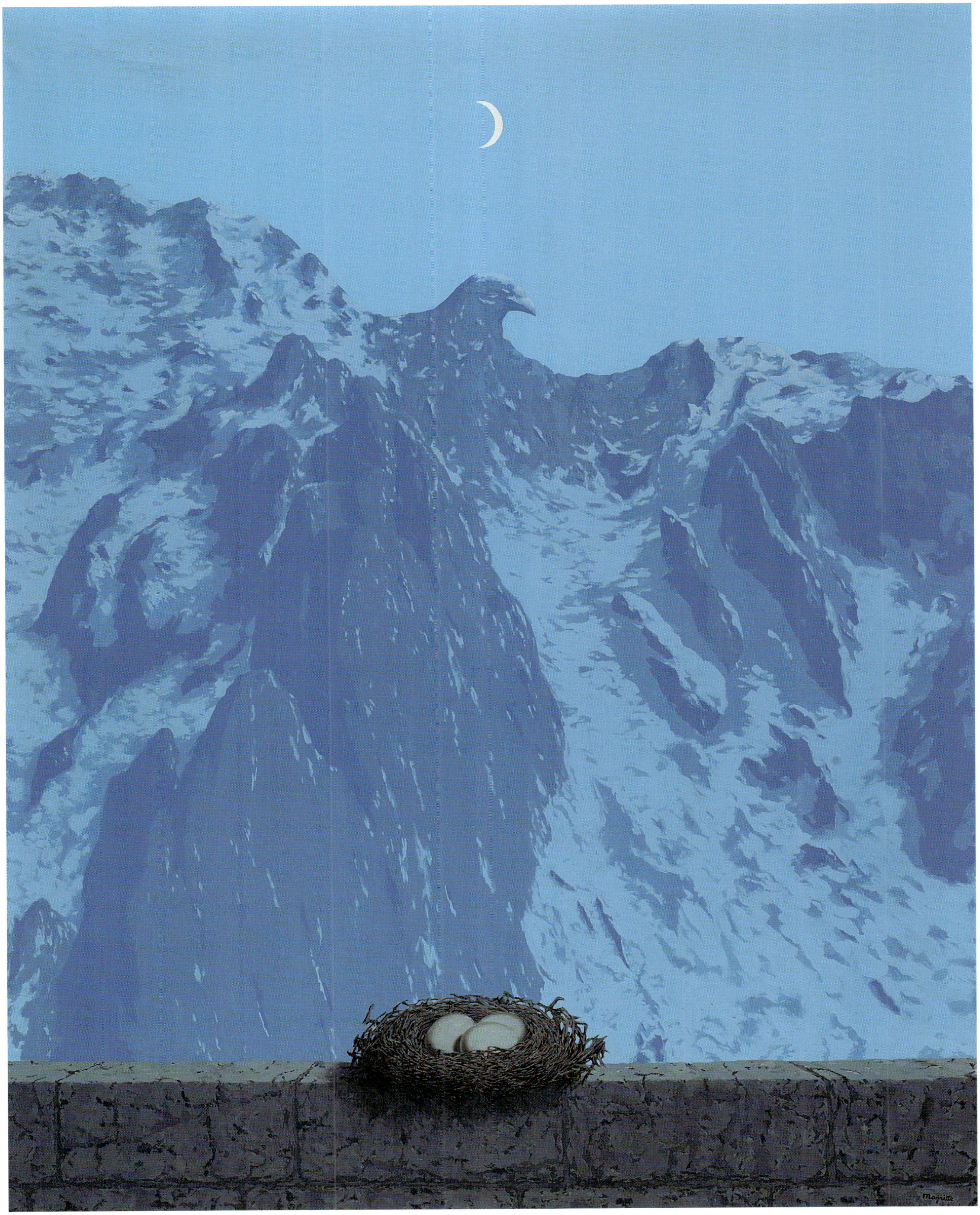
Magritte

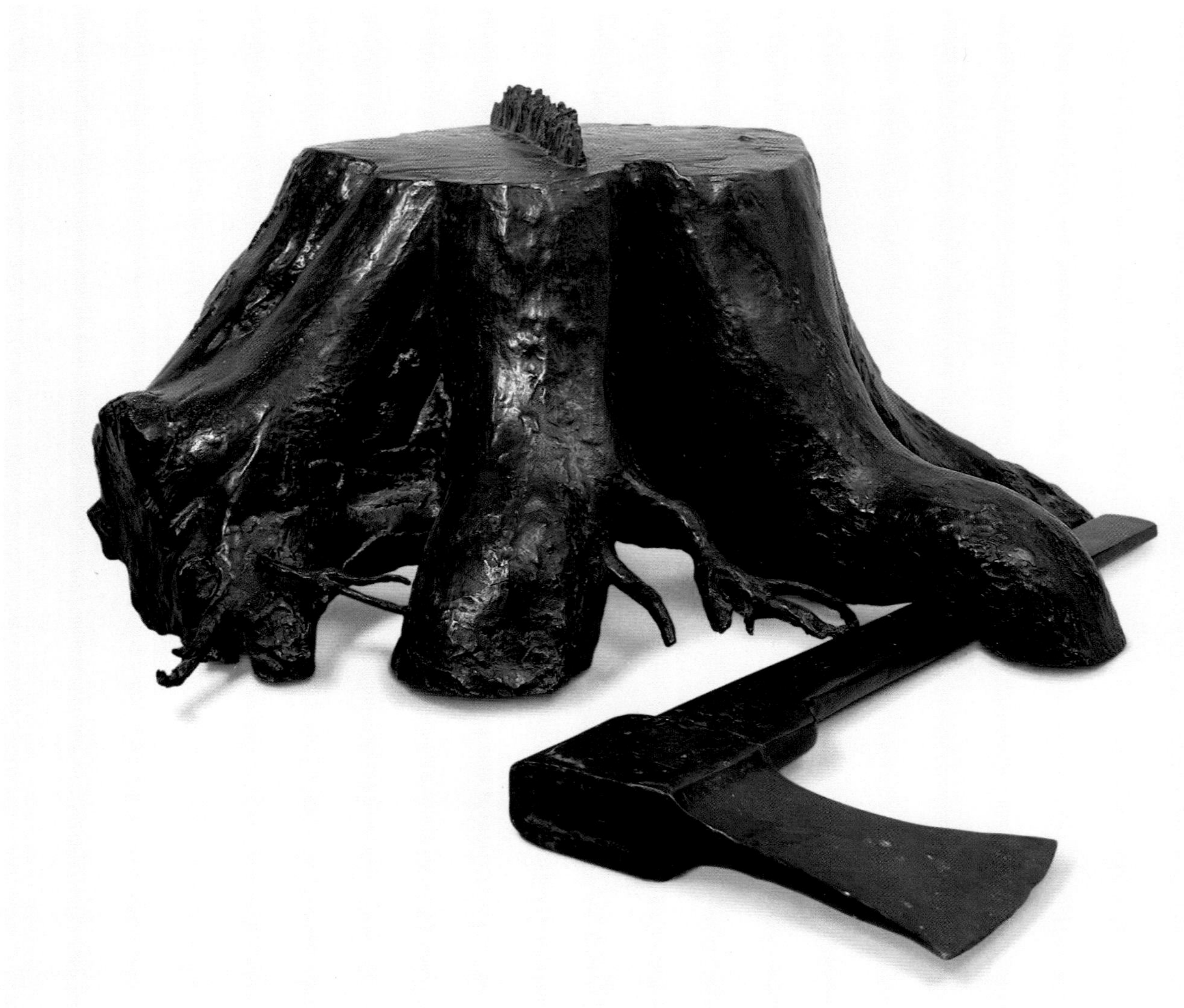

Les Travaux d'Alexandre, *1967, bronze, 67,5 × 145 × 102 cm.*
Propriété de P&V Assurances.

Les Grâces naturelles, *1967, bronze, 102 × 58,2 × 43,5 cm.* >
Collection Communauté française de Belgique.

Précédées de dessins préparatoires, les huit sculptures conçues par Magritte au début de l'année 1967 n'ont été fondues en bronze qu'après sa mort. Deux ans plus tard, Iolas organisait une exposition de ces sculptures dans sa galerie parisienne, et, préfaçant le catalogue, il rappelait la genèse des œuvres : « je lui demandai s'il avait jamais envisagé de faire des sculptures. Avec une fermeté totale il me répondit "oui", mais qu'il ne ferait pas en sculpture autre chose que ses tableaux, ceux dont l'idée restait pour lui impérieuse et claire : qu'il ne ferait jamais une sculpture plastique comme un sculpteur ; qu'il donnerait en sculpture ses idées. Quand nous nous revîmes quelques semaines plus tard, il me dit voir déjà "quelles peintures feraient des sculptures Magritte" ».

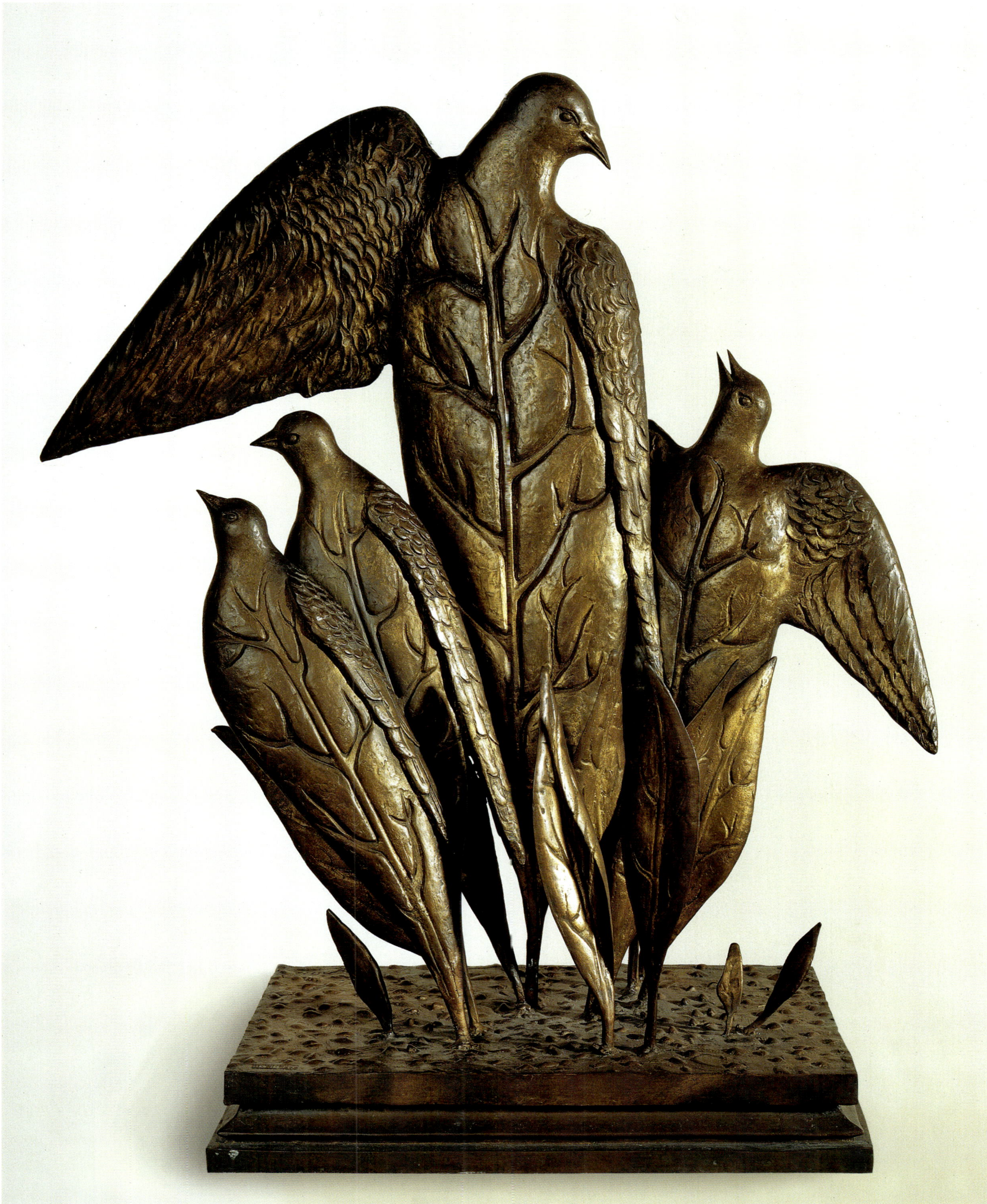

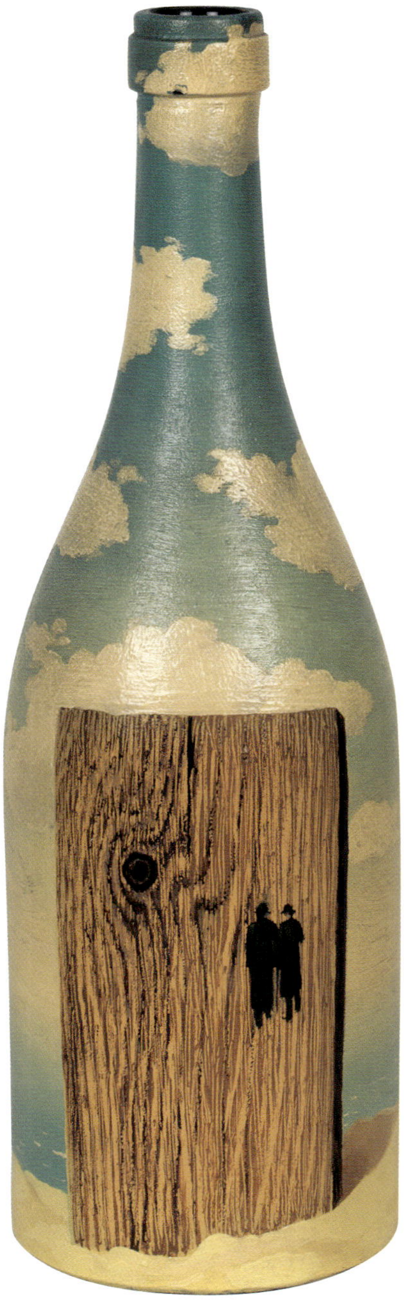

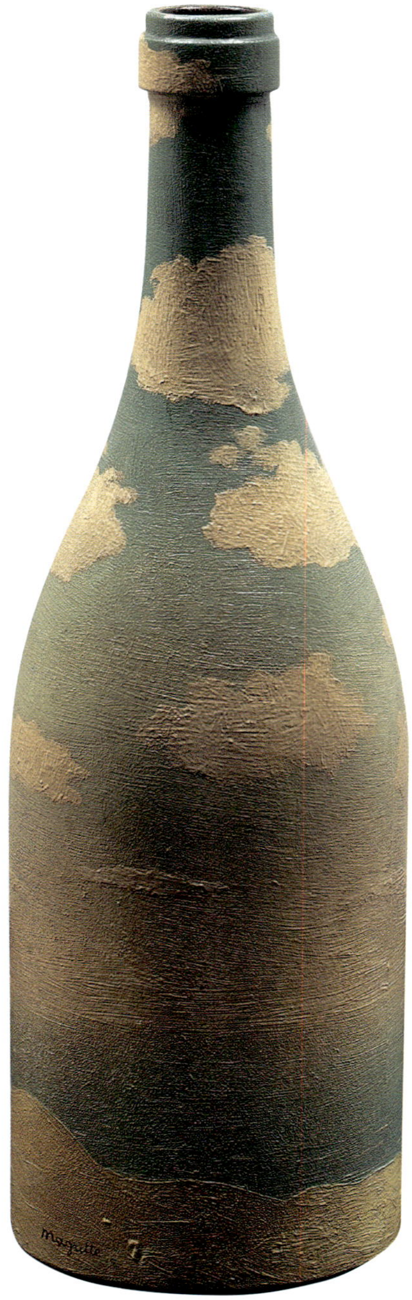

Bouteille peinte (Deux hommes en conversation), ***1942, huile sur bouteille en verre, H. 28 ; diam. 8,5 cm.***

Magritte semble avoir commencé à exécuter ses bouteilles, peintes à l'automne 1940, à son retour de France. Au total, ce sont environ vingt-cinq bouteilles qui ont été répertoriées jusqu'aux années 1960, aucune n'étant datée par l'artiste. Sur un grand nombre d'entre elles figure une femme nue dont les épaules épousent les courbures du support, mais on y trouve aussi des motifs récurrents chez l'artiste, comme le ciel, diurne ou nocturne, ou l'oiseau.

Le Bain de cristal, ***1949, gouache sur papier, 46 × 36 cm, collection privée.***

La nécessité de répondre aux exigences du marché américain a conduit Magritte à multiplier les gouaches, qui constituent pour la plupart des variations sur des thèmes antérieurs ; c'est le cas de celle-ci, créée d'après un motif datant de la période « Surréalisme en plein soleil ». Elle fut envoyée à New York à Alexandre Iolas en septembre 1949, mais, n'ayant pas trouvé preneur, elle fut réclamée par Magritte, qui avait pour elle un attachement particulier. Dans une lettre à son marchand, datée de l'année suivante, où il évalue les chances commerciales de ses œuvres, il ajoute : « cela ne veut pas dire que ce qui n'est pas vendu (comme la sublime gouache *Le Bain de cristal* par exemple) doit être déchiré ».

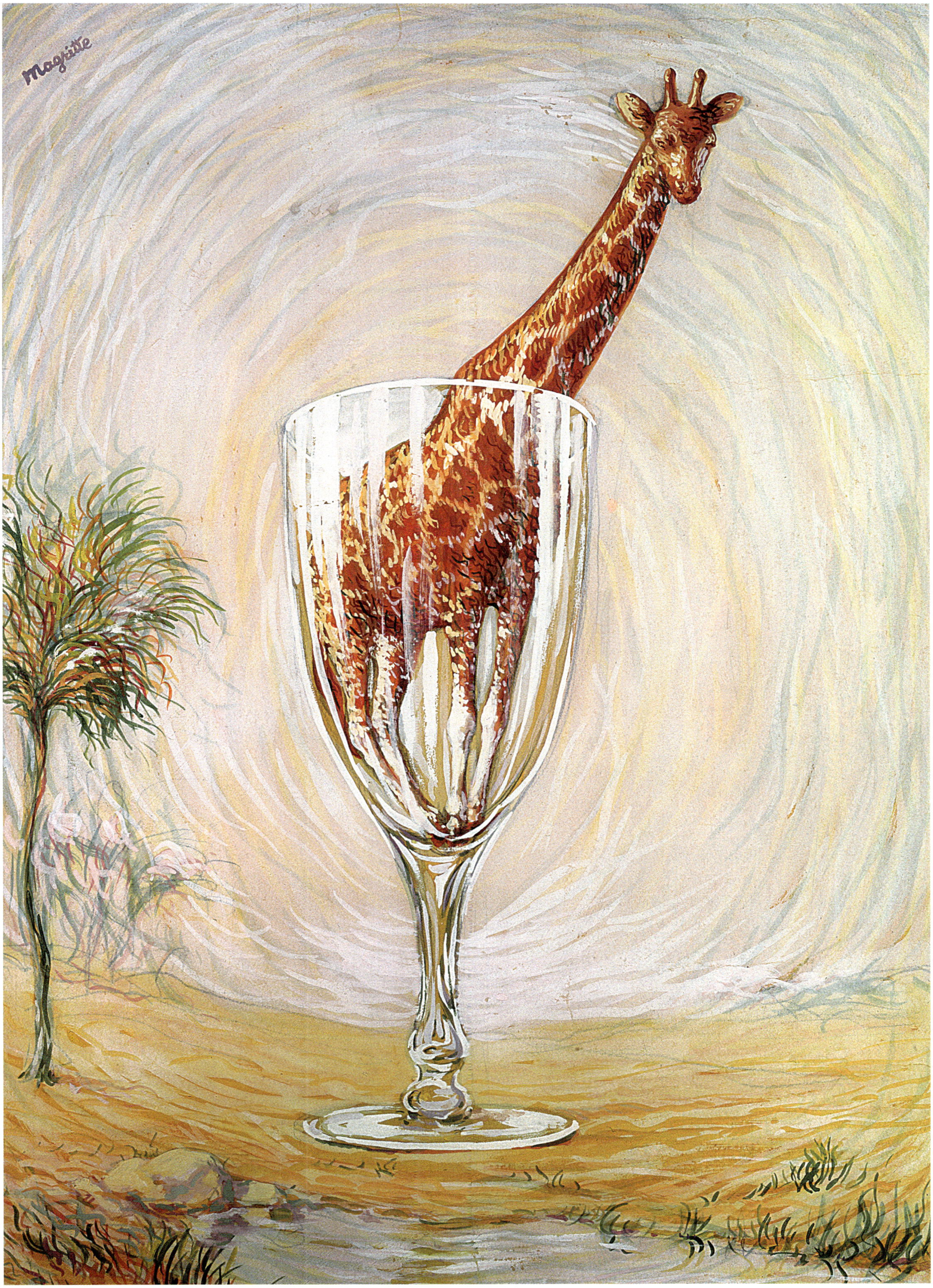
Magritte

Les Rencontres naturelles, ***1945, huile sur toile, 81 × 65,3 cm.***

En 1945 apparaissent dans les toiles de Magritte des bilboquets avec une tête prolongée par un museau. D'abord marginaux, ils deviennent des personnages centraux à partir de ce tableau. Dans l'ouvrage conçu par Magritte et intitulé *Dix tableaux*, l'artiste donne la description suivante de cette toile – mais comme à l'accoutumée sans en livrer le sens : « Deux personnages de bois se trouvent dans une chambre. Dans le mur, une fenêtre oblique. »

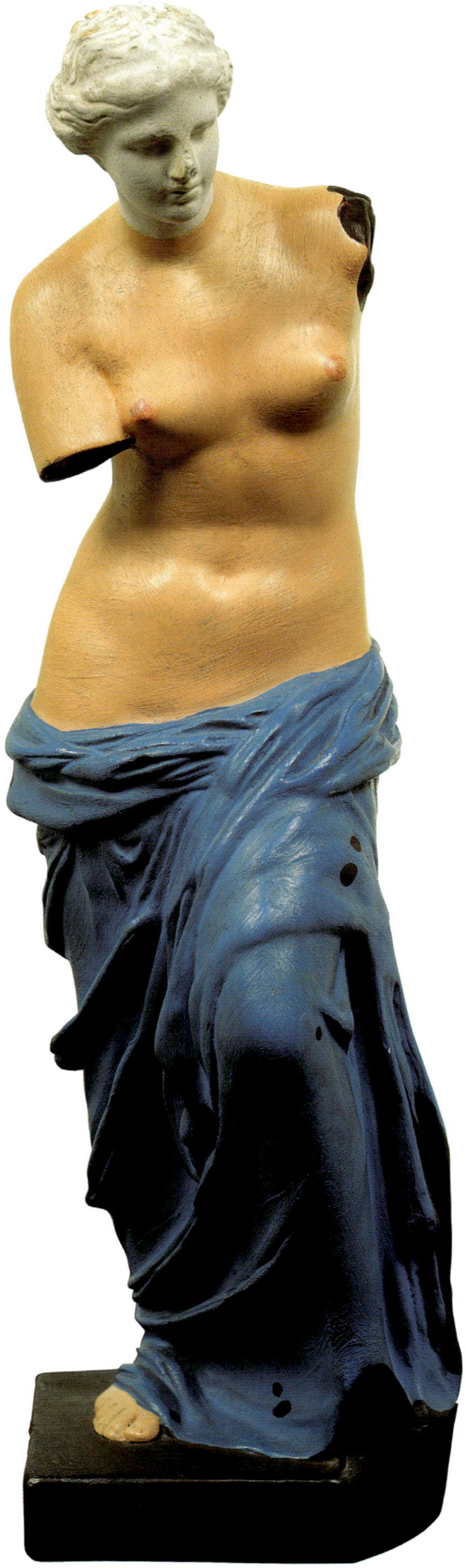

Les Menottes de cuivre, ***1931, huile sur une reproduction en plâtre de la Vénus de Milo, 37 × 11,5 × 11 cm.***

Peinte à la demande de ses amis Scutenaire, cette Vénus de Milo fait partie des plâtres que Magritte présenta en 1933 lors de son exposition personnelle au Palais des beaux-arts de Bruxelles. Paul Nougé, dans la préface au catalogue, la commentait en ces termes : « ce torse de chair joignant une tête de craie à des jambes drapées de bleu pur, et les bras tranchés s'ouvrant sur la nuit la plus noire – voici une statuette dont la seule vertu de présence change en liège l'authentique Vénus de Milo ». Comme les autres plâtres peints par Magritte, celui-ci avait à l'origine pour titre *L'Avenir des statues*. C'est en 1936 seulement que lui fut donné le titre *Les Menottes de cuivre*, trouvé par André Breton. Considérée comme un « objet surréaliste », une réplique de cette statuette fut présentée cette année-là à Paris à la galerie Charles Ratton lors de l'« Exposition surréaliste d'objets ». L'année suivante, à Londres, à la London Gallery, elle figurait dans l'exposition « Surrealist Objects and Poems ».

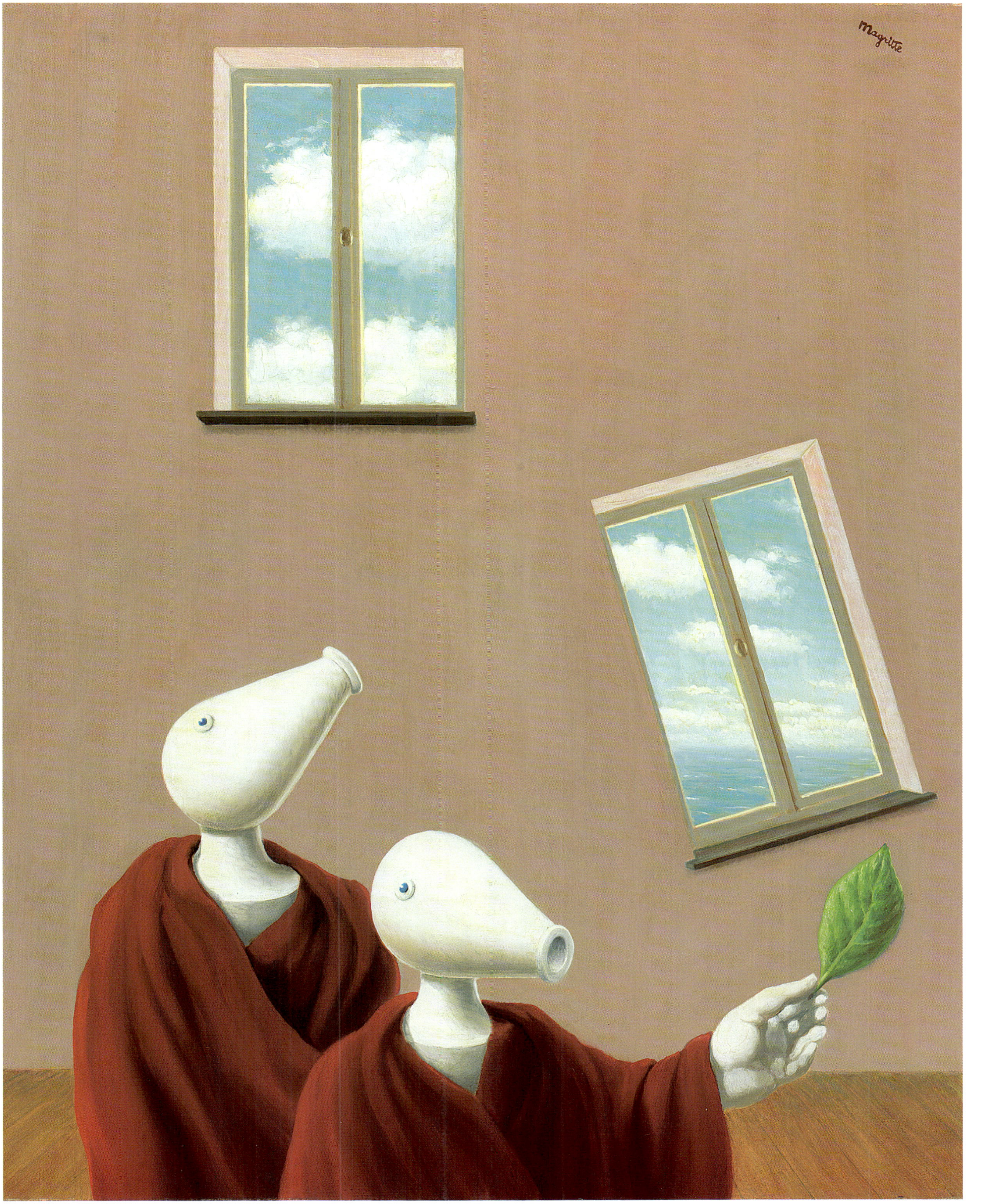
Magritte

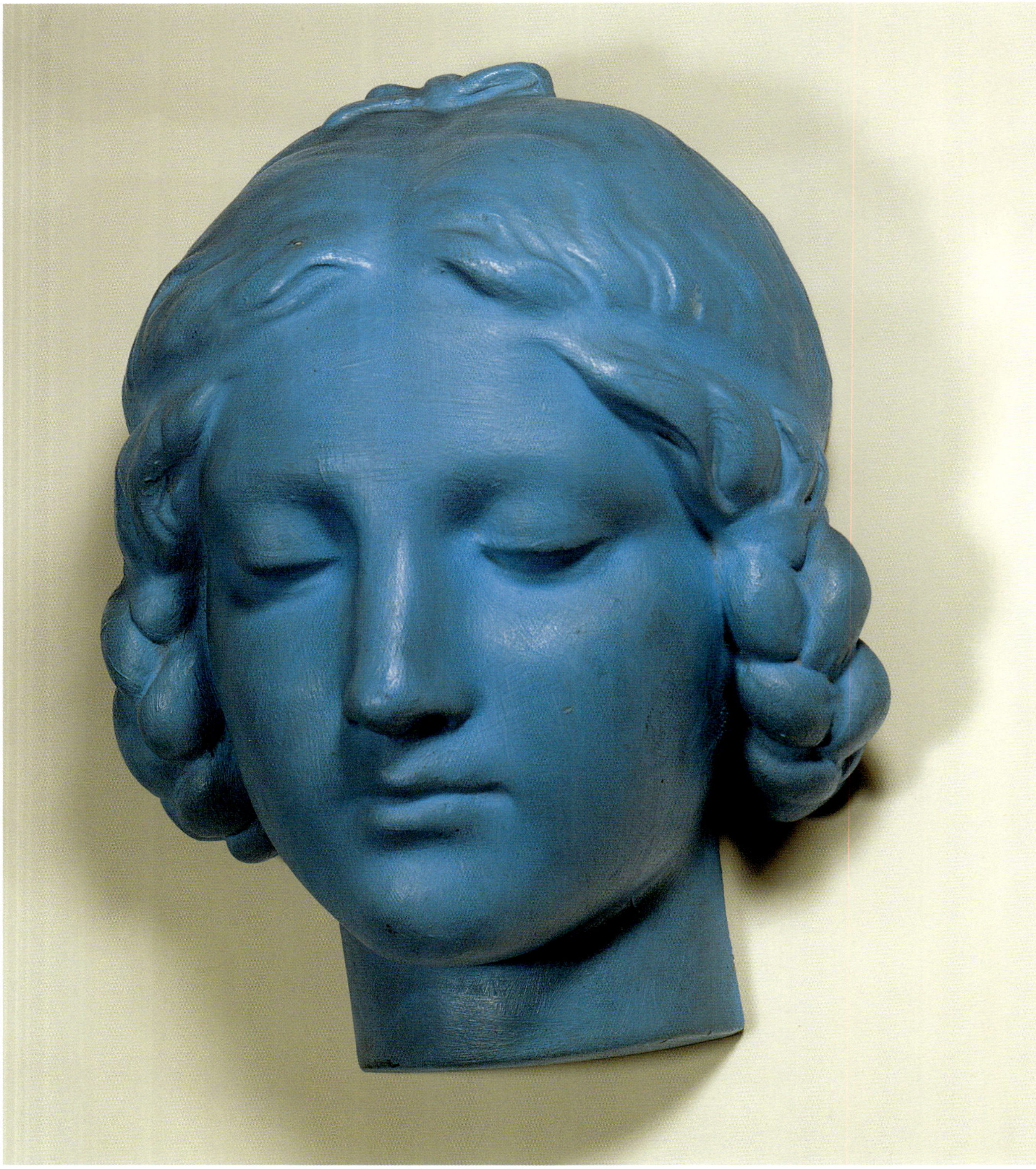

Tête de femme, ***1960, huile sur plâtre, H. 25 cm, collection privée.***

Il existe plusieurs versions de cette tête de plâtre de 1960, peintes à différentes époques, dont la plus ancienne connue, intitulée *La Mémoire*, a été présentée en 1945 à la galerie des Éditions La Boétie lors de l'exposition « Surréalisme – Exposition de tableaux, dessins, collages, objets, photos et textes ». Sur le masque blanc apparaissait une tache rouge comme du sang placée à la hauteur de la tempe et coulant sur la joue. Sous le même titre, Magritte a exécuté plusieurs toiles et gouaches représentant cette tête, seule ou associée à divers objets.

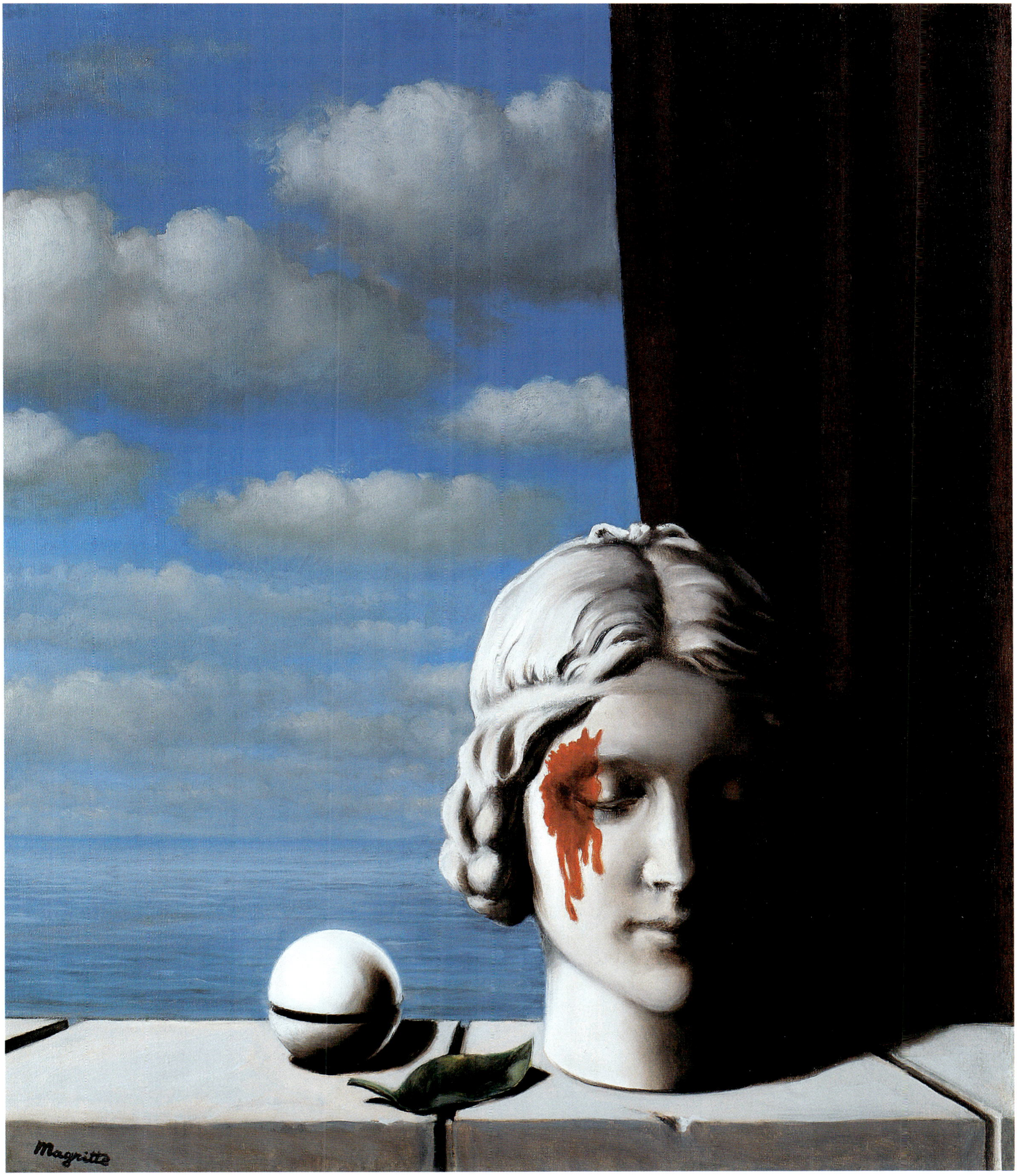

La Mémoire, *1948, huile sur toile, 60 × 50 cm, propriété de l'État belge.*

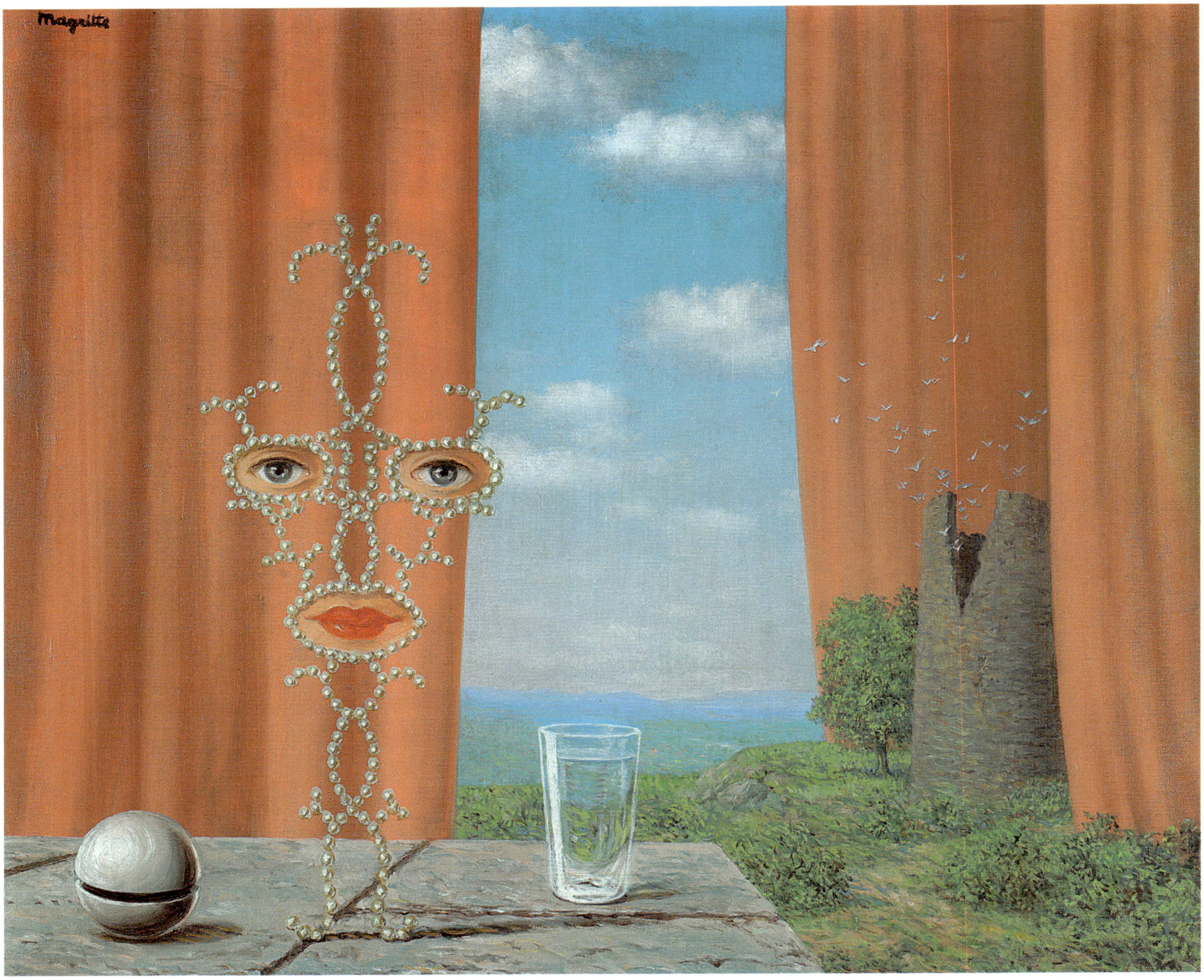

« L'ignorance n'est sans doute complète que dans le néant absolu. »

Shéhérazade, ***1948, huile sur toile, 50 × 60 cm.***
Le principe de la répétition chez Magritte a connu une illustration exemplaire avec *Shéhérazade*. Lors d'une exposition d'œuvres récentes en 1948 chez Lou Cosyn, à Bruxelles, l'artiste y présentait plusieurs toiles et pas moins d'une quinzaine de variations à la gouache sur ce thème, traité dans une veine réaliste et impressionniste. Ce motif témoigne du goût de Magritte pour le merveilleux et du désir de valoriser le « beau côté de la vie », qui est alors son objectif.

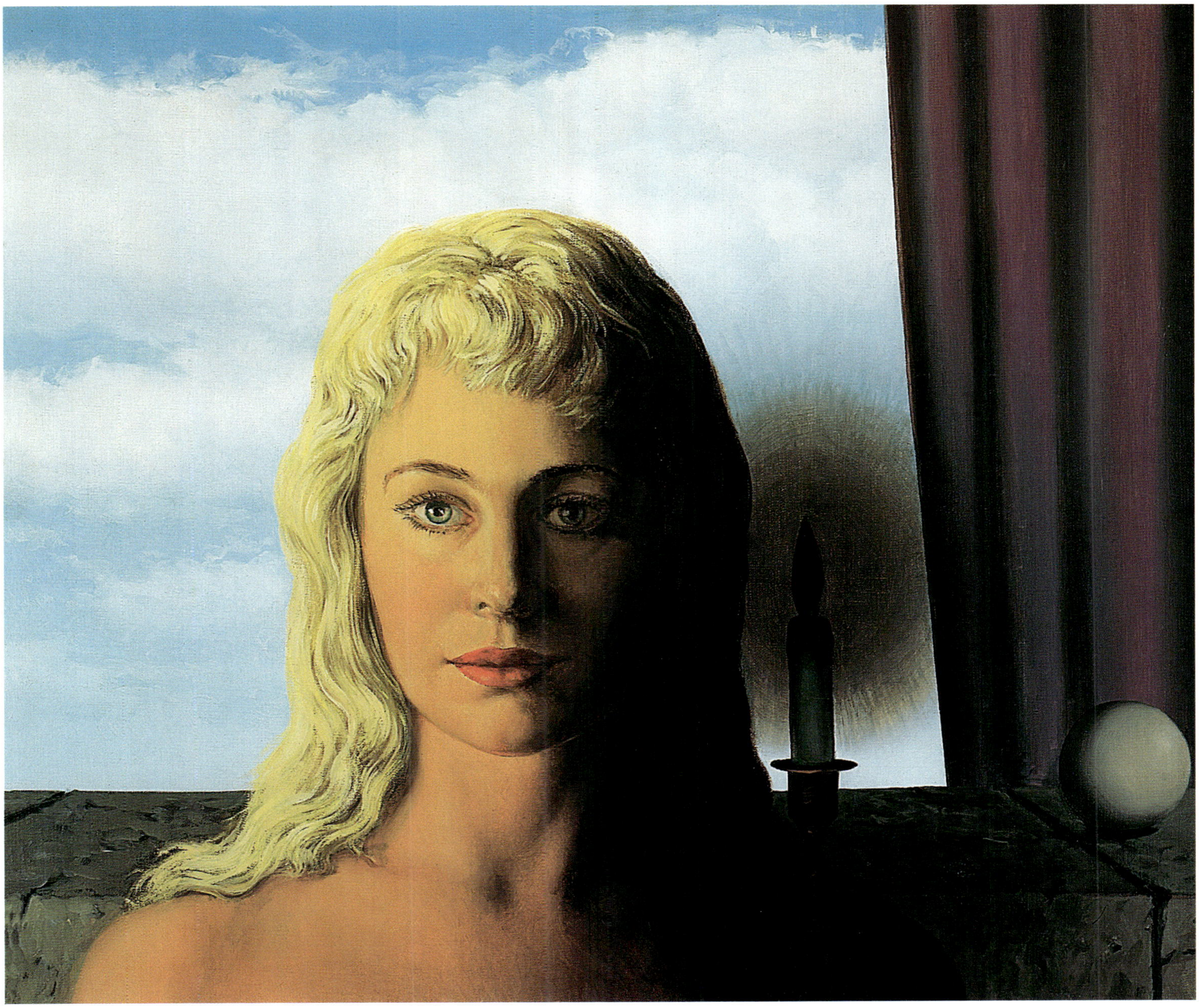

« C'est le mystère qui éclaire la connaissance. »

La Fée ignorante ou Portrait d'Anne-Marie Crowet, ***1956, huile sur toile, 50 × 65 cm, collection privée.***

Dans les années 1930, quand la crise économique entraîne l'effondrement du marché de l'art, Magritte a recours au portrait comme pratique alimentaire et reçoit alors plusieurs commandes. Mais, au-delà de cette nécessité économique, le portrait a constitué pour l'artiste un lieu privilégié de questionnement sur la représentation de l'autre et sur la ressemblance, qui ne saurait se limiter pour lui à une ressemblance de surface. Quand il reprend le portrait, vingt ans plus tard, Magritte garde la conviction qu'il s'agit toujours d'un autoportrait fragmentaire, l'autre se dérobant sans cesse au regard du peintre. Le modèle est ici Anne-Marie Crowet, fille d'un ami de longue date et collectionneur fidèle, Pierre Crowet. Elle apparaît dans une mise en scène théâtrale où l'on retrouve les objets magrittiens, draperie, bougie, grelot et ciel. Répondant au visage, la bougie qui diffuse de l'obscurité y occupe une place centrale. Comme Magritte l'écrit dans une lettre à Maurice Rapin, celle-ci « détermine les formes invisibles dans la lumière seule ». Ainsi, c'est dans cette lueur noire que réside le sens profond de l'œuvre et que se révèle la face cachée des apparences.

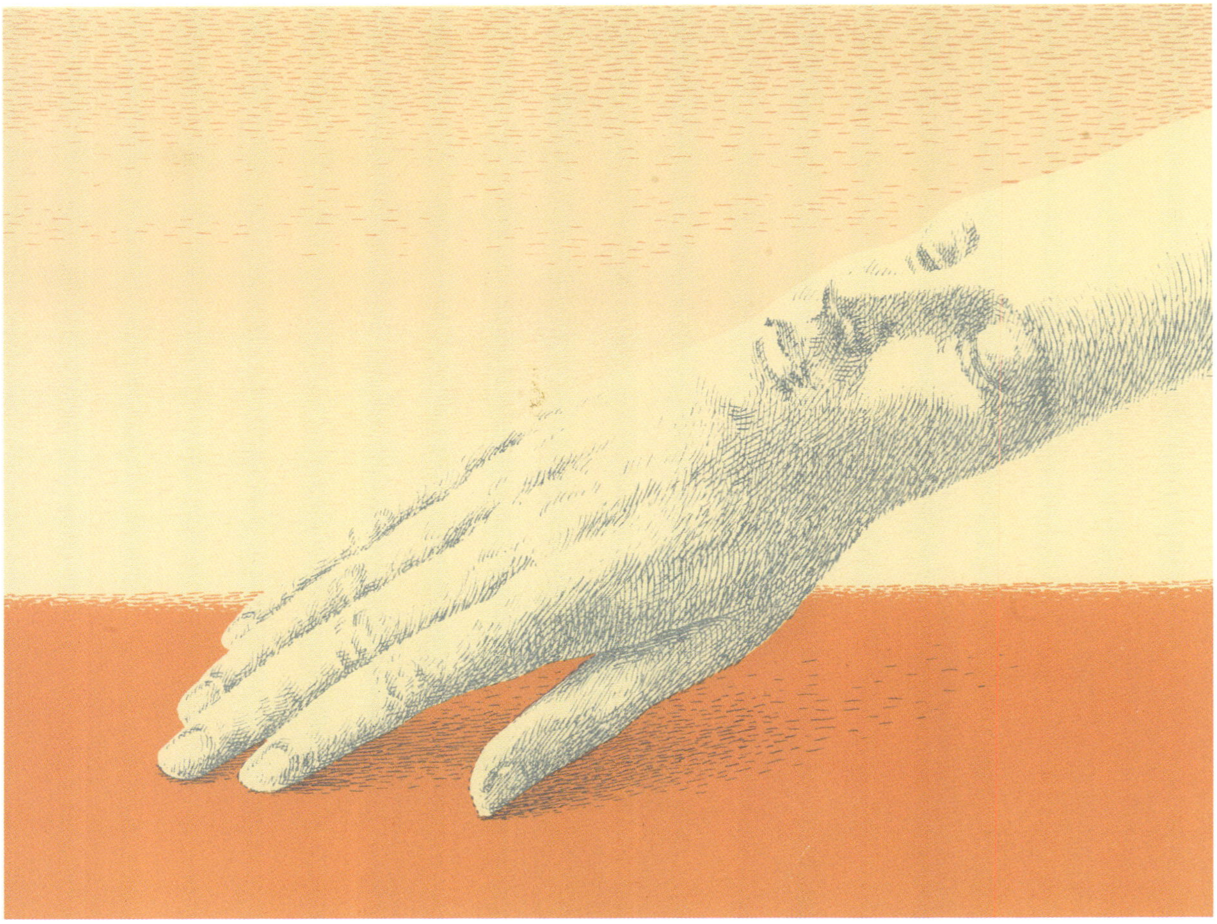

Les Bijoux indiscrets, ***1963, lithographie en couleurs, 23,5 × 30,3 cm.***
Sous ce titre – emprunté à une œuvre de Diderot – a d'abord été conçue une toile, exécutée par Magritte en 1963 et acquise par son marchand Alexandre Iolas. Au cours de la même année, l'artiste en a exécuté une version à l'encre destinée à être reproduite en lithographie dans le numéro de Noël de la revue *XXe siècle*.

« Quel que soit son caractère manifeste, toute chose est mystérieuse : ce qui apparaît et ce qui est caché, la connaissance et l'ignorance, la vie et la mort, le jour et la nuit. »

La Race blanche, ***1967, bronze sur base de marbre noir, 58,5 × 45 × 24 cm. Communauté française de Belgique.***
L'idée de dissocier les différents éléments de la figure humaine et de les disposer dans un ordre insolite est venue à Magritte dès 1937 : en témoignent une lettre au collectionneur Edward James où figurent un croquis, ainsi qu'une gouache exécutée cette année-là. Au début de l'année 1967, lorsque Magritte fait le choix des huit sculptures à réaliser à la demande de Iolas, il choisit notamment le motif de *La Race blanche* – dont il ne verra pas l'exécution finale en bronze.

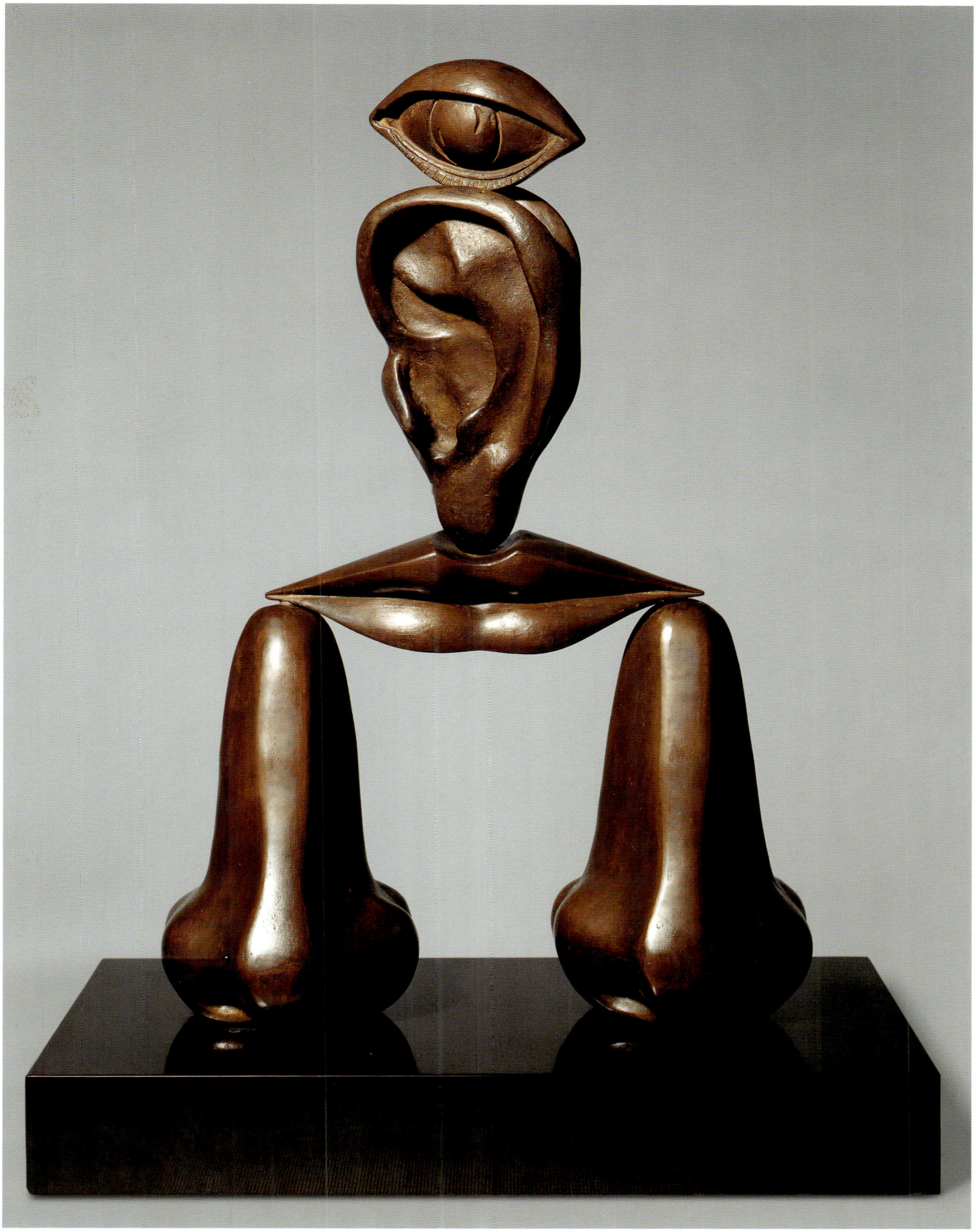

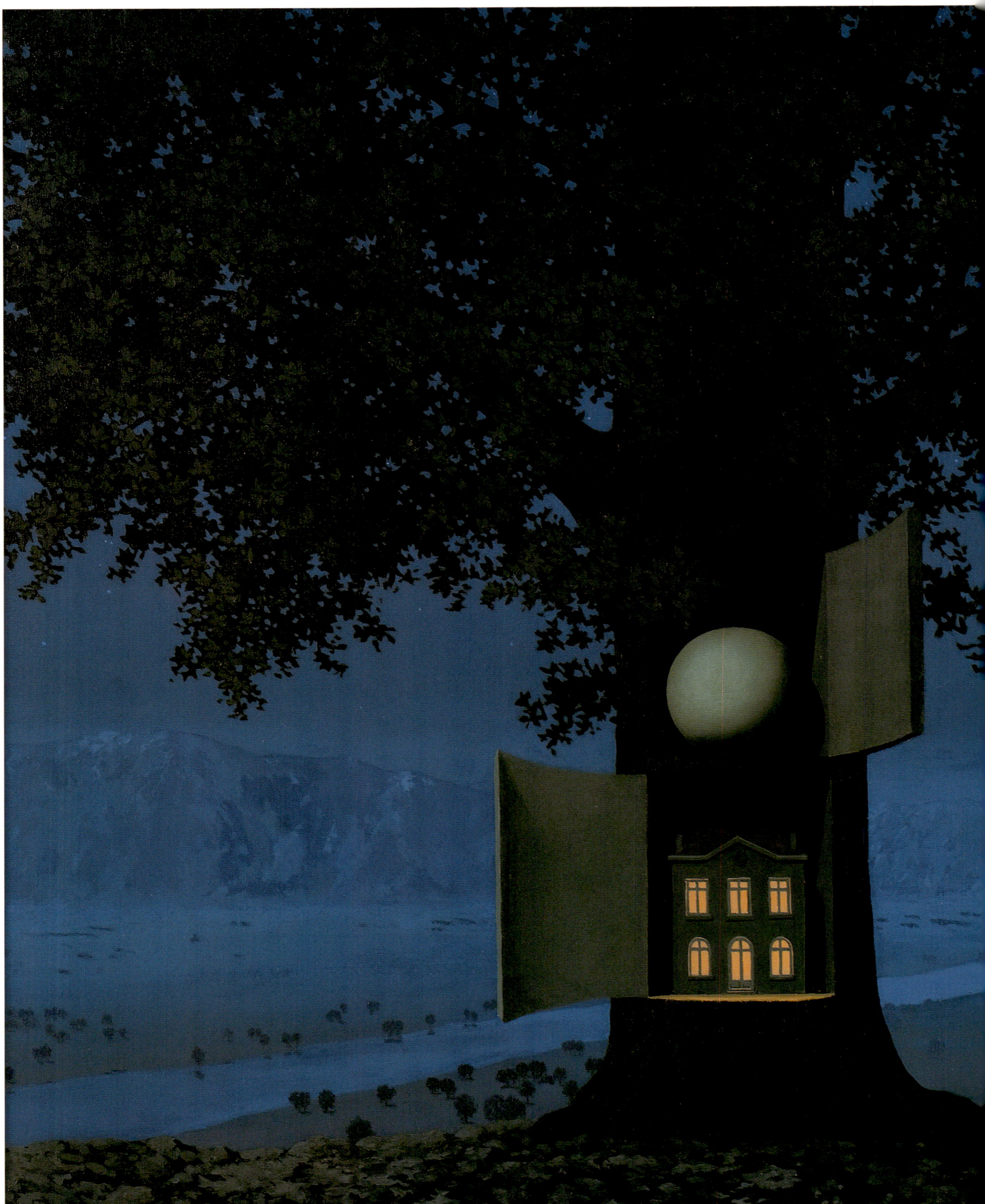

« Nous entendions battre le cœur des arbres avant celui des hommes. »

« La sphère et la maison proposent à l'arbre des mesures énigmatiques. Les rideaux cachent l'inutile. »

La Voix du sang, *1961, huile sur toile, 90 × 110 cm, collection privée.*

Ce tableau où figure un arbre dont le tronc s'ouvre sur une maison aux vitres éclairées surmontée d'un grelot est la cinquième version à l'huile d'une composition élaborée pour la première fois en 1947. Il en existe également plusieurs variantes à la gouache.

« Pour moi, la conception d'un tableau, c'est une idée d'une chose ou de plusieurs choses, qui peuvent devenir visibles par ma peinture. La conception d'un tableau, c'est-à-dire, l'idée n'est pas visible dans le tableau : une idée ne saurait pas être vue par les yeux. Ce qui est représenté dans un tableau, c'est ce qui est visible pour les yeux, c'est la chose ou les choses dont il a fallu avoir l'idée. »

L'Empire des lumières, *1954, huile sur toile, 146 × 114 cm.*
L'Empire des lumières fait partie des œuvres emblématiques de Magritte, et a obtenu un tel succès qu'il en existe seize versions à l'huile et sept gouaches. L'une de celles qui sont exposées ici, datée de 1954, a été commandée spécialement par les Musées royaux des beaux-arts de Belgique. Si les éléments représentés dans ces tableaux sont directement empruntés à la réalité, il s'en dégage pourtant une atmosphère profondément mystérieuse et troublante. Elle provient de la dualité jour-nuit que l'on retrouve dans toute cette série, où la façade d'une maison au milieu des arbres, éclairée par un réverbère, est associée à un ciel diurne animé de quelques nuages blancs.

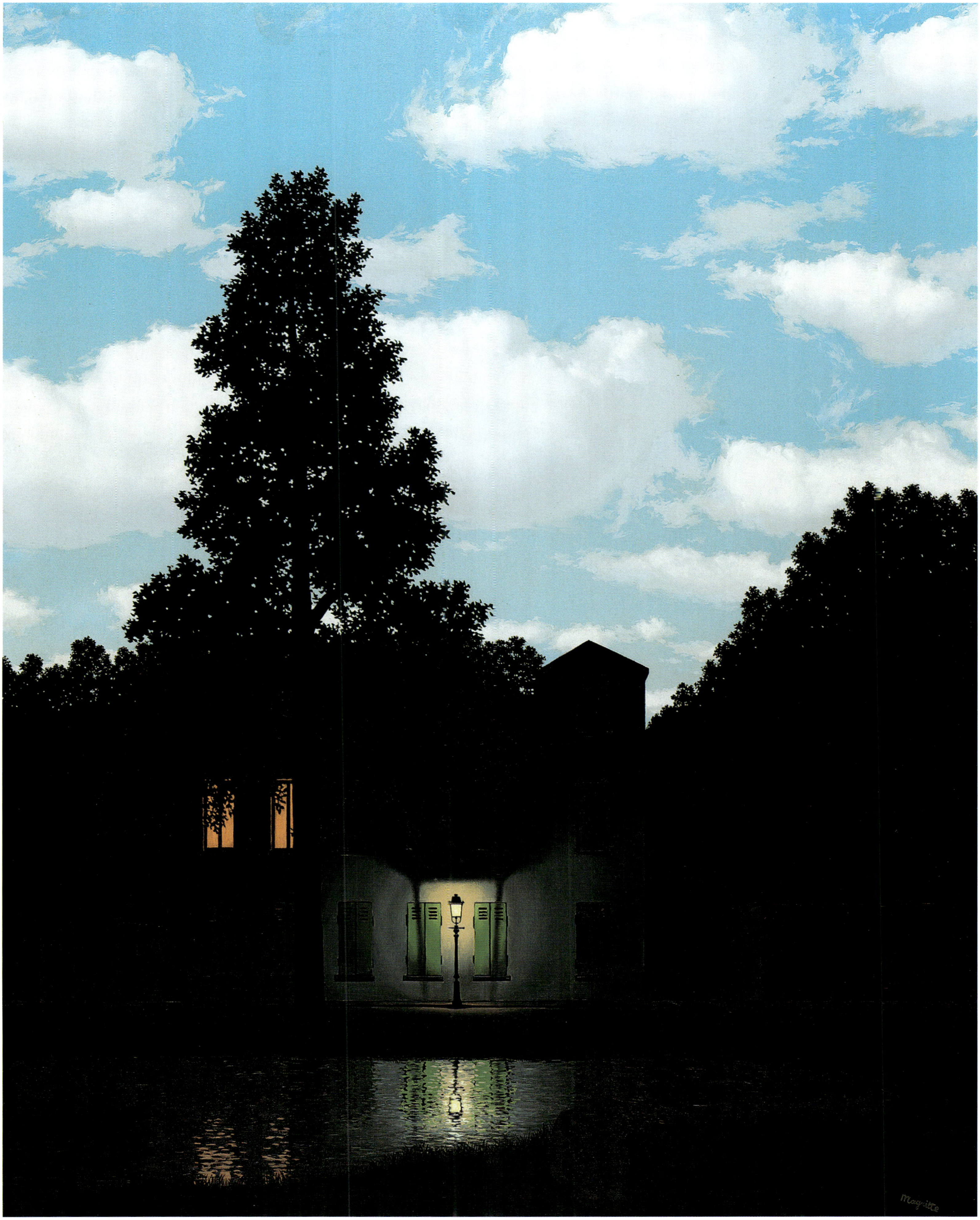
Magritte

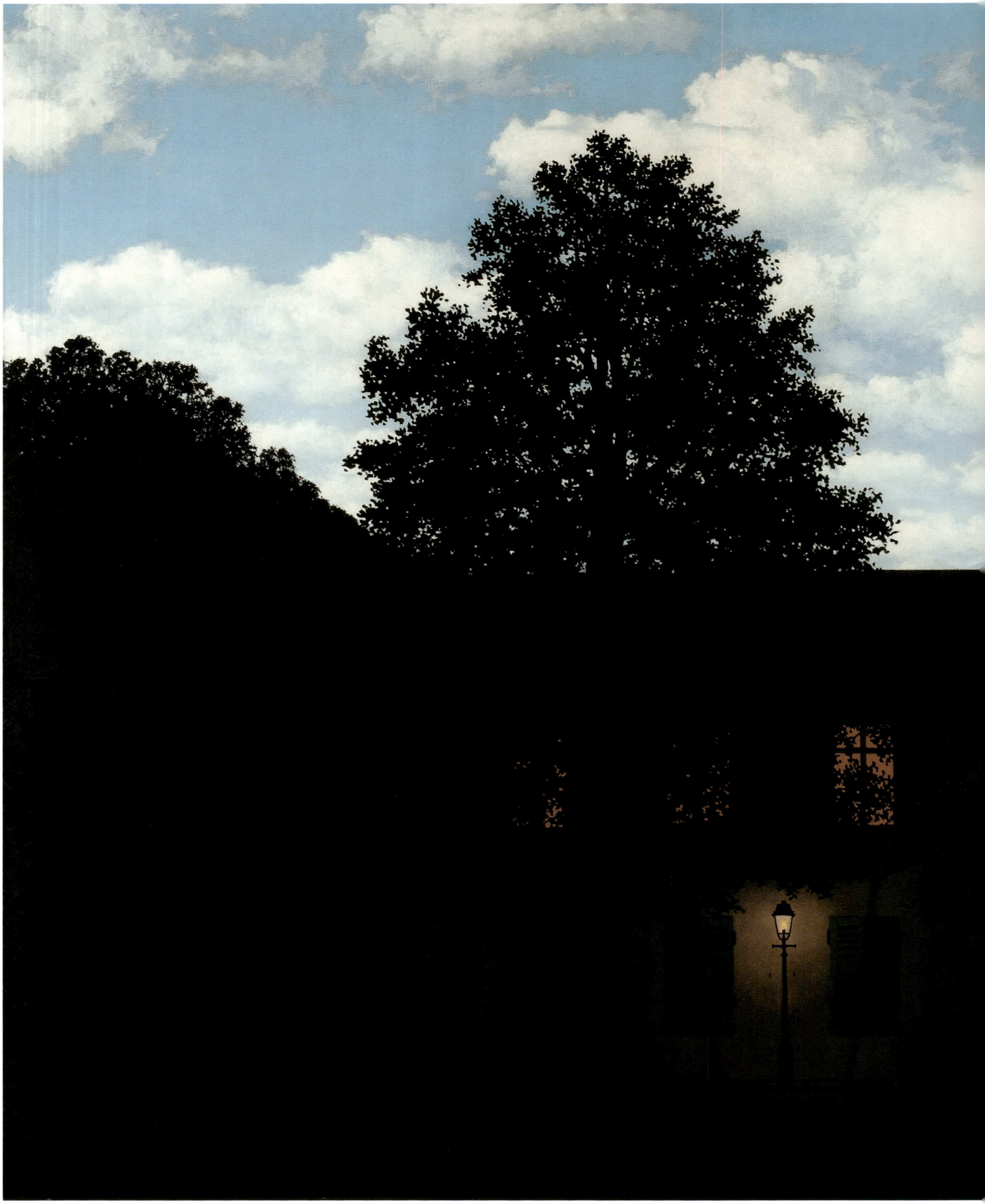

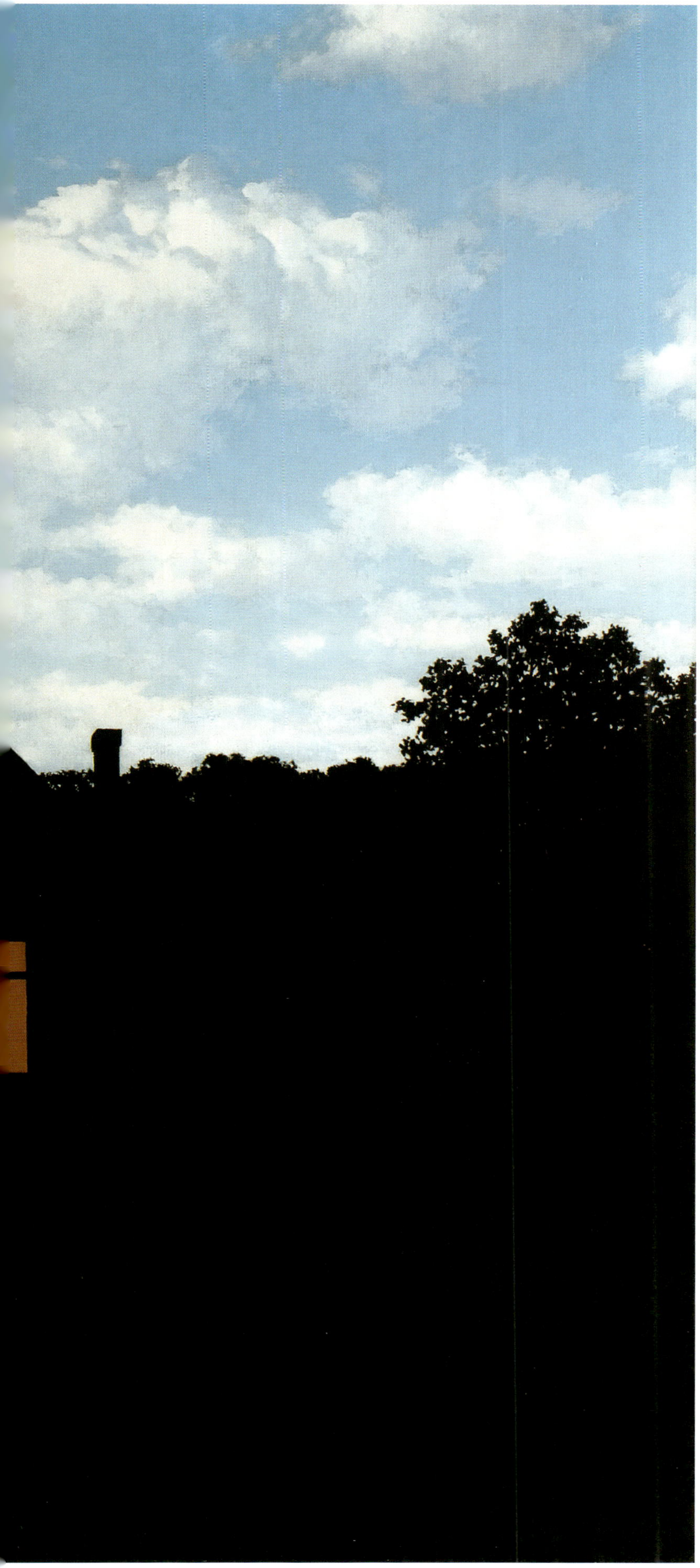

L'Empire des lumières, *1961, huile sur toile, 114 × 146 cm, collection privée.*

« Cette évocation de la nuit et du jour me semble douée du pouvoir de nous surprendre et de nous enchanter. J'appelle ce pouvoir : la poésie. Si je crois que cette évocation a un tel pouvoir poétique, c'est entre autres raisons, parce que j'ai toujours éprouvé le plus grand intérêt pour la nuit et pour le jour, sans jamais ressentir, cependant, de préférence pour l'un ou l'autre. »

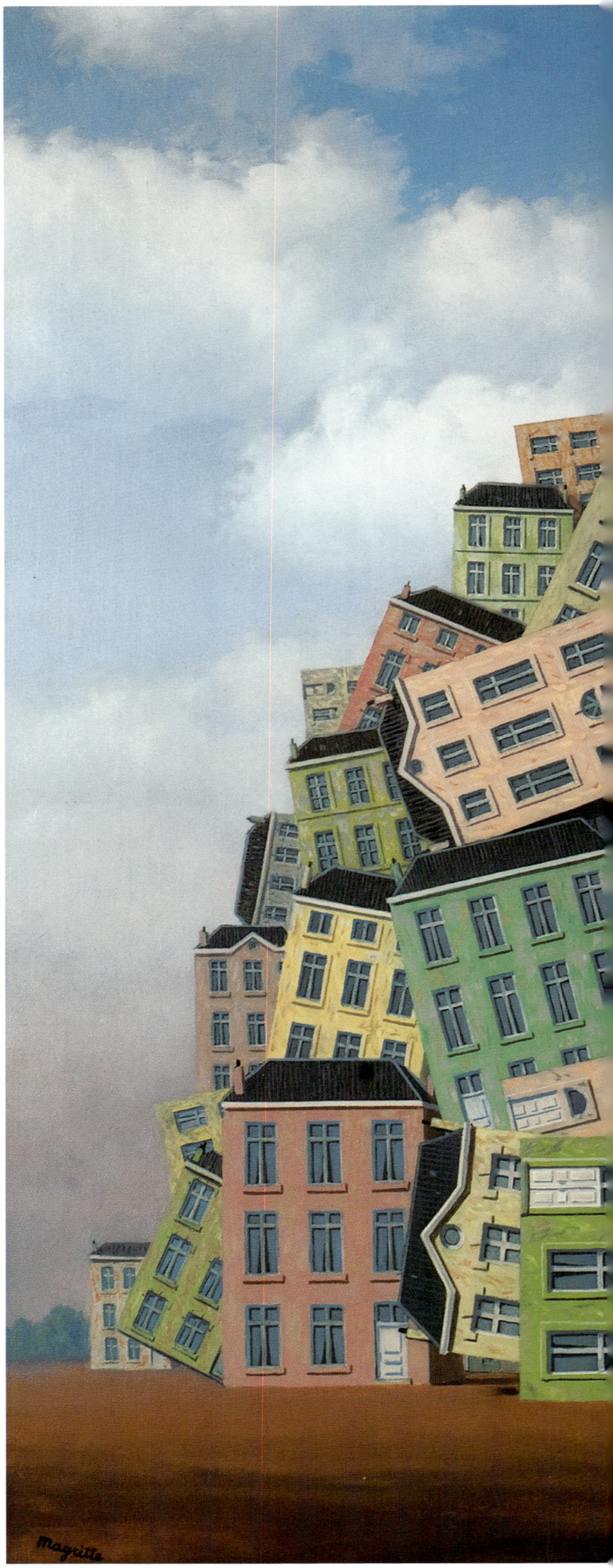

La Poitrine, *1961, huile sur toile, 90 × 110 cm, collection privée.*

Sur la commande de son fidèle admirateur Pierre Crowet, Magritte a exécuté en 1961 trois tableaux : en fait partie celui-ci, qui reprend, agrandie, une œuvre de l'année précédente, au titre identique, où figure un même amoncellement de maisons. Le titre fut, comme souvent, l'objet de beaucoup d'hésitations, ce dont témoigne la correspondance du peintre avec le jeune poète André Bosmans. En 1960, Magritte annonce à celui-ci « une belle idée à peindre » et accompagne sa lettre d'un croquis. En retour, Bosmans lui propose d'intituler le tableau *L'Aile d'étain*, ce qui enthousiasme Magritte : « J'aime ce titre, il est le mystère, je ne puis en rien dire d'autre, qu'il est surréel et qu'il se défend bien. » Le mois suivant, il confirme : « 'L'aile d'étain' résiste à cette tendance imbécile-humaine de lui trouver un autre sens que son sens de réalité *complète* : celui du réel *avec* son mystère. » Pourtant, c'est à une suggestion de l'ami Scutenaire qu'est dû le titre définitif : « 'La Poitrine' (ce qui vit, ce qui respire). » Autre singularité de ce tableau : s'il n'a été exécuté qu'en 1961, le thème des maisons empilées est une idée élaborée dès 1936 dans une série de dessins intitulée « Le problème de la maison » que Magritte a offerte aux Scutenaire, à l'époque où il tente de découvrir dans chaque objet la propriété qui en est indissociable.

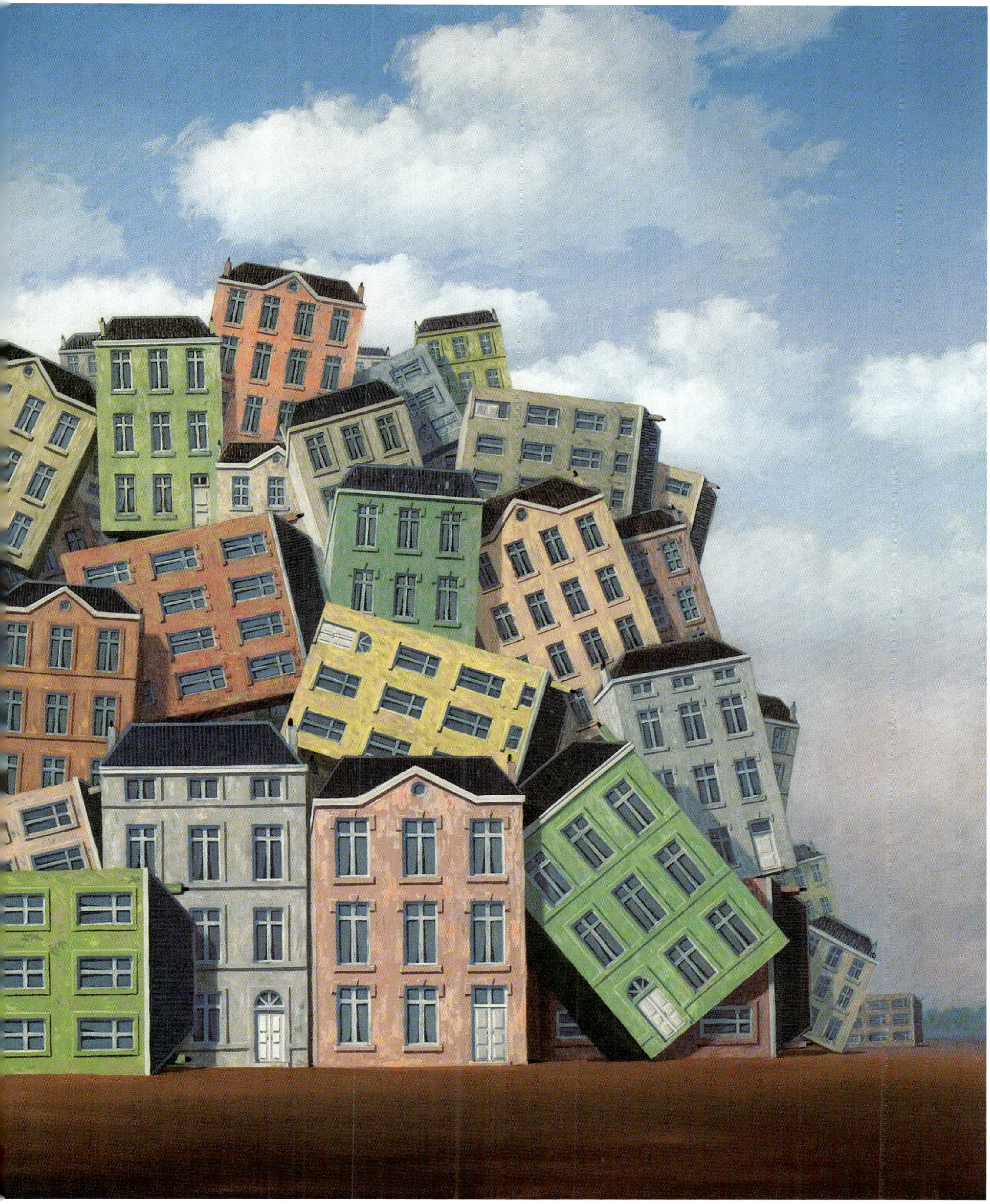

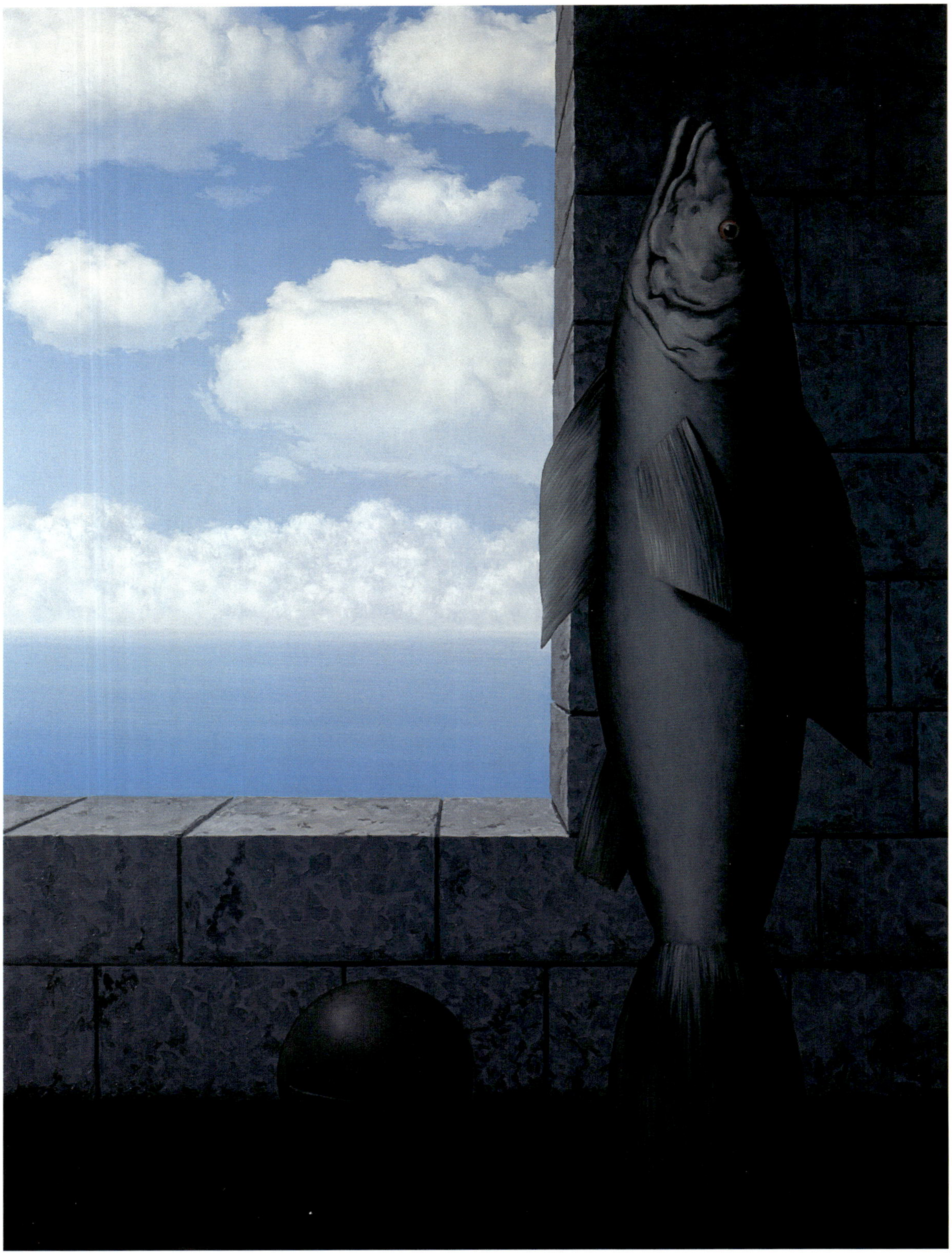

La Recherche de la vérité, ***1963, huile sur toile, 130 × 97 cm.***
Cette toile est la version agrandie d'un tableau exécuté l'année précédente, qui a été acquise par les Musées royaux des Beaux-Arts sur la demande de son conservateur en chef, Philippe Robert-Jones. C'était la quatrième œuvre achetée par le musée et la seconde directement commandée à l'artiste. Celui-ci assistait au vernissage de l'exposition des acquisitions récentes de l'État, en janvier 1964, et en fit le compte rendu à Harry Torczyner : « Il y figurait mon tableau et pas mal de barbouillages hautement estimés par les officiels. (Ceux-ci sont des "révolutionnaires" contrairement à l'habitude et moi je fais figure de conservateur attardé). »

L'Oiseau de ciel, ***1966, huile sur toile, 68,5 × 48 cm, collection privée.*** >
Apparu pour la première fois en 1940 dans une toile intitulée *Le Retour* (voir p. 72-73), cet oiseau constitué d'un ciel bleu et de nuages est le motif unique de ce tableau, qui fut commandé à Magritte par la Sabena, la compagnie aérienne nationale de Belgique. Dans une note interne, la direction de la compagnie justifiait cette acquisition en ces termes : « En premier lieu, comme publicité de prestige (ne comportant aucune argumentation commerciale) une série d'annonces, affiches, affichettes, pancartes, étiquettes tirés à part etc. introduiront *L'Oiseau de ciel* auprès du public [...] Lorsque la mise en page et le format le permettent, chaque reproduction devra s'accompagner de la légende : "*L'Oiseau de ciel* spécialement créé pour la Sabena par l'artiste belge René Magritte". » Ce contrat fut établi à la grande satisfaction du peintre, et mit, comme il l'écrivit à Harry Torczyner, « du beurre, pas mal, dans Isles épinards ».

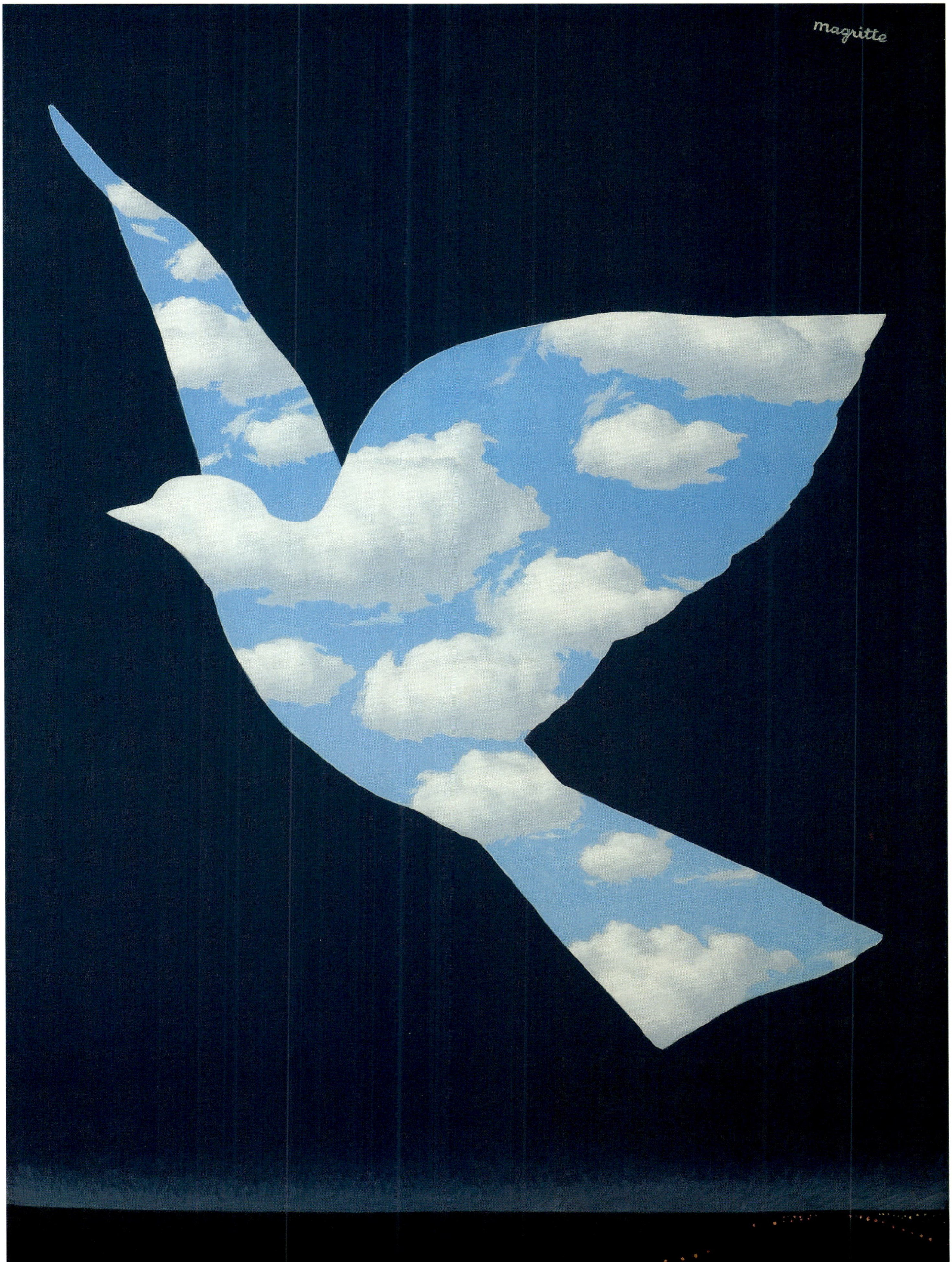
magritte

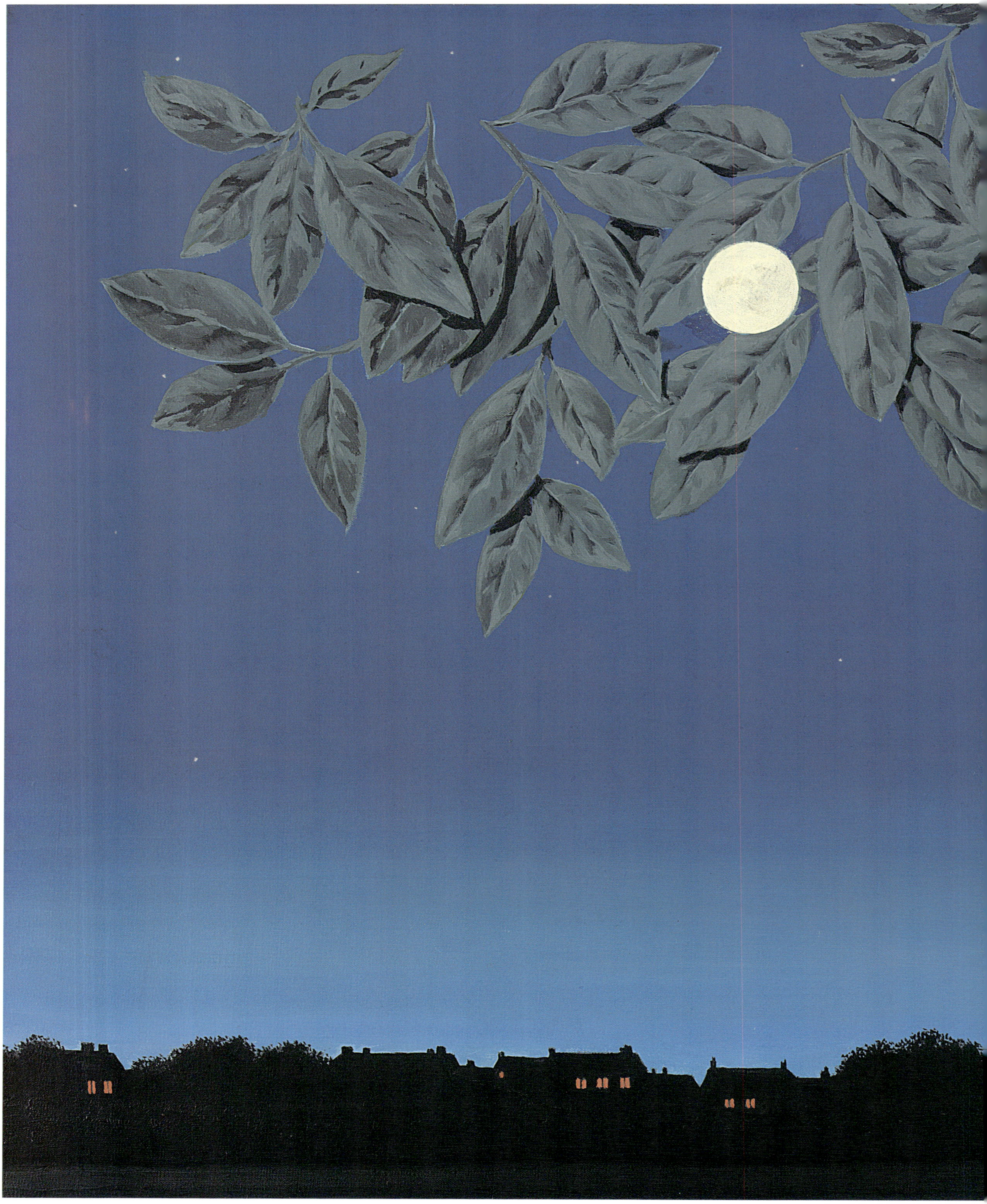

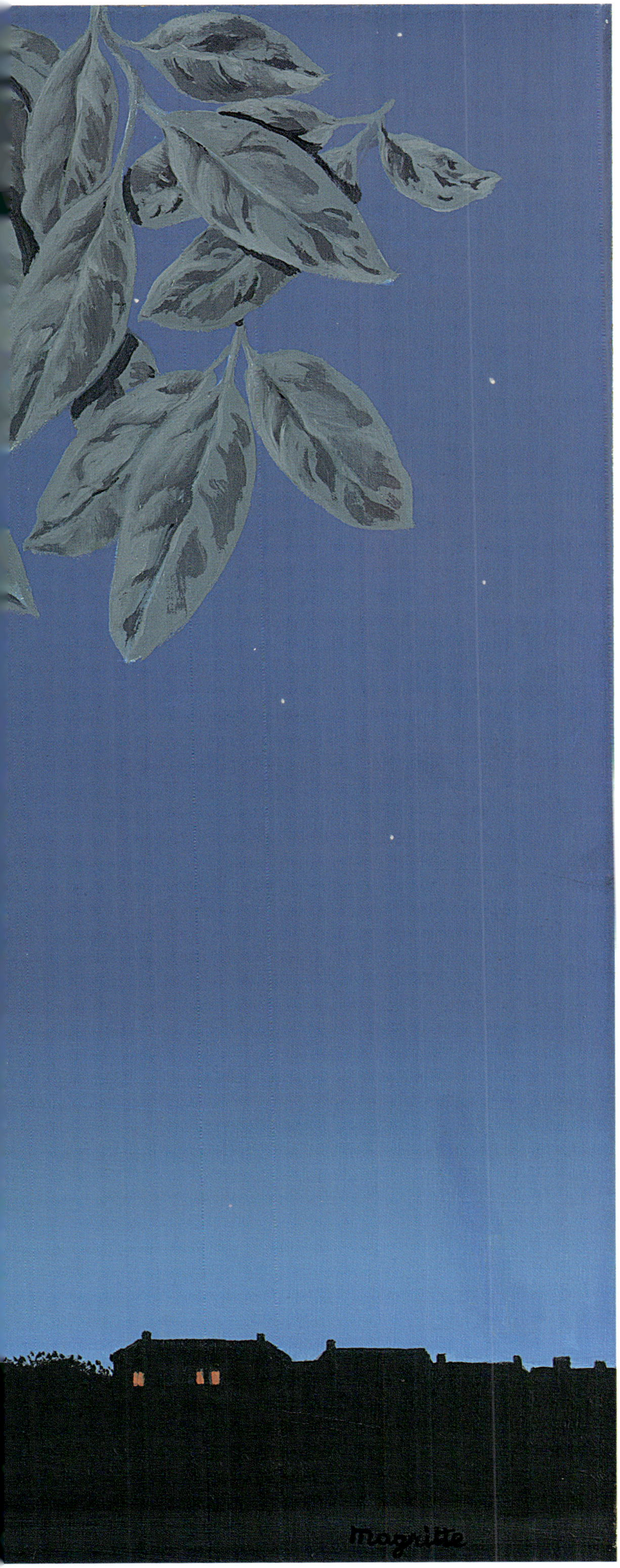

« Moi aussi, j'aime voir des feuilles qui cachent la lune, mais si on en voyait derrière la lune, ce serait inouï, la vie aurait enfin un sens. »

La Page blanche, ***1967, huile sur toile, 54 × 65 cm.***
Selon Georgette Magritte, cette toile est la dernière achevée par le peintre avant sa mort, en août 1967. Quelques semaines auparavant, Magritte avait reçu la visite d'un journaliste auquel il demanda de décrire le tableau. Celui-ci ayant vu un croissant de lune *derrière* les feuilles, le peintre modifia la toile et le croissant fut transformé en une pleine lune posée *sur* le feuillage. Par la suite, deux autres visiteurs furent interrogés sur ce tableau, et Magritte tint compte à nouveau de leurs commentaires pour le rectifier.

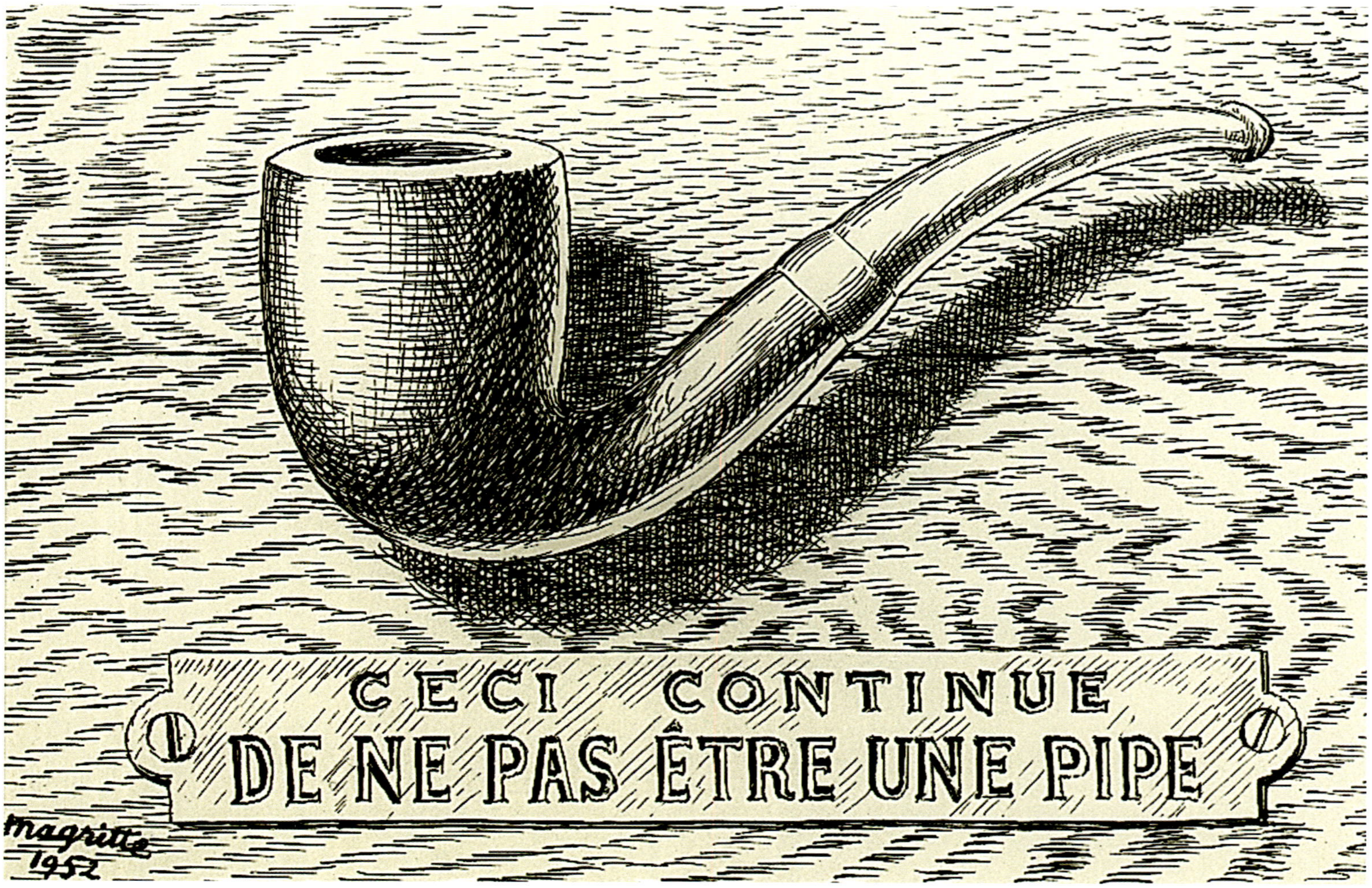

« La poésie est une pipe. »

« La fameuse pipe... Me l'a-t-on assez reprochée !
Et pourtant... Pouvez-vous la bourrer, ma pipe ?
Non n'est-ce pas, elle n'est qu'une représentation.
Donc, si j'avais écrit sous mon tableau :
"ceci est une pipe" j'aurais menti.

La Trahison des images, *1952, encre de Chine sur papier, 19 × 27 cm (Ceci continue de ne pas être une pipe), collection privée.*

Cette encre de Chine est une reprise sur le mode ironique du célèbre tableau intitulé *La Trahison des images*, peint en 1929, à travers lequel Magritte illustrait de manière particulièrement frappante sa problématique de l'époque : la remise en question de l'identité des choses et l'affirmation de la distance qui sépare un objet réel de sa représentation.

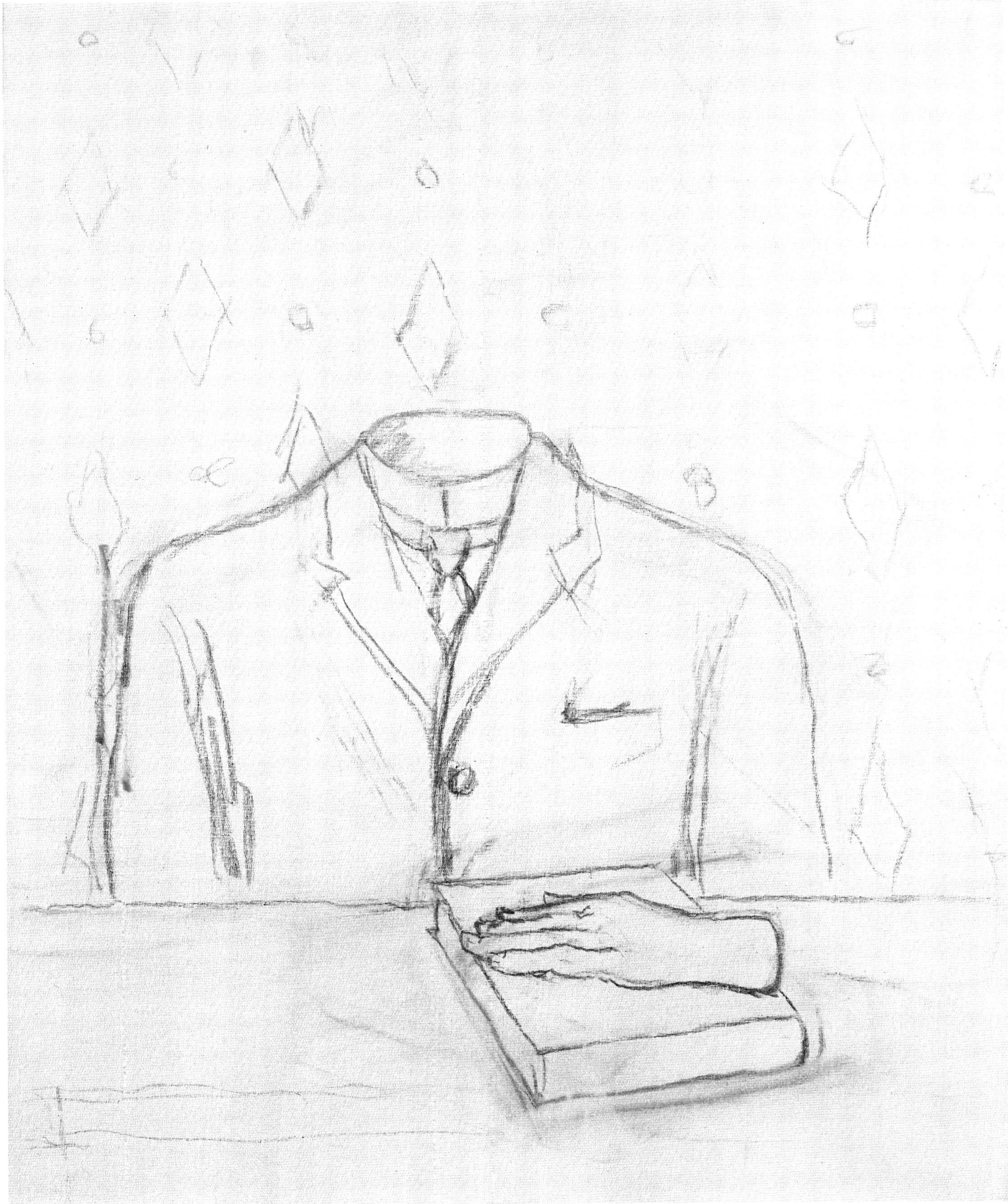

[Homme assis à table], *1967, fusain sur toile, 80 × 65 cm. Il s'agit du dernier tableau de René Magritte. Mécénat Fortis Insurance Belgium.*

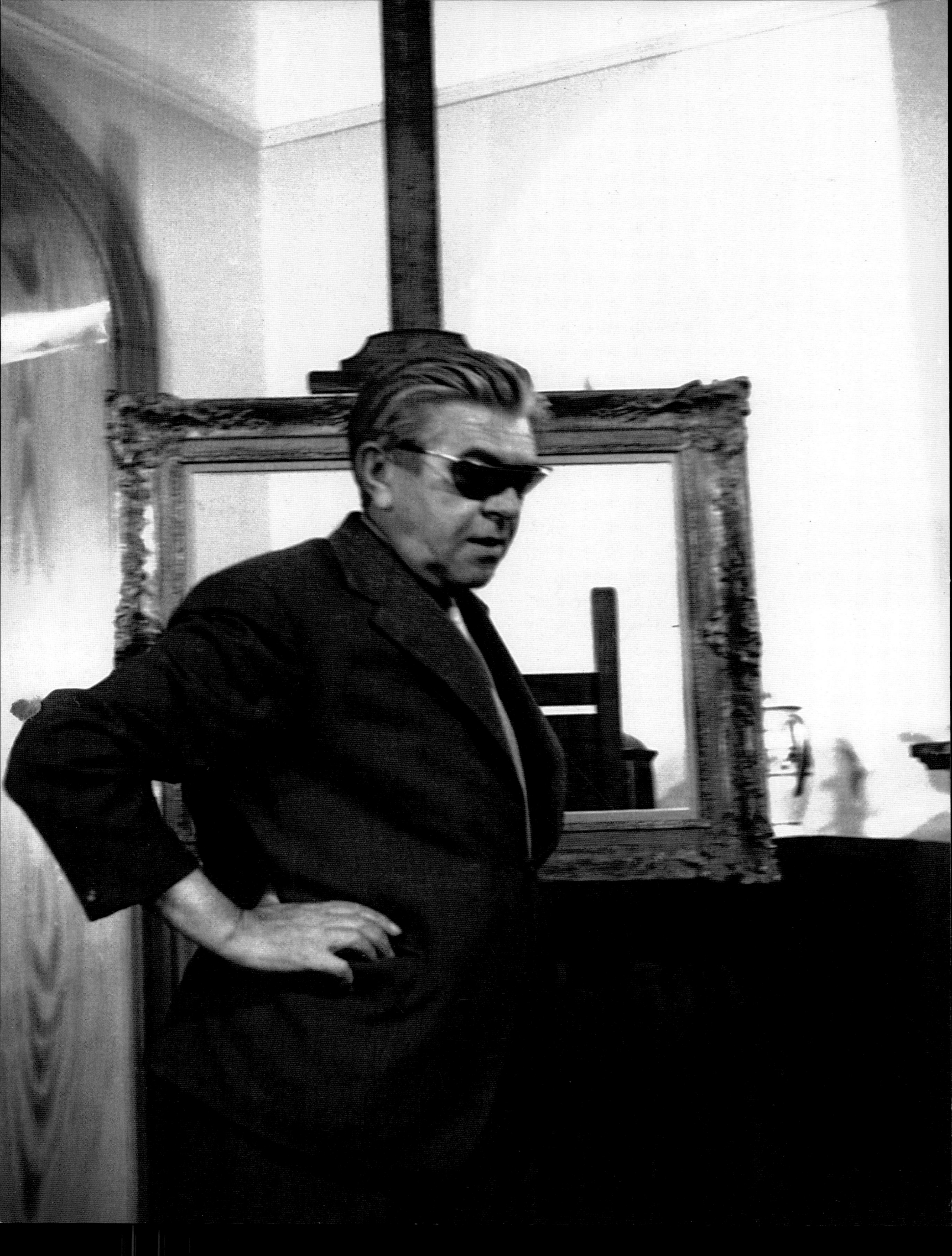

LE CINÉMA

« Même si je connaissais les rudiments de l'art cinématographique, je ne pourrais exprimer mes *idées* que par la peinture »

Les références à l'univers de Fantômas, la présence même dans certains tableaux des années 1920 du héros de Louis Feuillade montrent à l'évidence la place que le cinéma populaire a occupée dans l'imaginaire de René Magritte dès ses années de jeunesse. On sait aussi, comme l'ont rapporté de nombreux témoignages, combien il aimait louer des films qu'il projetait lors des soirées amicales hebdomadaires : westerns, films policiers, films d'horreur ou films comiques avaient sa nette préférence, tandis qu'il considérait avec mépris le cinéma à visée « intellectuelle » – sa réaction négative après avoir vu *Les 400 Coups* de François Truffaut est à cet égard éclairante. Et lors de la vente de son mobilier, qui eut lieu après la mort de Georgette, on découvrit que sa petite collection de films muets était constituée essentiellement de Laurel et Hardy, auxquels s'ajoutaient des Charlie Chaplin, Mack Sennett et Max Linder.
Aussi, lorsqu'il achète une caméra 8 mm, en 1956, et projette de réaliser des petits films c'est bien entendu sur le mode comique et burlesque qu'il entend s'exprimer, dans la même veine que ses saynètes photographiées depuis les années 1930 (voir p. 38-41). Du reste, la similitude entre sa pratique de la photo et du cinéma ne s'arrête pas là puisque ce sont les mêmes « acteurs » qu'il enrôle et dirige devant son objectif : Georgette, Irène Hamoir et Louis Scutenaire, ELT Mesens, Paul Colinet essentiellement – auxquels s'adjoignent les nouveaux familiers du moment.

Acteurs, les vieux amis se font aussi les complices des scénarios que Magritte élabore et sont appelés à fournir des idées. C'est ainsi que, dans une lettre à Colinet, illustrée de dessins schématiques, l'artiste l'informe qu'il a reçu le matériel d'éclairage nécessaire pour tourner et le sollicite pour un scénario d'une quinzaine de minutes, tout en lui faisant part de ses suggestions : « Voici qq idées à employer *éventuellement*, à enchaîner dans un scénario : (ces idées ne sont que des éléments à montrer isolément – ou de préférence – enchaîner à une histoire. Des titres et sous-titres sont à prévoir pour l'intelligibilité du film).
« Scène préliminaire : Irine "démange" une carotte qu'elle fixe sur un chapeau boule
« 1°) Scut. en bossu (avec coussin dans le dos sous le veston)
« 2°) Colinet arrive avec chapeau boule et carotte : il apostrophe militairement Scut. qui se met en garde à vous salue en passant la langue :
« Ces deux acteurs sont vus en gros plan à certains moments qu'il faut indiquer [...]. »
Suit une série d'autres suggestions de Magritte, qui achève sa lettre par ces mots : « essayez d'être génial ».
À l'élaboration des scénarios succédaient les tournages, dont Scutenaire a raconté l'atmosphère : « Aux uns, Magritte laissait toute latitude, content de tourner leurs sketches plus ou moins improvisés ; aux autres il imposait gestes et mimiques, sévère comme le plus implacable des metteurs en scène. Quand il peignait, Magritte était calme, souvent ennuyé d'avoir à "œuvrer", ouvert aux interruptions du dehors. Bien au contraire, entré dans la peau du cinéaste il devenait agité, acerbe, tout de même infiniment amusé : peut-être n'a-t-il jamais été aussi heureux que la caméra au poing, sauf pendant les quelques mois de sa "période vache", quand éclatait la gaîté des trouvailles. » Ailleurs, Scut écrit : « Voir Magritte derrière son appareil de projection était tout un spectacle ; rien n'était plus drôle que son allégresse quand tout allait bien, si ce n'est ses fureurs quand quelque chose accrochait. Et j'aimais qu'il déclare : "Je ne fais pas du ciné, pas du cinéma, je fais du cinématographe." »

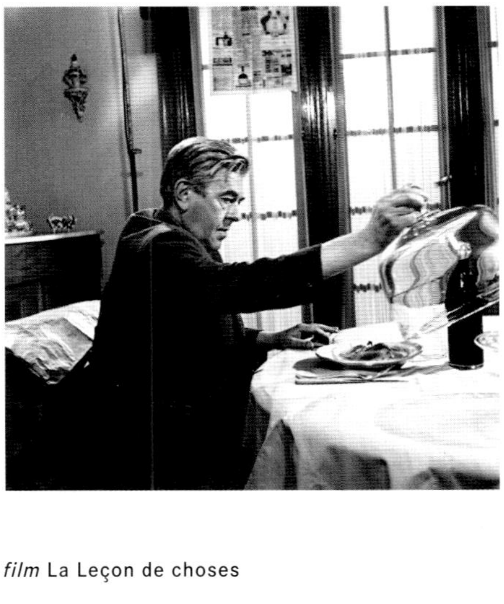

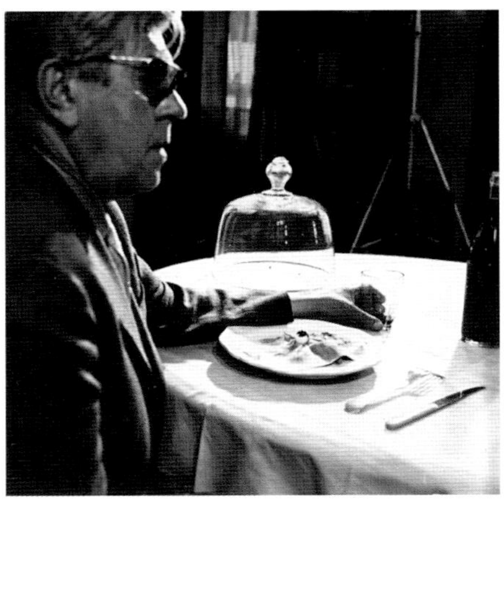

Photos prises lors du tournage du film* La Leçon de choses *de Luc de Heusch, 1959.

Pour illustrer la démarche de Magritte et le doute qu'il émet sur la réalité objective, plusieurs séquences le mettent en scène s'interrogeant sur le caractère arbitraire de la relation entre un objet, son image et son nom. *Ceci est un morceau de fromage*, dit le titre d'une œuvre de 1937, dans laquelle un tableau figurant un morceau de fromage était présenté sous une cloche de verre.

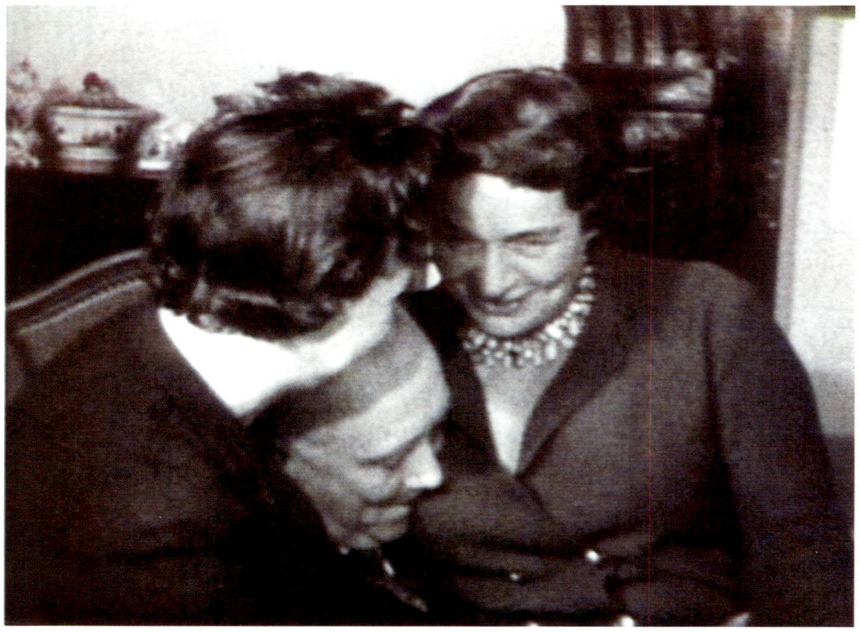

***Irène Hamoir, Louis Scutenaire et Georgette Magritte* (La Bibliothèque, *octobre-décembre 1956*).**

Ayant fait l'acquisition de sa caméra en octobre 1956, *La Bibliothèque* est l'un des tout premiers courts-métrages réalisés par Magritte, qui y associe ses amis les plus proches ainsi que Georgette.

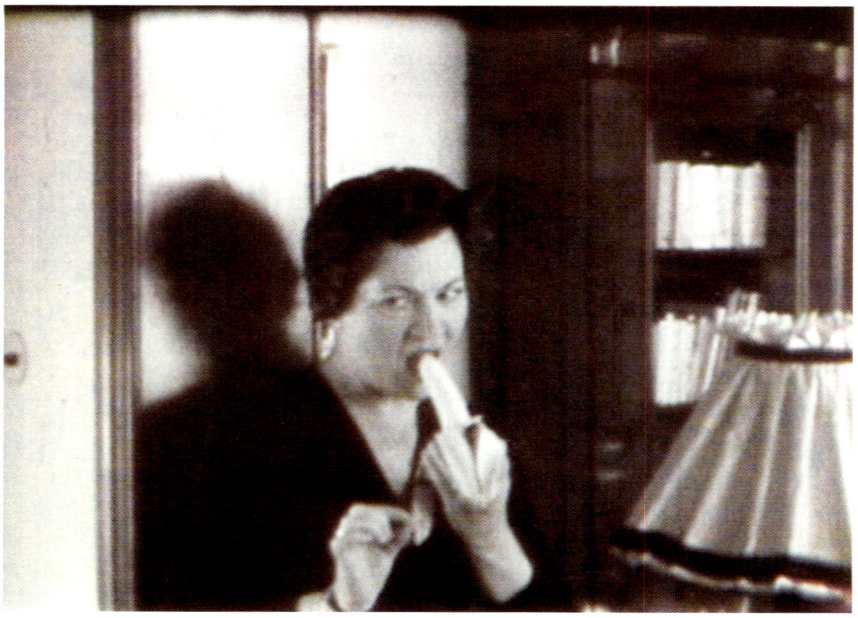

***Irène Hamoir mangeant une banane* (Le Dessert des Antilles, *avril 1957*).**

Dans les premières ébauches de scénario qu'a faites Magritte, il est question d'une scène où Irène « démange » une carotte : il semble que le légume se soit transformé en banane, peut-être sur une improvisation de l'amie actrice.

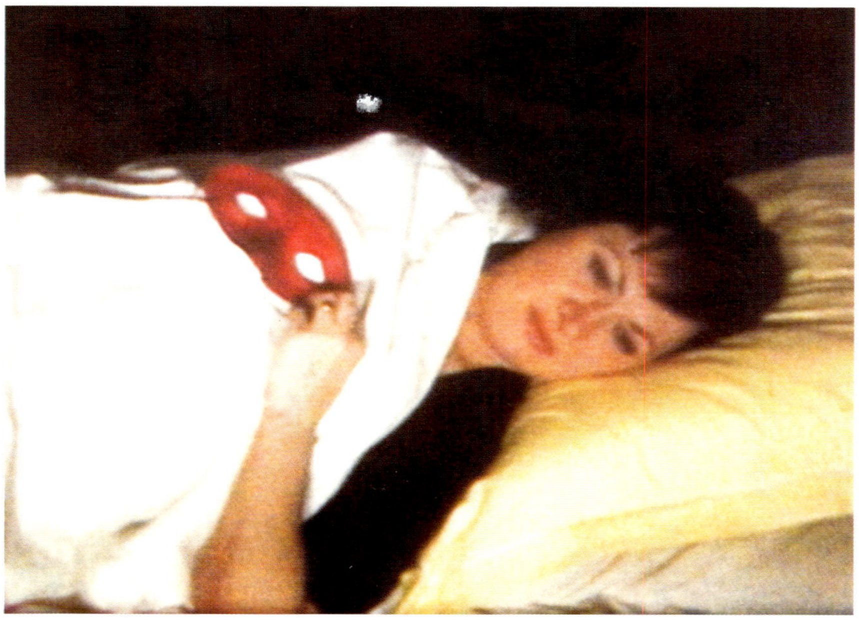

***Irène Hamoir* (Le Tuba, *21 novembre 1960*).**

Le principal court-métrage de Magritte, *Le Tuba*, tourné en 1960, comportait un tuba comme objet magique. Ce tuba devint quelque temps plus tard le sujet d'un autre film qui réunissait les proches de Magritte ainsi que l'avocat Jean-Marie Van Parys.

« Selon ma “doctrine”, il est défendu (sous peine d'imbécillité) de rien prévoir. »

De ces petits films, tous muets, tournés par Magritte avec du matériel amateur, dépourvus de véritable langage cinématographique et dont l'image est tremblante, se dégage toutefois une rare fraîcheur. Conscient de ses limites dans la maîtrise de cette expression, l'artiste n'en attendait de toute évidence qu'un simple divertissement : « Même si je connaissais les rudiments de l'art cinématographique, je ne pourrais exprimer mes idées que par la peinture. »
La majeure partie des prises de vues ont été réalisées de 1956 à 1960, activité qui s'achève avec un court-métrage intitulé *Le Tuba*, le plus construit et le plus long de la série. Le plaisir que Magritte et ses amis ont pris à ces tournages s'est tari, leur imagination aussi sans doute, et la caméra ne servira par la suite qu'à conserver le souvenir de vacances et de voyages. Pourtant, le peintre devait accorder un certain intérêt à ses petites réalisations puisque, en 1965, lorsque Jean Raine, un ami artiste, accompagné d'un monteur de la RTBF, lui propose un montage de ses films, il se livre avec eux à un découpage des pellicules. Mais le projet n'est pas poursuivi, et ces fragments resteront dans des enveloppes, longtemps dispersées. Après la mort de Magritte a été entreprise une récollection des images filmées, qui a débouché notamment sur un montage de vingt-cinq minutes présenté en 1974 à l'occasion d'une exposition consacrée à Magritte photographe et cinéaste. Dans le catalogue, intitulé *La Fidélité des images*, figure une liste établie par Louis Scutenaire de quarante films reconstitués, dont il identifie les « acteurs » en précisant l'action et le lieu de tournage. Toutefois, bien des fragments de films demeurent aujourd'hui encore non identifiés.
En 1959, une occasion nouvelle se présente à Magritte de s'intéresser au tournage d'un film, cette fois sur le mode professionnel. Le ministère belge de l'Instruction publique et la Télévision belge ont en effet commandé un film de quinze minutes sur Magritte : ce sera *La Leçon de choses*, réalisé par l'ethnologue Luc de Heusch, avec pour conseiller artistique le peintre Jean Raine, ami de Magritte. Dans un entretien de 1962, le réalisateur a défini l'objectif qui avait été le sien : « Il n'était pas question de montrer Magritte peignant, s'amusant à des efforts de pâte [...] il y eut beaucoup de tâtonnements avant d'arriver à une solution satisfaisante, c'est-à-dire un climat photographique où Magritte puisse parler, se promener, s'expliquer à l'aise. Il s'agissait de désaxer légèrement – mais pas trop – la réalité familière, le milieu où il vit. » On peut ainsi voir dans ce film, auquel Magritte a été associé dans sa conception même, l'intérieur du peintre, sa femme, ses amis – Goemans, Lou Cosyn, Irène Hamoir, Scutenaire, Lecomte, qui échangent avec Magritte de courts dialogues – et même son chien, cheminant auprès de lui. Sorti sur les écrans en 1960, le film a obtenu une récompense à Bergame au Festival international de films sur l'art et le premier prix au IVe Festival du film belge à Anvers.

Louis Scutenaire
*(*Le Scénario total*, octobre 1956, mars 1957)*

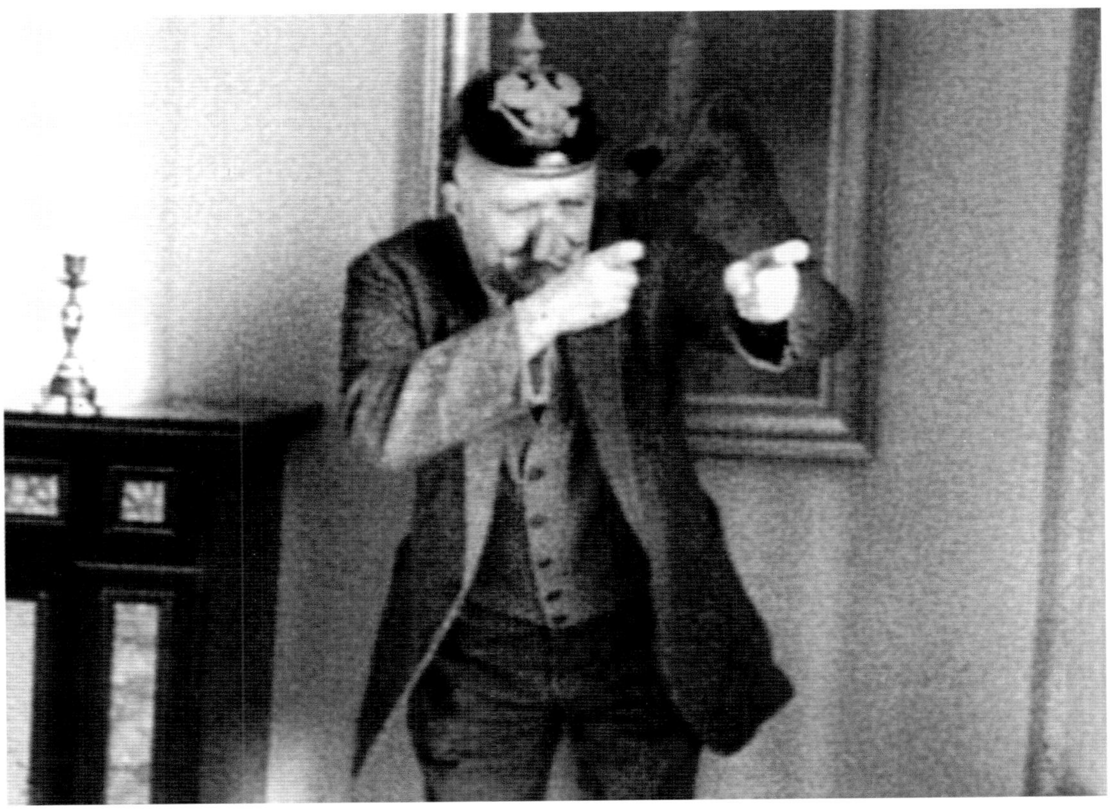

INDEX DES NOMS PROPRES

Les numéros en italique correspondent aux numéros de pages des illustrations.

INDEX DES NOMS D'ŒUVRES

Les numéros en italique correspondent aux numéros de pages des illustrations.

CRÉDITS PHOTOGRAPHIQUES

© Archives de l'Art contemporain en Belgique / Musées royaux des beaux-arts de Belgique (MRBAB) : p. 2, 13, 13, 54 (reproduction Étienne Dulière, Bruxelles), 18 (au centre), 22, 23, 24-25, 27 (photo Zingher, Bruxelles), 31, 43, 49, 55, 57, 58 (en bas), 61 (photo Studio Jos Rentmeesters), 62 (en haut à gauche), 71 (à droite), 89 (photo Le Drapeau rouge, Bruxelles), 106, 114 (photo Charles Leirens, Bruxelles), 115, 116 (en haut), 116 (en bas) (photo Maria Gilissen ; reproduction Étienne Dulière, Bruxelles), 117, 154, 155, 156, 157.

© Collection communauté française de Belgique, Vincent Everarts : p. 16, 18 (en haut), 19, 80, 81, 85 (à gauche), 121, 126, 129, 139.

© Courtesy Isy Brachot : p. 14, 32, 33, 119, 128, 51, 153.

© Guy Cussac, Bruxelles : p. 66-67, 124.

© Photo d'art Speltdoorn & Fils, Bruxelles : p. 36, 42, 47, 108, 109, 137, 141, 144-145, 146, 148, 149.

© Photo J. Geleyns / www.roscan.be : p. 6, 15, p. 18 (en bas), 20-21, 26, 28, 29, 30, 34, 35 (en haut), 37, 40, 41, 46, 48, 60, 65, 68, 69, 70, 72-73, 75, 82, 83, 84, 85 (en haut et en bas à droite), 86, 87, 92, 93, 94, 95, 100, 103 (en bas), 104, 118, 123, 127, 130, 132, 133, 136, 138, 143, 150-151.

© Steve Shapiro pour Life : p. 105.

© Vincent Everarts : p. 135.

ISBN : 9782754103541

Dépôt légal : septembre 2009

Rédaction des textes : Anne Sefrioui

Conception graphique : Sylvie Milliet

Conception graphique de la couverture : Jean-Marc Barrier

Suivi éditorial : Anne-Isabelle Vannier

Fabrication : Claire Hostalier

Photogravure : Litho Art, Turin, Italie

Imprimé et relié par Mame, Tours, France

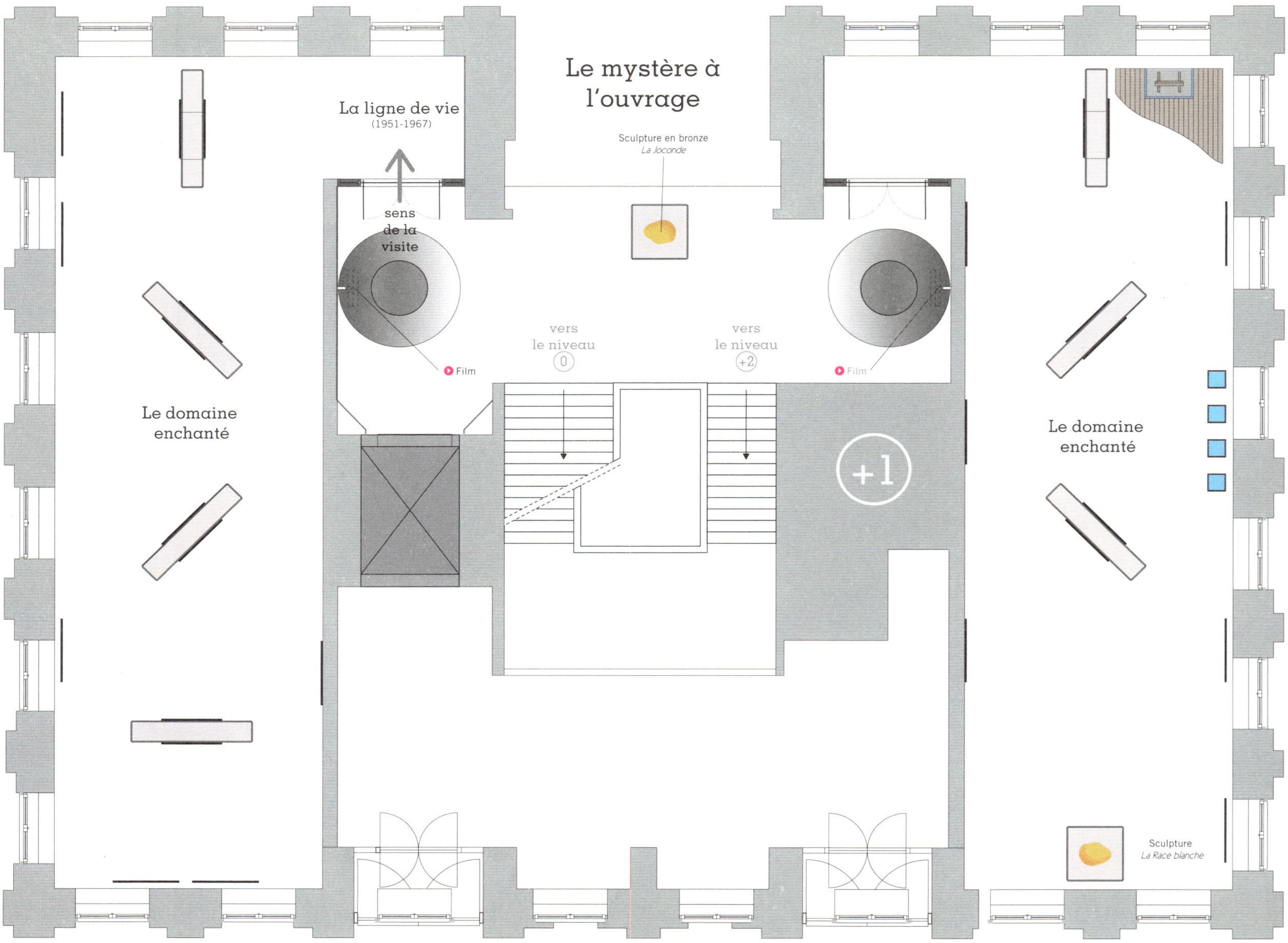

Le mystère à l'ouvrage
La ligne de vie
(1951-1967)
Sculpture en bronze
La Joconde
sens de la visite
vers le niveau 0
vers le niveau +2
Film
Film
Le domaine enchanté
Le domaine enchanté
+1
Sculpture
La Race blanche